U0515774

文艺青年的圣地

——纪念鲁迅迁居北京西三条 21 号 100 周年特展

The Holy Land of Literary Youth

北京鲁迅博物馆（北京新文化运动纪念馆）编

文物出版社

图书在版编目（CIP）数据

文艺青年的圣地：纪念鲁迅迁居北京西三条21号100周年特展／北京鲁迅博物馆（北京新文化运动纪念馆）编．－－北京：文物出版社，2025．4．－－ISBN 978-7-5010-8643-6

Ⅰ．G269.268-64

中国国家版本馆CIP数据核字第2024XB6010号

文艺青年的圣地

———纪念鲁迅迁居北京西三条21号100周年特展

编　　者　北京鲁迅博物馆（北京新文化运动纪念馆）

责任编辑　许海意
责任印制　王　芳
装帧设计　谭德毅

出版发行　文物出版社
社　　址　北京市东城区东直门内北小街2号楼
邮政编码　100007
网　　址　http://www.wenwu.com
邮　　箱　wenwu1957@126.com
经　　销　新华书店
印　　刷　北京荣宝艺品印刷有限公司
开　　本　787mm×1092mm　1/16
印　　张　16
版　　次　2025年4月第1版
印　　次　2025年4月第1次印刷
书　　号　ISBN 978-7-5010-8643-6
定　　价　198.00元

编委会

（按姓氏笔画为序）

文艺是国民精神所发的火光，同时也是引导国民精神的前途的灯火。

——《坟·论睁了眼看》

你们所多的是生力，遇见深林，可以辟成平地的，遇见旷野，可以栽种树木的，遇见沙漠，可以开掘井泉的。

——《华盖集·导师》

我每看运动会时，常常这样想：优胜者固然可敬，但那虽然落后而仍非跑至终点不止的竞技者，和见了这样竞技者而肃然不笑的看客，乃正是中国将来的脊梁。

——《华盖集·这个与那个》

惟有民魂是值得宝贵的，惟有他发扬起来，中国才有真进步。

——《华盖集续编·学界的三魂》

《长夜有明灯》黑白木刻

邬继德

1975 年

纵 50 厘米，横 60 厘米

先生依然在场

2024年5月25日对于北京鲁迅博物馆来说，是一个特殊的日子，也是一个喜庆的日子。西三条21号迎来了百年纪念。一百年前的5月25日，正是因为鲁迅先生迁居于此，才有了中国新文坛更多的精彩华章，才有了携手同行、不再孤身独往的大先生，也才有了后来的鲁迅博物馆。

可以说，没有西三条21号，就没有今天北京鲁迅博物馆蒸蒸日上的文化事业。为此，我们专门筹备策划了“文艺青年的圣地——纪念鲁迅迁居北京西三条21号100周年”特展，精选百件文物、回望百位文艺青年，重温先生依然在场的鲜活历史。

开幕式当天，国家文物局党组成员、副局长罗文利出席并讲话。北京市西城区委和人民政府、中国鲁迅研究会、鲁迅文化基金会、绍兴驻京办事处、全国各地鲁迅纪念馆、北京市八家名人故居纪念馆、北京鲁迅中学的相关领导，以及当年文艺青年李霁野先生的亲属代表、鲁迅博物馆的前辈专家和来自全国的鲁迅研究者们，齐聚一堂，共同缅怀鲁迅的文艺初心，回溯北京鲁迅旧居百年来路，展望明天美好愿景。

罗文利在致辞中回顾了十八大以来习近平总书记在很多重要场合对鲁迅先生名言的引用和论述，对鲁迅精神的充分肯定，特别提到：“文艺是国民精神所发出的火光，同时也是引导国民精神的前途的灯火。”“惟有民魂是值得宝贵的，惟有他发扬起来，中国才有真进步。”“你们所多的是生力，遇见深林，可以辟成平地的，遇见旷野，可以栽种树木的，遇见沙漠，可以开掘井泉的。”这些诞生在“老虎尾巴”工作室的鲁迅箴言，贯通历史、观照现实，让我们深切领略到鲁迅思想的现实意义，深刻认识到鲁迅精神的当代价值。在习近平总书记《在文艺工作座谈会上的讲话》发表10周年之际，为西三条21号提炼出“文艺青年的圣地”这一精神文化标识，具有十分重要的意义。

2014年10月15日，习近平总书记在文艺工作座谈会上的讲话中指出：“文艺是时代前进的号角，最能代表一个时代的风貌，最能引领一个时代的风气。”鲁迅先生正因为是时代风气的先觉者，而成为新文化的方向。他笔力扛鼎，在北京工作的14年间留下许多不朽的杰作。特别是自西三条时代起，由“呐喊”步入“彷徨”的先生，真正彰显出创作主体性，开辟了一片崭新的文场，成为文学青年们追随的导师。本次特展以北京鲁迅旧居为中心，分为“迁居西三条”“安居述天下”“离居足行吟”“遗居人宛在”四个单元，以实物和图像结合的方式全方位展现了鲁迅在西三条21号居住期间的思想史、写作史、生活史、交往史，再现诞生了《野草》《彷徨》的文学小院的世纪沧桑，映现出20世纪上半叶北京的生活图景。此次特展也是全馆同仁对为抢救和保护北京鲁迅旧居付出心血的前辈文物工作者的深切追念与倾情致敬。

100件文物原件亮相此次特展（其中一级文物21件），与140余张珍贵历史图片，共同演绎鲁迅的西三条时代。很多文物是第一次出场，比如大家熟知的《秋夜》中的玻璃煤油灯，以此为表现核心的黑白木刻作品《长夜有明灯》也是重要的展品之一。这是新中国文艺青年邬继德先生于1975年创作的，特别授权我们作为展览的宣传海报，“圣地”的文艺气息扑面而来。观众的热情十分高昂，参观总人数达48840人。有的专程从外地赶来打印一张与北京鲁迅旧居双向奔赴的纪念门票。

为了不辜负观众的期待，展览结束后，我们抓紧组织团队编辑出版图录，“形诸事业，著于简册”，以高清的数字文物和历史图像、新颖的历史叙事、精准的价值阐释，将“文艺青年的圣地”这一文化标识固定下来，将鲁迅的文艺精神更加广泛地传播开去。转眼间，鲁迅迁居西三条一年后手植的丁香与黄刺玫也迎来了百岁生日，文艺青年圣地里“老树春深更著花”，为京师花事增添了盛景。经过参编人员的辛勤努力，本书在花香馥郁的时节付梓印行，成为践行新时代文化使命的小小成果。

特展开幕时，罗文利同志还专门强调了全国鲁迅旧（故）居的系统保护、鲁迅纪念馆提质升级、弘扬鲁迅精神三个着力点，指出应以北京、上海、广州鲁迅旧居，绍兴鲁迅故居，南京鲁迅读书旧址和厦大鲁迅工作旧址为重点，构建协同保护大联盟，形成鲁迅旧居大保护格局，突出文物安全，维护旧居的历史真实性、风貌完整性、文化延续性；加强鲁迅文献文物资源的调查、征集和认定、定级，完善收藏、研究、展览、教育和服务制度，打造展陈精品，促进场馆服务、流动服务和数字服务的有机统一，不断增强公共服务的便利性、优质化；拓展教育功能，推广“大思政课”优质资源，创新价值阐释，建立馆校教研共同体，让更多师生成为鲁迅精神的传承者、弘扬者、践行者。

“文艺青年的圣地”特展暨系列活动的举办仅仅是我馆在高质量发展新征程上迈出的跬步，与上述目标和要求还存在相当距离。值得肯定的是，通过举办活动，提炼文化标识，我们进一步明晰了博物馆今后的发展方向，树立起大保护意识和体系性、贯通性思维，开阔了新时代文博与文艺跨界融合传播的新视野，积累了实践经验。我们将以此为契机，深入贯彻落实习近平文化思想，坚持“保护第一、加强管理、挖掘价值、有效利用、让文物活起来”的文物工作要求，以鲁迅先生始终在场的亲切感与紧迫感，坚守初心、接续奋斗。针对上述三个着力点，用心发力，守正创新，积极拓宽事业发展路径，更好提升博物馆管理效能，切实保护好鲁迅旧居，打造好“文艺青年的圣地”这一城市文化地标；深度展开馆际、馆校交流协作，努力实现资源共享，学术协同，相互参照，共生并进，在更广阔的文化空间光大鲁迅文化事业，为人民群众提供丰富多彩的文博精品与服务供给。

北京鲁迅博物馆
北京新文化运动纪念馆　党委书记　李游

二〇二五年四月五日

目录

前言

1924 年 5 月 25 日，鲁迅迁居北京宫门口西三条 21 号，至今已经一百周年。在西三条居住的两年多，鲁迅经历了人生的重大转折，著述二百余篇，开辟了文学新境界。历经新文化阵营分化后的鲁迅，荷戟彷徨于希望与绝望之间，生成独特的生命哲学，开启杂文创作的自觉，并在旧事重提中实现精神返乡。他以创办刊物、扶持文学青年、介入学潮的方式重启思想革命、锻造新的文艺战士，学术研究与绍介翻译的热情亦从未熄灭。

1926 年 8 月 26 日，鲁迅携伴侣许广平离京南下，鲁母与朱安夫人相依为命，在此继续生活了二十年左右。鲁迅曾两次回京探亲，展开著名的“北平五讲”，其间均住于此。1936 年 10 月 19 日，鲁迅逝世，其一生以笔为旗铸就“民族魂”，西三条寓所及鲁迅的遗物遂成为亲朋好友和进步人士竭力守护的对象。展览分为“迁居西三条”“安居述天下”“离居足行吟”“遗居人宛在”四部分，围绕主人公鲁迅，从不同的视角，展现此间小院的百年沧桑。

迁居西三条

1923年7月周氏兄弟失和后，鲁迅携朱安搬离八道湾11号，租住砖塔胡同61号九个月，期间频繁看房二十余次，终于订好阜成门内西三条21号的六间房，遂筹款八百元大洋买下。鲁迅亲自设计翻建，从手绘图纸、改建“老虎尾巴”工作室，到添置家具、亲手种植花木，经过精心装修、布置，于1924年5月25日正式迁居。这个有着江南风格的小四合院成为唯一存世的鲁迅建筑设计作品。1926年8月南下前，宫门口周宅内的陈设不断调整补充，生活日常充满人间烟火气。

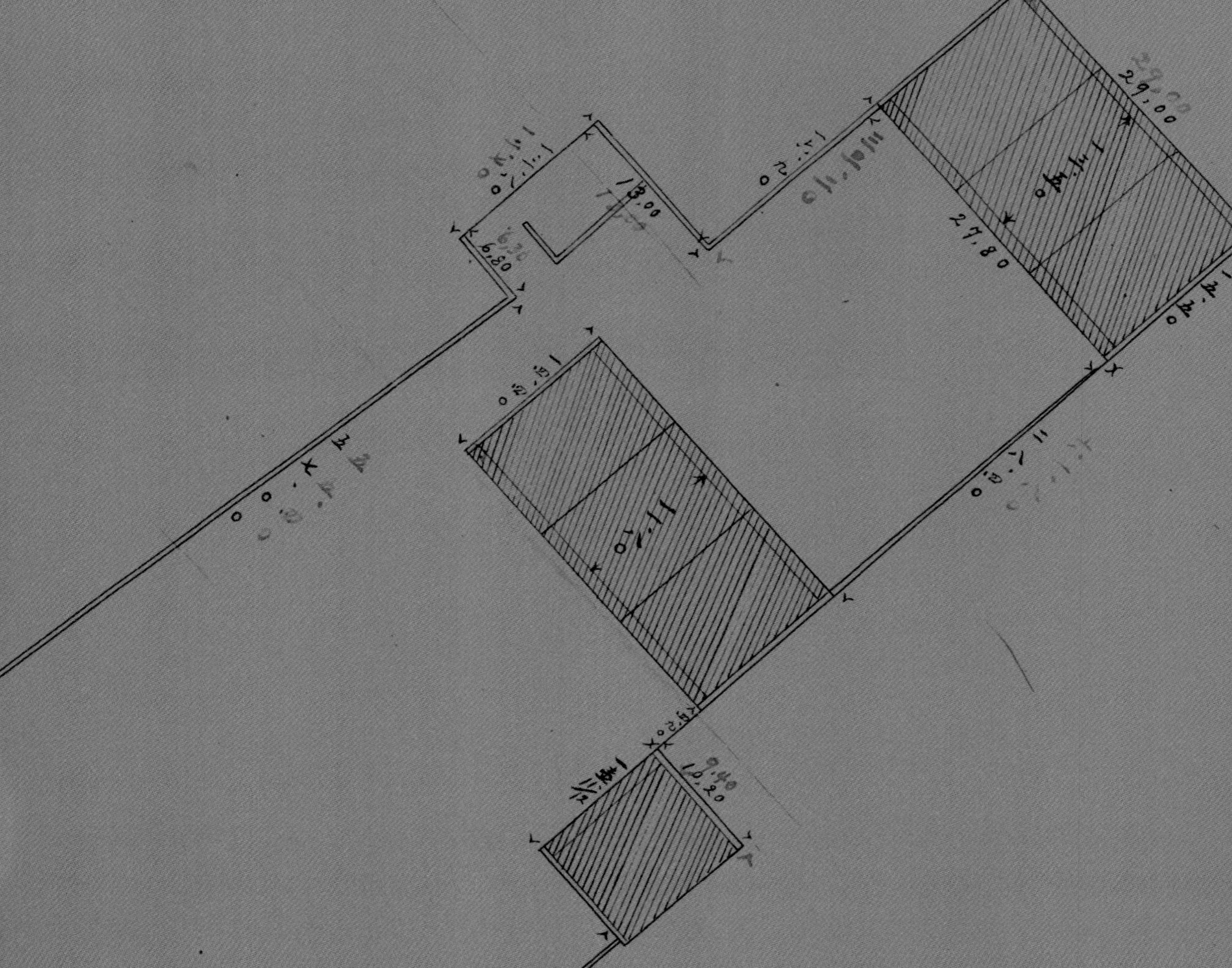

购买翻建

○ 鲁迅（1881—1936）为《阿Q正传》俄译本拍照，摄于1925年5月28日，迁居西三条21号一年后。

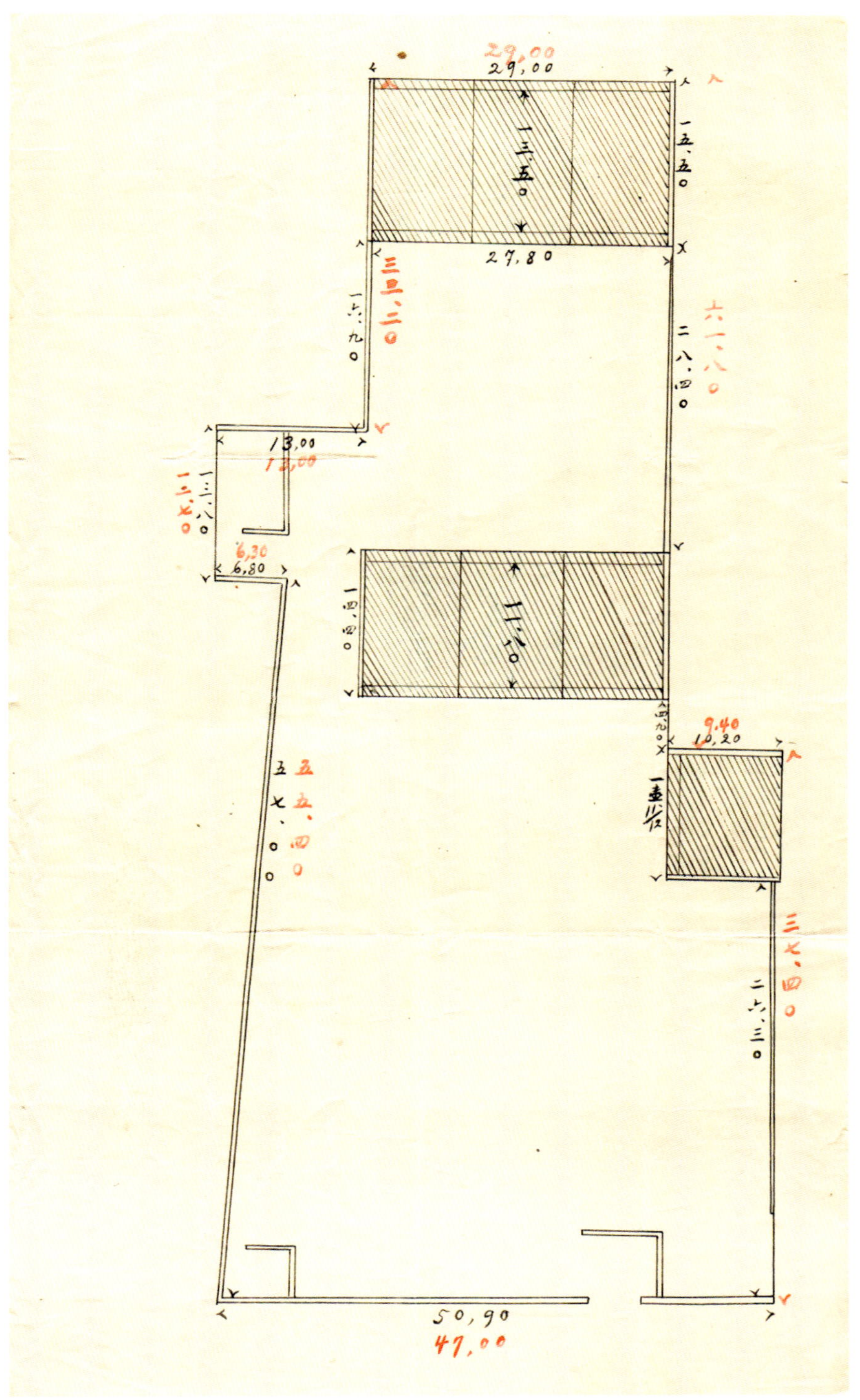

西三条 21 号原始实测平面图

纵 39.6 厘米，横 23.3 厘米

1923 年 10 月 30 日，鲁迅在四处看房两个月后，筹款 800 元买下西四宫门口西三条胡同 21 号院。这是鲁迅保存的此院原始平面图。

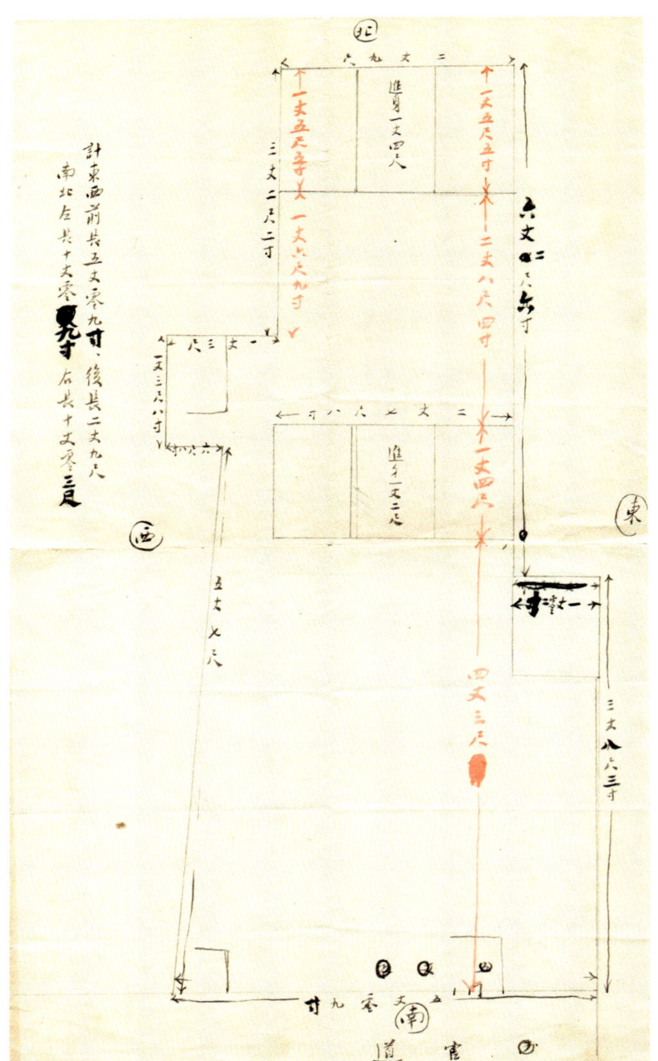

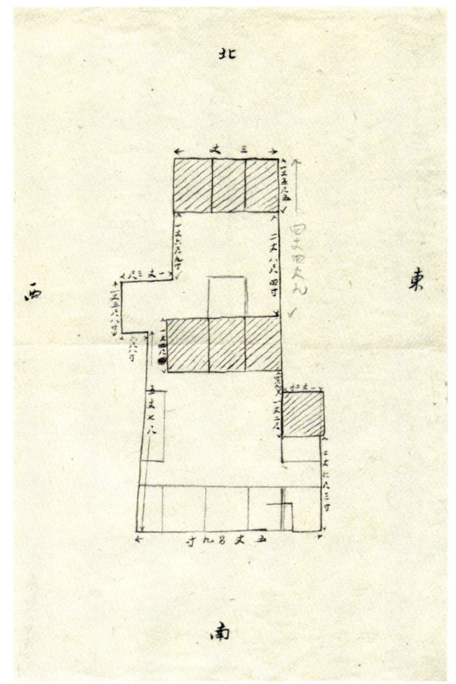

鲁迅手绘西三条平面图

左起：纵 39.6 厘米，横 23.3 厘米；纵 25.3 厘米，横 16 厘米；纵 25.3 厘米，横 16 厘米

1923 年 10 月 31 日，鲁迅在租住的砖塔胡同 61 号“夜绘屋图三枚”，重新设计了西三条胡同 21 号院落。

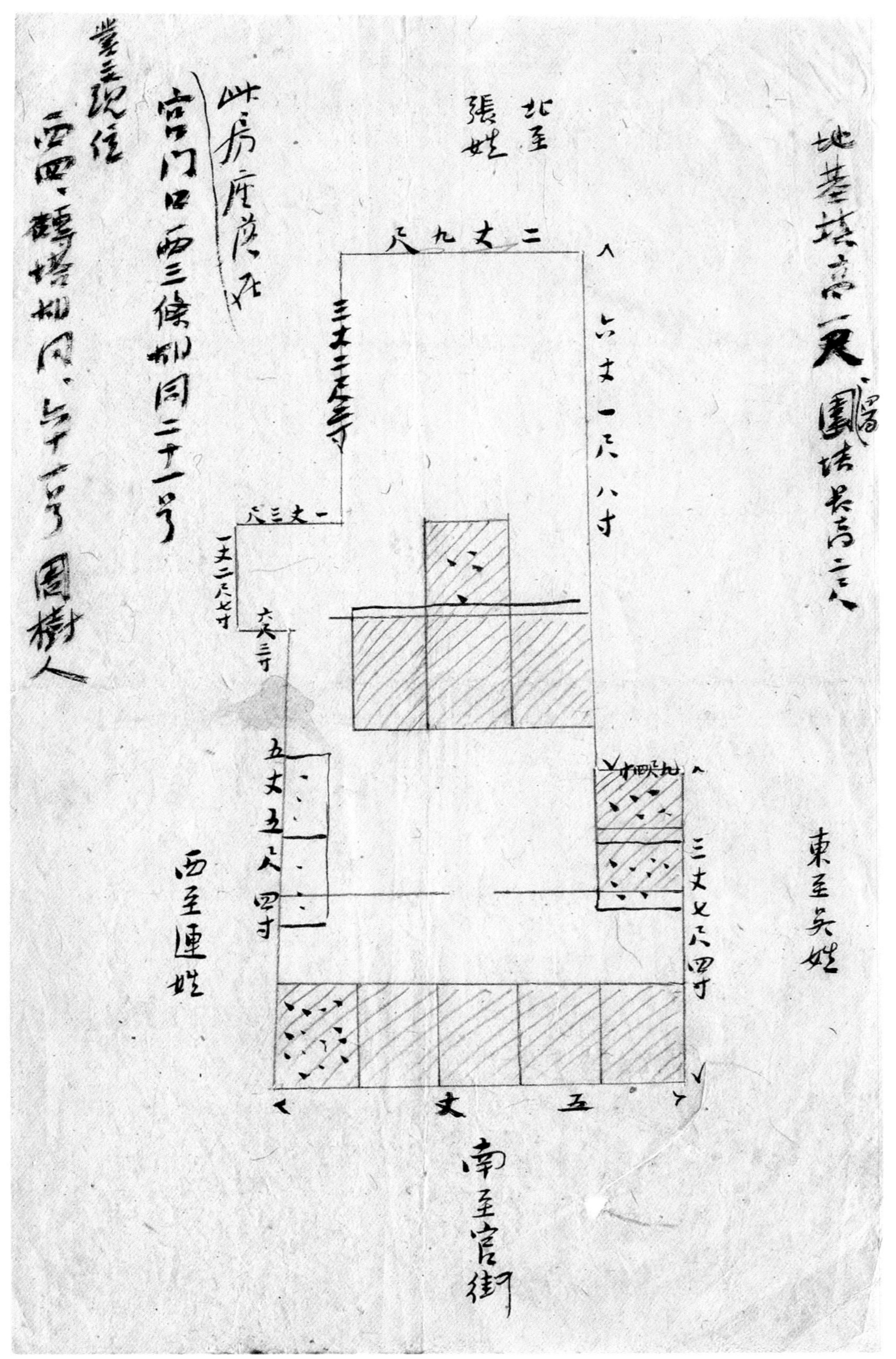

地基墙高一尺
北至張姓
二丈九尺
六丈一尺八寸
東至吴姓
西至連姓
五丈五尺四寸
三丈七尺四寸
五丈
南至官街
此房座落
宫门口西三條胡同二十一号
業主現住
西四、磚塔胡同、六十一号 周樹人

鲁迅日记记载购买、翻建西三条 21 号院手续流程

时间	手续	鲁迅日记中相关记载
1923 年 10 月 30 日	看房，付定金	至阜成门内三条胡同看屋，因买定第廿一号门牌旧屋六间，议价八百，当点装修并丈量讫，付定泉十元。
1923 年 11 月 1 日	向管理部门报告买房意向	午后托王仲猷往警署报转移房屋事。
1923 年 11 月 18 日	验查房契	邀李慎斋同往西三条胡同连海家，约其家人赴内右四区第二路分驻所验看房契。
1923 年 12 月 2 日	订立买房契约	午在西长安街龙海轩成立买房契约，当付泉五百，收取旧契并新契讫，同用饭，坐中为伊立布、连海、吴月川、李慎斋、杨仲和及我共六人，饭毕又同吴月川至内右四区第二分驻所验新契。
1923 年 12 月 11 日	取警厅通知书，交过户手续费	上午往西三条派出所取警厅通知书，午后又往总厅交手续费一元九角五分。
1923 年 12 月 22 日	市政公所验新房契	午后往市政公所验契。
1924 年 1 月 10 日	取得买屋凭证	午后往市政公所取得买屋凭单并图合粘一枚，付用费一元。
1924 年 1 月 12 日	缴纳房产税	午后同李慎斋往本司胡同税务处纳屋税，作七百五十元论，付税泉四十五元。
1924 年 1 月 15 日	签订房屋改建合同	与瓦匠李德海约定修改西三条旧房，工直计泉千廿。
1924 年 1 月 28 日	报告建屋	王仲猷代为至警署报告建筑。
1924 年 1 月 31 日	警区验新房契	上午往警区验契。
1924 年 2 月 18 日	领取建筑执照	往巡警分驻所取建筑执照，付手续费二元七角七分五厘。
1924 年 2 月 22 日	取得房产税官契纸	往本司胡同税务处取官契纸。
1924 年 7 月 4 日	验证新建房契	午后往市政公所验契。
1924 年 9 月 9 日	新建房屋补税	取增修房屋补税契来，其税为四十二元。

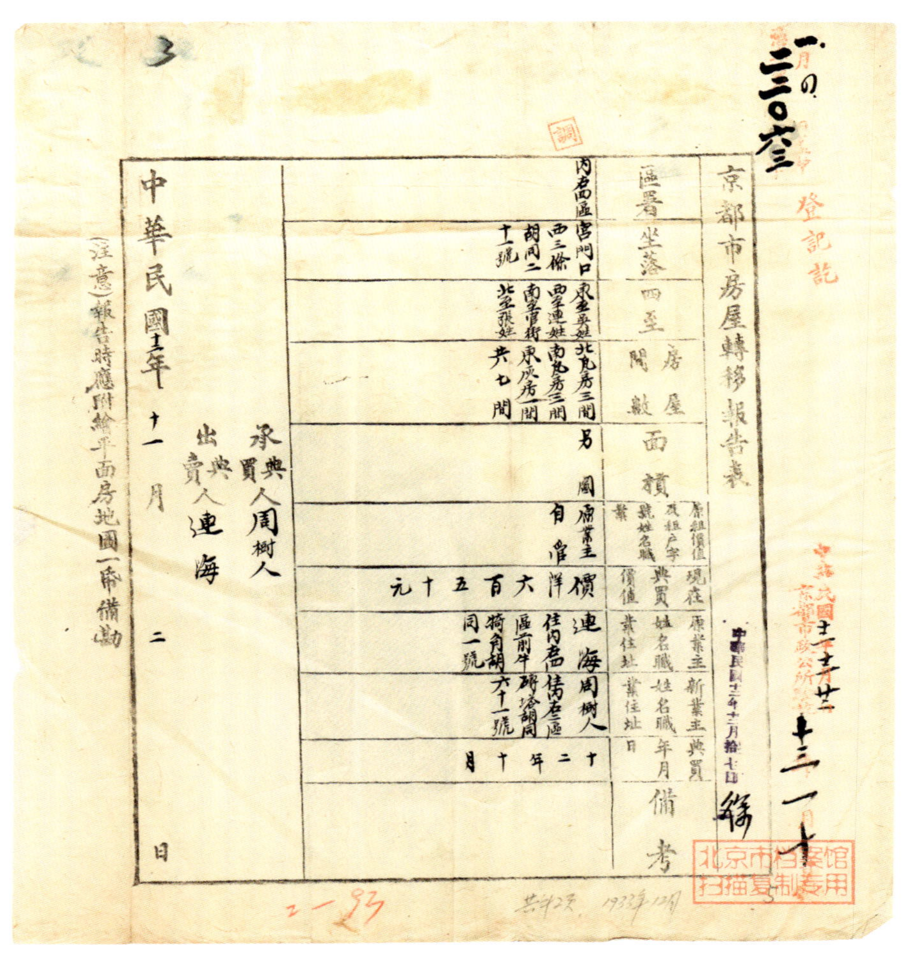

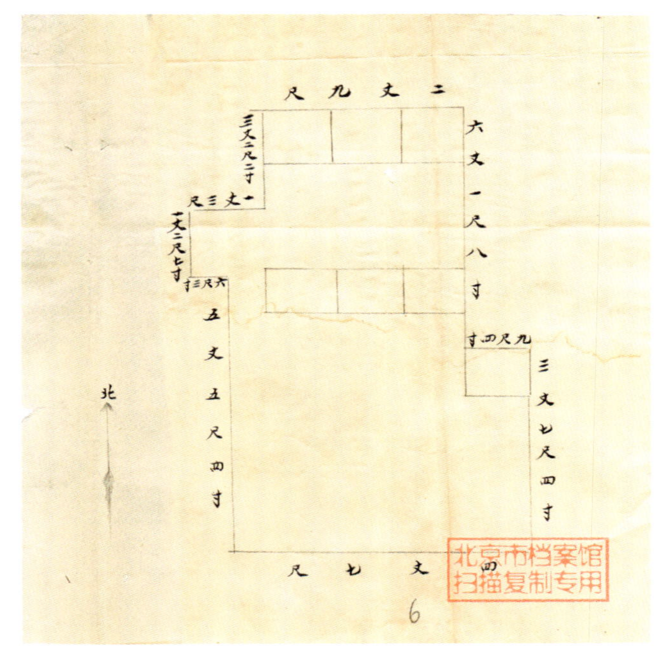

京都市房屋转移报告表

原件藏北京市档案馆

1923 年 11 月《京都市房屋转移报告表》记录的西三条 21 号宅买卖情况。

廿叁工料大洋元壹仟零肆拾元

李德海具

坎風门一扇 鴿卜崩鈠 兩次间大窓户各
一槽 每槽上身分四扇 步步錦窓户门
成做 前荣拆肖全分下扇玻璃屉抱框
竿柱槅板厚一寸八成做 内簷装修㡳
下群板上沙滚子 前荣门四扇 後虎尾 隔断二槽
装修六扇 格扇卡子花 内里原舊連簷 後虎尾槅板舊的刮抱见新
瓦口 前簷一檁三件 刮抱簷頭见新成做

計開

原有後大房三间改做臨街南房 新添门
道一间 進深面寬照原舊 架木柱高八尺
四寸 前簷新添檁子五根 六寸见圆 门道 明间六尺 檁木
排山山柱墩 擫簷頭 槅木原椽 前簷一
檁三件 連簷瓦口 釘安齐正 前簷刮
抱见新 原有舊柱 新添黄松大门 換下
坎上坎 原舊刮抱见新 新添门枕 臨街
墙十五層 下城灰 脚灰白 上边大開条幔縫
正磚抱角 五出五進 灰脚灰白上 調元寶脊
窗簷隔 照北房成做 山墻抹灰 内白外青
刮縫軋亮 西间内簷㡳下群板 上边灰泥
東边落地罩门 房隔段㡳下群板 上边舊
窓户门 房前荣一份 風门一個 崩鈠一
分前簷窓户照北房成做 格扇照北房成

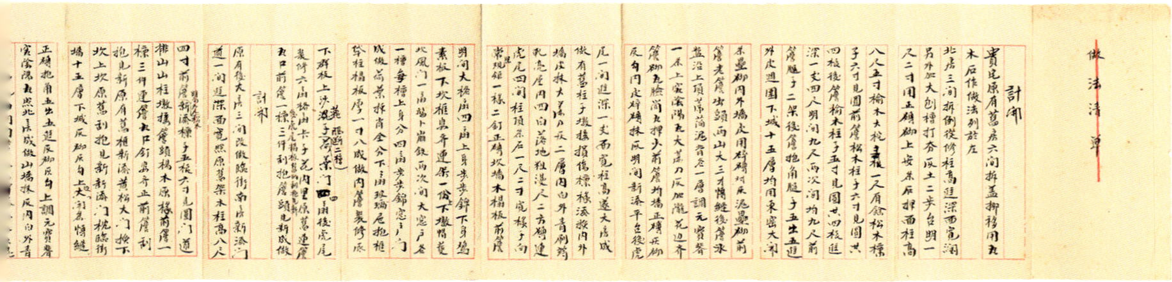

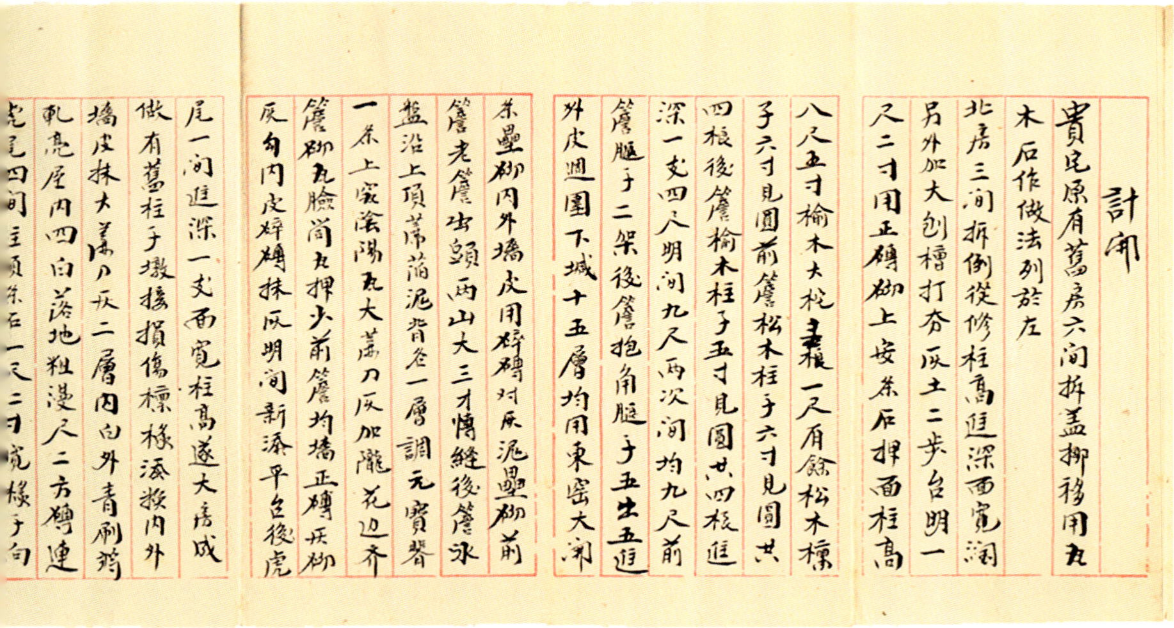

計開
貴宅原有舊房六間拆蓋挪移用丸
木石作做法列於左
北房三間拆倒從修柱高進深面寬潤
另外加大刨槽打夯灰土二步台明一
尺二寸用正磚砌上安条石押面柱高
八尺五寸榆木大柁?一尺有餘松木檁
子六寸見圓前簷松木柱子六寸見圓共
四根後簷榆木柱子五寸見圓共四根進
深一丈四尺明間九尺兩次間均九尺前
簷腿子二架後簷抱角腿子五出五進
外皮週圍下城十五層均用東窑大?
条壘砌內外墻皮用碎磚灰泥壘砌前
簷老簷出頭兩山大三寸博縫後簷冰
盤沿上頂葦箔泥背灰一層調元寶脊
一条上瓷滄陽丸大葉刀灰加隴花边齐
簷砌丸臉簡丸押少前簷均墻正磚兵砌
灰白內皮碎磚抹灰明間新添平台後虎
尾一間進深一丈面寬柱高遂大房成
做有舊柱子撤換損傷檁椽添換內外
墻皮抹大葉刀灰二層內白外青刷?
軋亮屋內四白落地粗漫尺二方磚連
虎尾四間主項条石一尺二寸寬條子向

做法清单

纵 19.5 厘米，横 210 厘米

1924 年 1 月 15 日，鲁迅与瓦匠李德海签订合约，翻建西三条 21 号建筑院落，工料合计 1020 元。这是李德海提交鲁迅的《做法清单》。

鲁迅手书李德海支钱折

纵 8 厘米，横 91 厘米

1924 年 1 月（癸亥年十二月）起，鲁迅分批次向李德海支付钱款。据鲁迅手书“李德海支钱折”显示，鲁迅付款 11 次，共计 1089.5 元，超出预算。

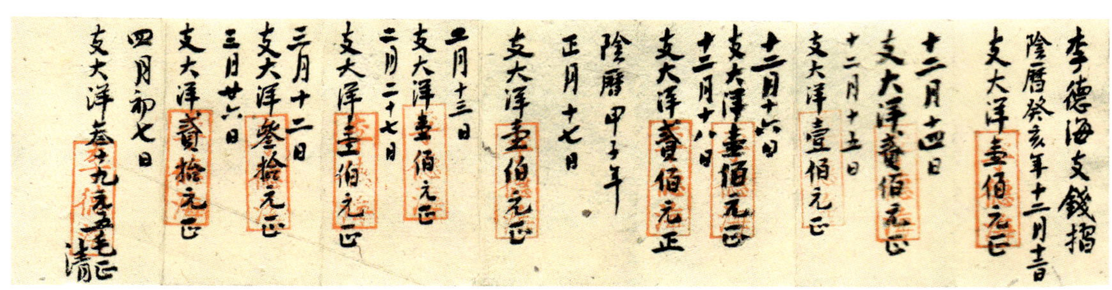

李德海支钱摺
陰曆癸亥年十二月吉
支大洋壹佰元正
十二月十四日
支大洋貳佰元正
十二月十五日
支大洋壹佰元正
十二月十六日
支大洋壹佰元正
十二月十八日
支大洋貳佰元正
陰曆甲子年
正月十七日
支大洋壹佰元正
二月十三日
支大洋壹佰元正
二月二十七日
支大洋壹佰元正
三月十二日
支大洋叁拾元正
三月廿六日
支大洋貳拾元正
四月初七日
支大洋叁十九元五毛正
清

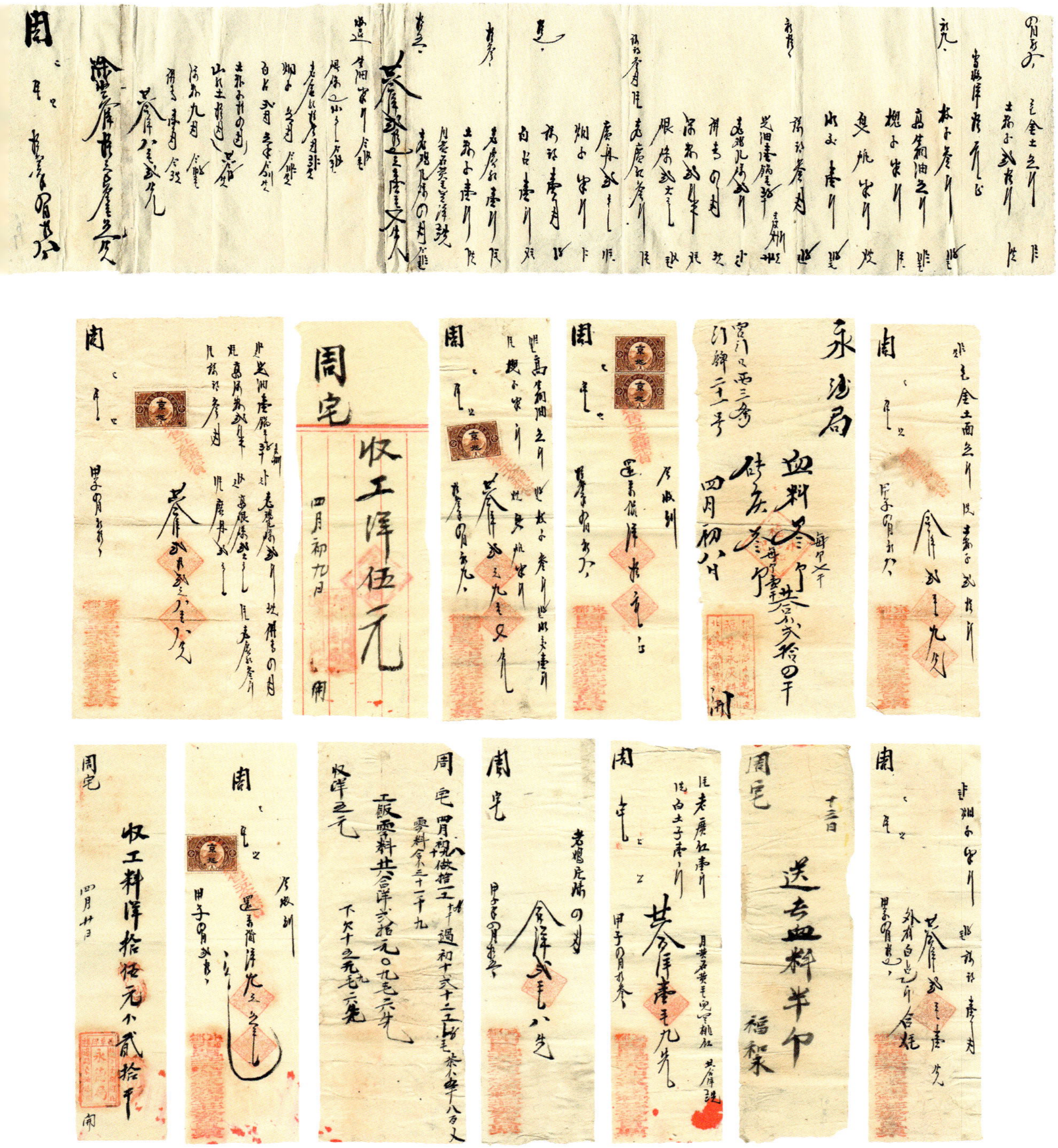

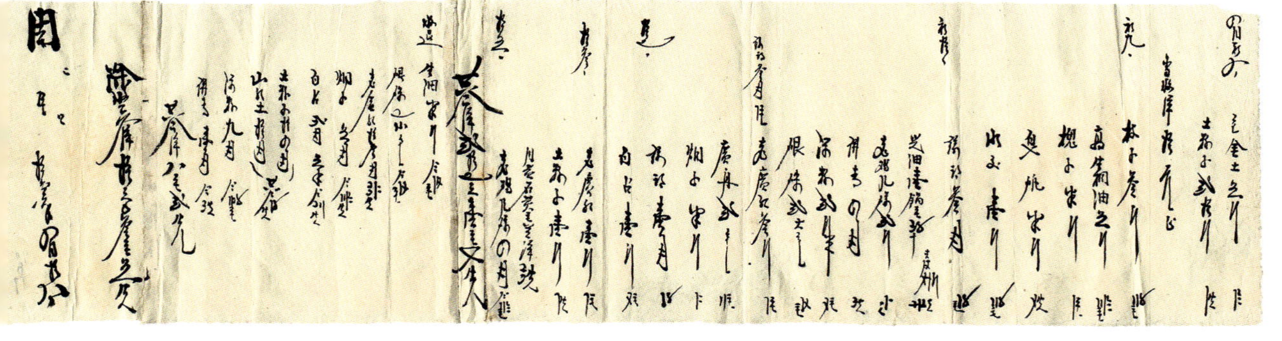

翻建西三条房屋购料清单及工料单据

清单：纵 11.9 厘米，横 44.8 厘米

单据尺寸不一

鲁迅保存的翻建西三条 21 号所需购料清单及工料单据。

漆工泉廿　夜收拾行李

二十五日星期晴晨遷居西三條胡同新屋　下午欽文來贈以紡輪故事一本　風

二十六日晴上午季市來見訪并贈花瓶一事茶具一副六事　午後往世界語校講

下午往山本醫院看三太太　晚得李庸倩信

二十七日晴風下午寄李庸倩信附與胡適之函　晚赴擷英居應荃之邀

二十八日晴上午母親來　午後子佩來　下午隨母親往山本醫院診病

1924 年鲁迅日记之一页

一级文物

纵 24.5 厘米，横 32 厘米

1924 年 5 月，西三条 21 号院翻建完工，鲁迅又请来漆匠、裱糊匠等完成装修，于 5 月 25 日迁居于此。这是 1924 年 5 月下旬鲁迅日记。

二十日晴。晨母親來。午後仍往八道灣宅，訪李慎齋邀之同出買鋪板三牀，泉九元。
收奉泉六十六元，去年四月分之餘及五月分之少許。還齊壽山泉五十。寄孫伏
園校稿并信。得三弟信，十六日發，屬以泉十交芳子太太。晚往山本醫院視芳子
疾并致泉十，又自致十。夜風。
二十一日晴。午後寄三弟信。往三條胡同宅視。付漆匠泉廿一，表糊匠泉十二。晚以女
師校風潮學生來邀調解，與羅膺中、潘企莘同往，而遂至者僅鄭介石一人耳。
H君來。夜雷電而雨。
二十二日曇。午後往集成學校講。下午驟雨一陣。寄孫伏園校稿。
二十三日晴，風。晨詩荃來。上午往師大講。午後往北大講。買中古文學史、詞餘
講義、文學字學形義篇及音篇各一本，共泉一元。往中央公園飲茗并食

日記十三

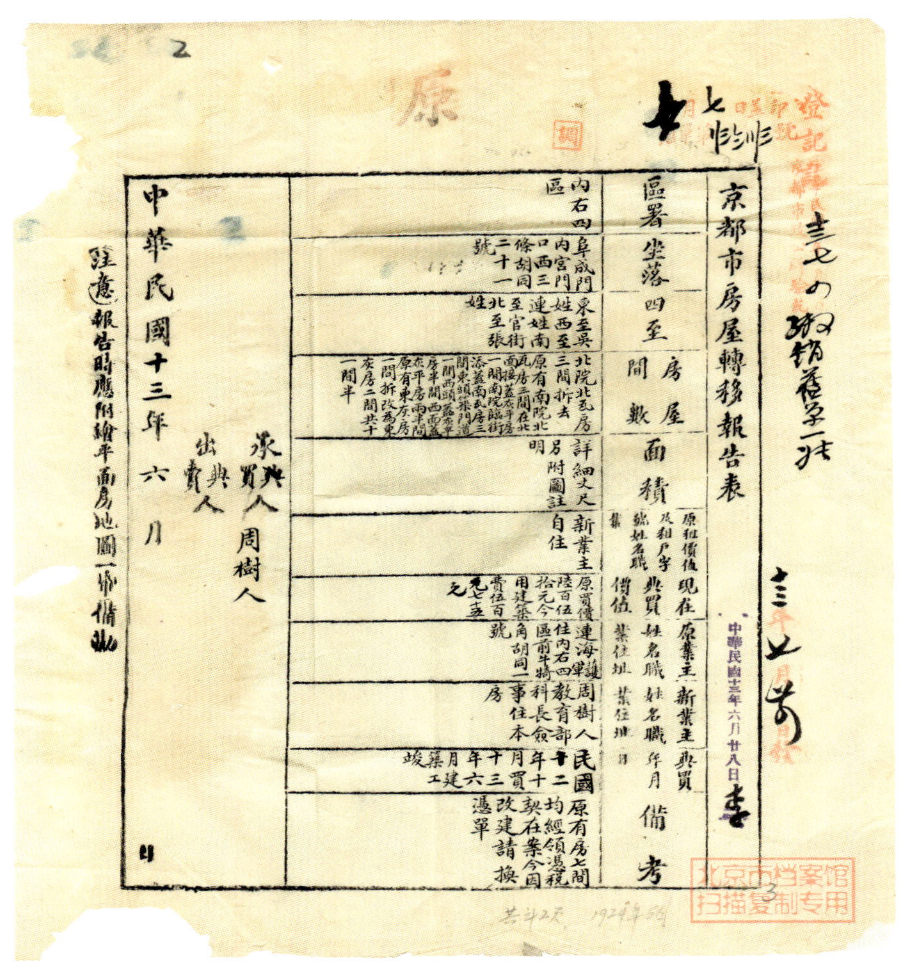

京都市房屋轉移報告表

區署	坐落	四至	房屋間數	面積	原租價值及租戶字號姓名職業	現在典買價值	原業主姓名職業住址	新業主姓名職業住址	典買年月	備考
內右四區	阜成門內宮門口西三條胡同二十一號	東至吳姓 西至連姓 南至官街 北至張姓	北院北瓦房三間拆去 原有南院北瓦房三間在北面接蓋灰平房一間 南院臨街添蓋南瓦房三間 東頭蓋門道一間 西頭蓋灰平房半間 西面蓋灰平房兩半間 原有東灰房一間折改為東灰房二間 共十一間半	詳細丈尺另附圖註明	新業主自住	原買價陸百伍拾元今用建築費伍百元七五之	連海鑲 住內右四區前牛犄角胡同一號	周樹人 教育部科長僉事 住本房	民國十二年十月買 十三年六月建築竣工	原有房七間均經領過憑契在案今因改建請換憑單

中華民國十三年六月

承典買人 周樹人

出典賣人

注意 報告時應附繪平面房地圖一份備核

中華民國十三年六月廿八日

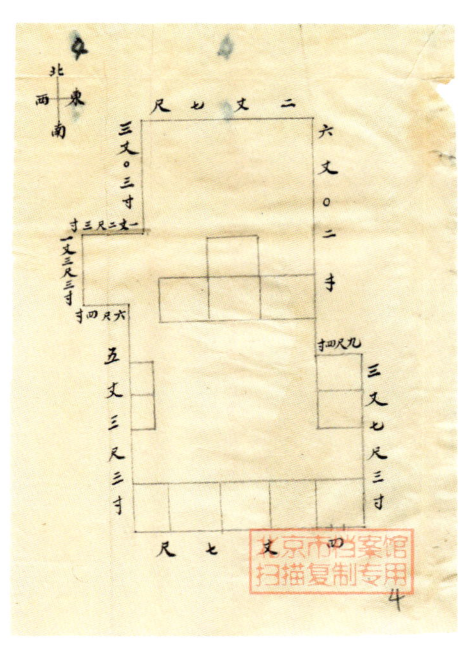

京都市房屋转移报告表

原件藏北京市档案馆

1924 年 6 月《京都市房屋转移报告表》记录的西三条 21 号宅改建后的情况。

○ 西三条 21 号周宅位于宫门口西三条胡同的中间地带。

许寿裳（1883—1948）

○ 为购买、翻修房屋，鲁迅向教育部同事齐寿山（1881—1965）、好友许寿裳、同乡宋琳（1887—1952）分别借款 500 元、400 元、200 元。

1924 年日记

1924 年日记

鲁迅日记

一级文物

纵 24.5 厘米，横 32 厘米

鲁迅日记中关于借款的记录。

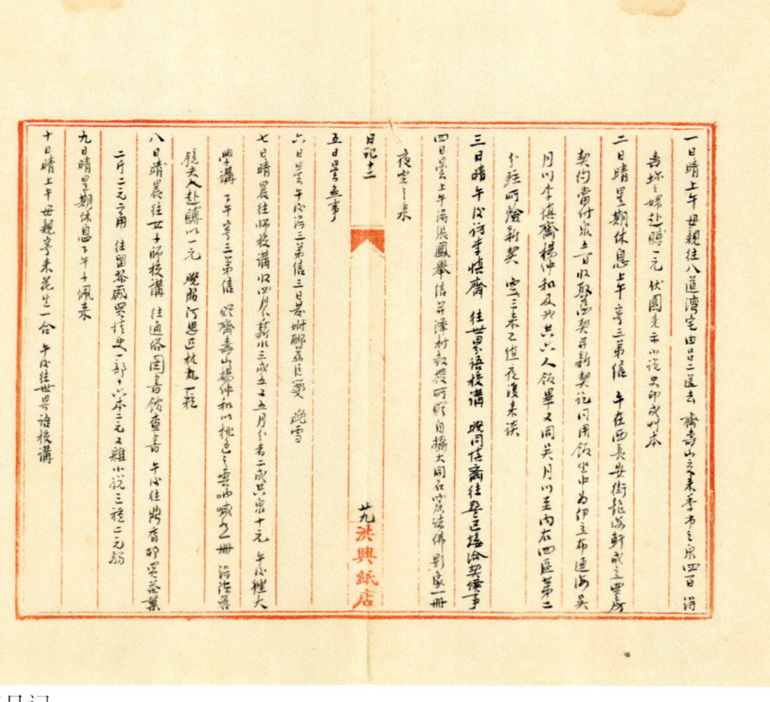

1923 年日记

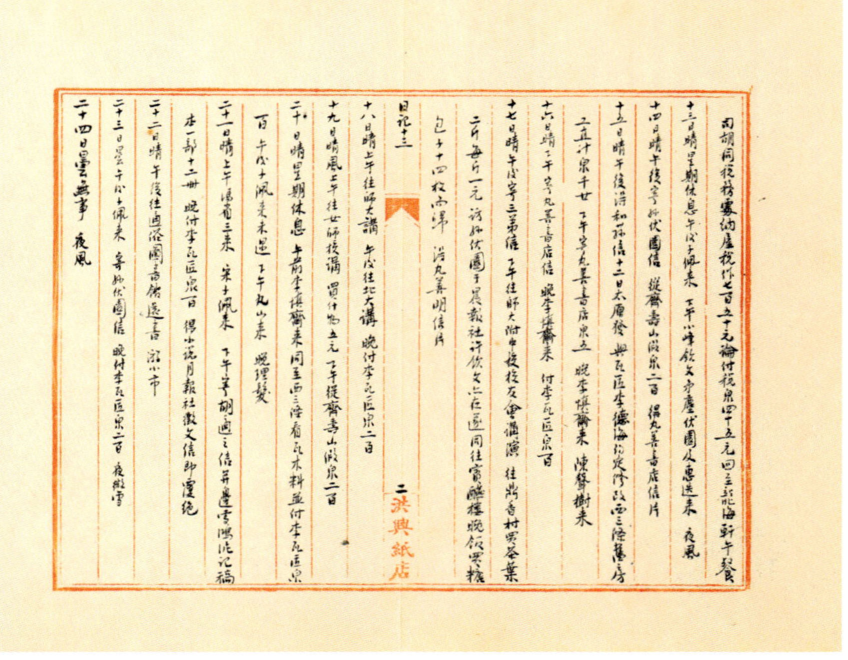

1924 年日记

1925 年鲁迅日记之一页

一级文物

纵 24.5 厘米，横 32 厘米

1925 年 4 月 5 日清明（植树节），鲁迅请云松阁花工在前院种下紫、白丁香各两株，后院种下青杨三株，花椒、黄刺玫、榆叶梅各两株，碧桃一株。这是鲁迅日记中关于种树的记录。

五日晴星期休息上午得三太太信 得李庸倩信三月廿日南宁所发云

○ 西三条 21 号后院怒放的黄刺玫。（摄于 2025 年 4 月 5 日百岁之际）

○ 前院丁香（摄于 2025 年 4 月 5 日百岁之际）

自己的房

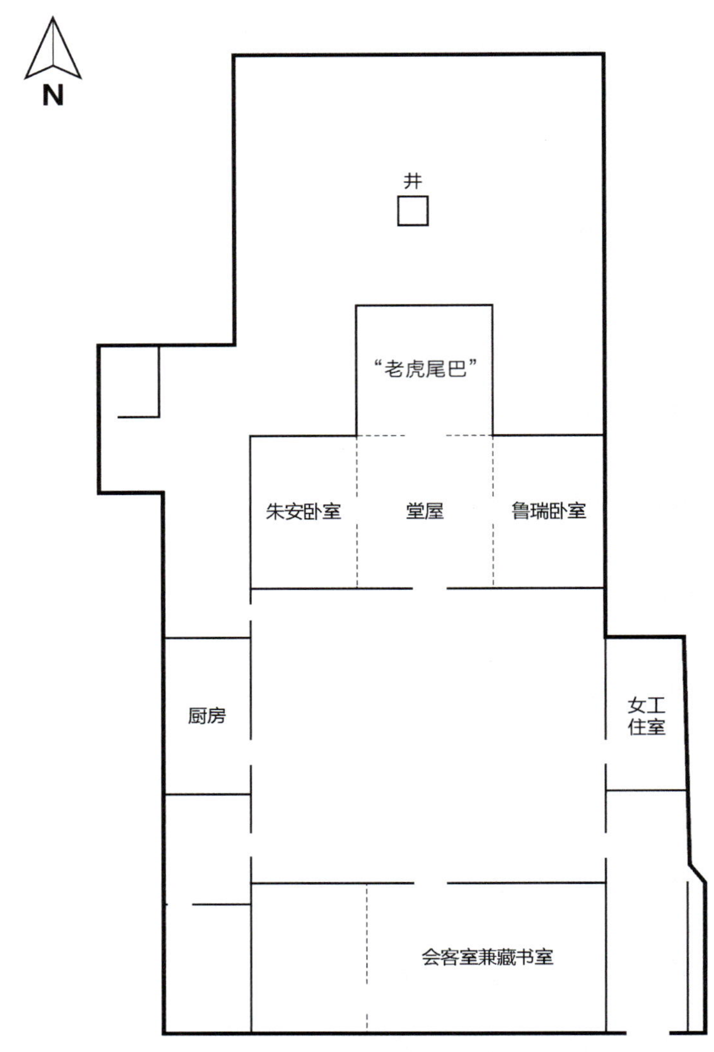

○ 西三条 21 号院布局图

○ 西三条 21 号院最特别的部分是北房朝北接出的一间平房，北京老话儿叫“老虎尾巴”，鲁迅称之为“我的灰棚”，书面写作“绿林书屋”，是鲁迅的工作室兼卧室。（摄于 2024 年 5 月）

○ “老虎尾巴”外景（摄于 2024 年 4 月 17 日）

窗外的白杨的嫩叶，在日光下发乌金光；榆叶梅也比昨日开得更烂漫。收拾了散乱满床的日报，拂去昨夜聚在书桌上的苍白的微尘，我的四方的小书斋，今日也依然是所谓“窗明几净”。

——鲁迅：《野草·一觉》

这是一间并不宽大的卧房，房门的右边，摆了一个书架，然而书架上的书籍并不多。接着是一个桌子，这就是《呐喊》的作者的著书桌罢。桌的旁边接着摆了一只箱子，箱上也杂乱地堆了些书籍。卧床是靠着房的后墙的，这是很简单的卧床罢，因为是用两只板凳和木板搭成的。

——吴曙天：《访鲁迅先生》

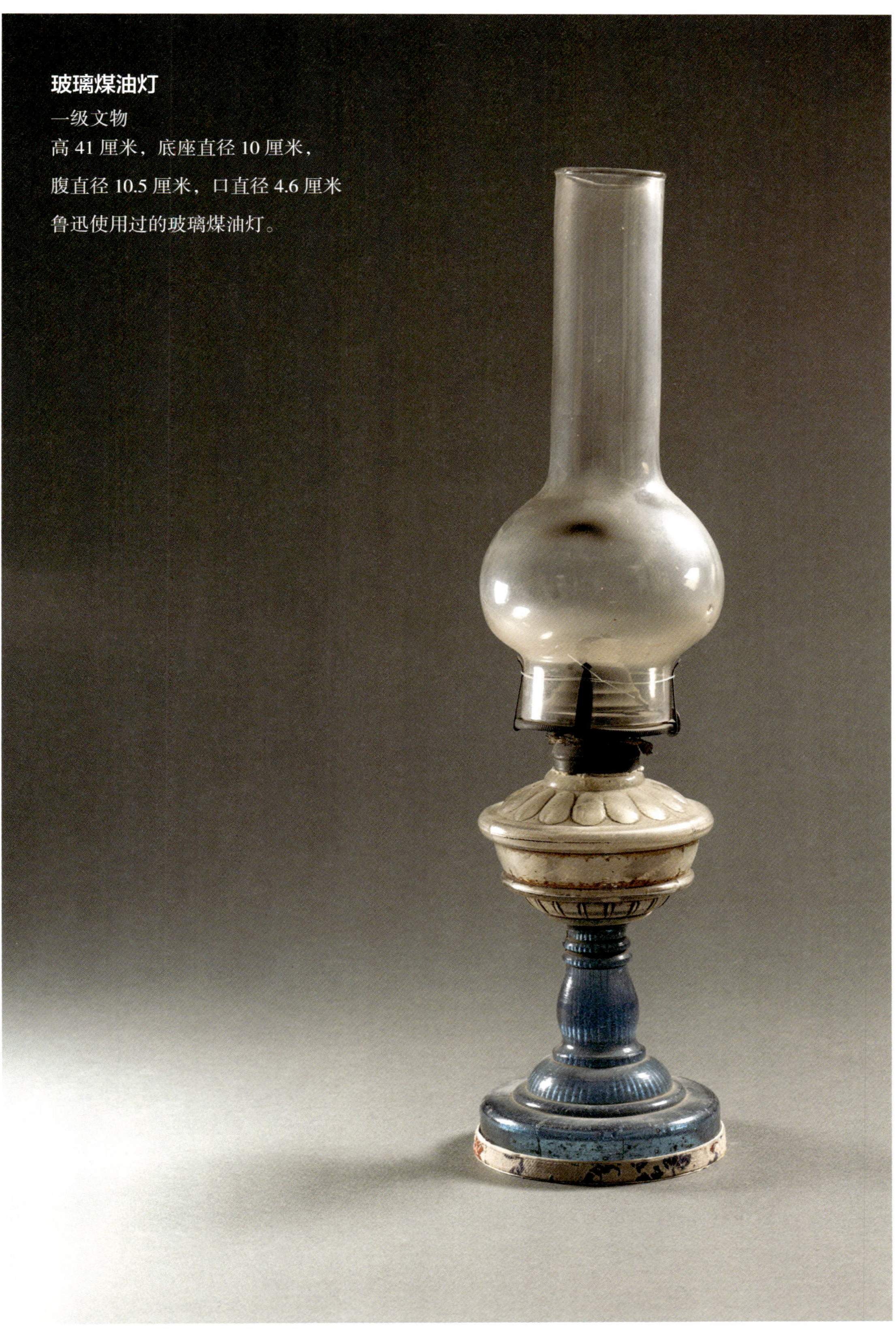

玻璃煤油灯

一级文物

高 41 厘米，底座直径 10 厘米，

腹直径 10.5 厘米，口直径 4.6 厘米

鲁迅使用过的玻璃煤油灯。

“金不换”毛笔

一级文物

长 19.8 厘米，直径 0.7 厘米

鲁迅使用过的“金不换”毛笔，产自浙江绍兴“卜鹤汀”笔庄，价格便宜，小巧轻便。

“大同十一年”砖砚

一级文物

长 21.5 厘米，宽 18 厘米，高 8 厘米

鲁迅使用过的古砖制成的砚台。“大同十一年”为南朝梁武帝年号，即 545 年。1918 年鲁迅学生商契衡（1890－？）所赠，是兄弟失和后，鲁迅从八道湾带回的少数用品之一。

后窗的玻璃上丁丁地响，还有许多小飞虫乱撞。不多久，几个进来了，许是从窗纸的破孔进来的。他们一进来，又在玻璃的灯罩上撞得丁丁地响。一个从上面撞进去了，他于是遇到火，而且我以为这火是真的。两三个却休息在灯的纸罩上喘气。那罩是昨晚新换的罩，雪白的纸，折出波浪纹的叠痕，一角还画出一枝猩红色的栀子。

——鲁迅：《野草·秋夜》

只有他的照相至今还挂在我北京寓居的东墙上，书桌对面。每当夜间疲倦，正想偷懒时，仰面在灯光中瞥见他黑瘦的面貌，似乎正要说出抑扬顿挫的话来，便使我忽又良心发现，而且增加勇气了，于是点上一枝烟，再继续写些为“正人君子”之流所深恶痛疾的文字。

——鲁迅：《朝花夕拾·藤野先生》

藤野先生像

照片：纵 12.3 厘米，横 8.5 厘米

底衬：纵 16 厘米，横 12.2 厘米

“老虎尾巴”东壁上的藤野先生照片。藤野严九郎（1874—1945）是鲁迅在日本仙台医学专门学校求学时的解剖学老师。

安特来夫像

照片：纵 13 厘米，横 9.5 厘米

底衬：纵 22.1 厘米，横 14.2 厘米

“老虎尾巴”东壁上曾经悬挂的俄国作家安特来夫像（今译安德烈耶夫，1871—1919）。照像背面“安特来夫”四字为周作人（1885—1967）所写。

司徒乔《五个警察一个〇》

画纸：纵 29.4 厘米，横 24.9 厘米

画框：纵 32.1 厘米，横 28.1 厘米，厚 1.4 厘米

1926 年 6 月 6 日，鲁迅前往中央公园观看司徒乔（1902—1958）绘画展览会，买下其炭笔素描《五个警察一个〇》，挂于“老虎尾巴”东壁。

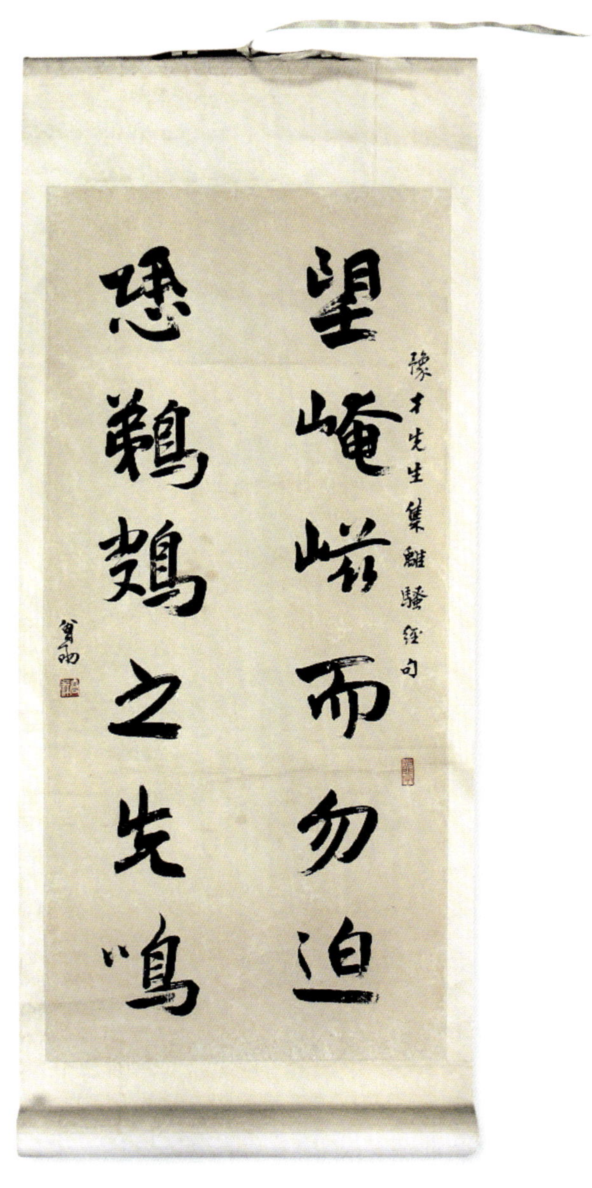

乔大壮《离骚》集句条幅

画芯：纵 65 厘米，横 29.2 厘米

卷轴：纵 80.5 厘米，横 33.3 厘米

1924 年 9 月，鲁迅自集《离骚》句为联“望崦嵫而勿迫，恐鹈鴂之先鸣”，托教育部同事乔大壮（1892—1948）写就，挂于“老虎尾巴”西壁。

○ 北房中部明间为堂屋，是鲁迅一家洗漱和吃饭的地方。堂屋东壁上挂着鲁迅早夭的四弟椿寿（1893—1898）画像。（摄于 2024 年 5 月）

鲁迅四弟椿寿画像

画芯：纵 104.2 厘米，横 46.9 厘米

卷轴：纵 192 厘米，横 60 厘米

○ 鲁迅母亲鲁瑞（1858—1943）摄于“老虎尾巴”。

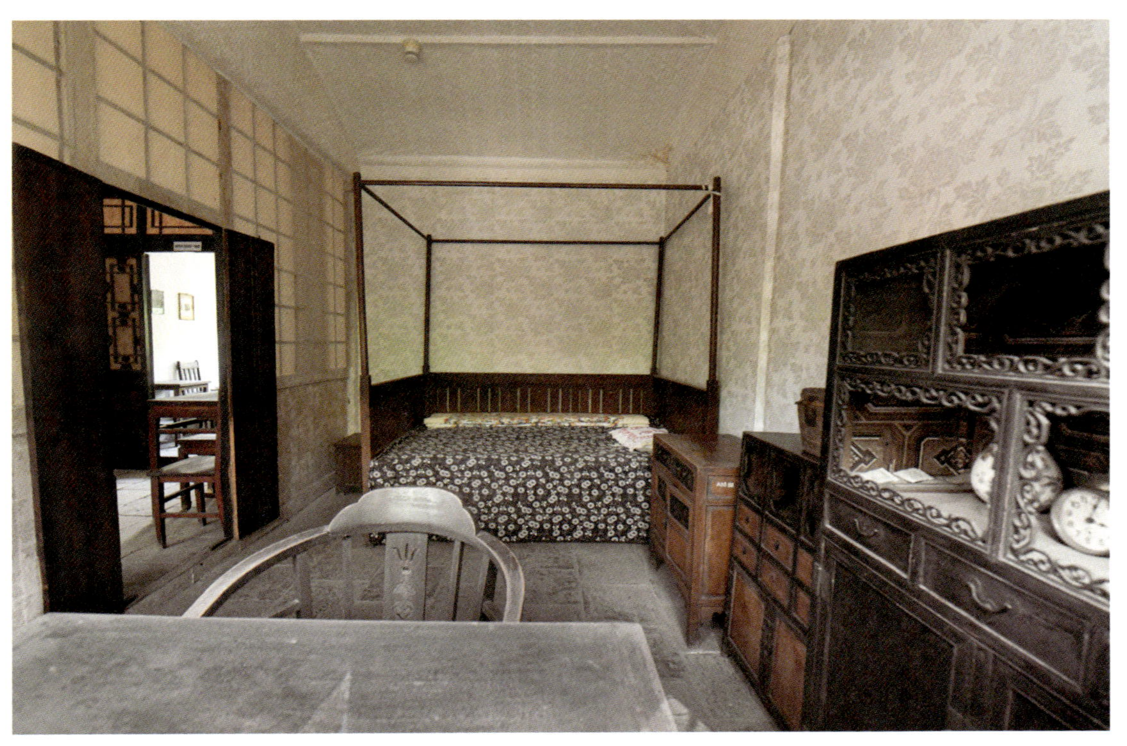

○ 北房东边一间为鲁瑞住室。（摄于 2024 年 5 月）

○ 北房西边一间为朱安住室。（摄于 2024 年 5 月）

○ 鲁迅原配夫人朱安（1878—1947）摄于堂屋。

○ 三间南房是会客室兼藏书室。（摄于 2024 年 5 月）

翟煞鬼造像石

高 23.5 厘米，宽 17.5 厘米，厚 9 厘米

放置于南房古玩架上的翟煞鬼造像石，鲁迅 1918 年 4 月购于琉璃厂。

君子砖

长 32 厘米，宽 21.2 厘米，厚 5.8 厘米

放置于南房古玩架上的君子砖，鲁迅 1924 年 9 月通过齐寿山购得。

○ 陶元庆（1893—1929），字璇卿，浙江绍兴人，画家，曾多次为鲁迅作品绘制封面。

鲁迅半身像

一级文物

画纸：纵 61.1 厘米，横 46.4 厘米

画框：纵 67.4 厘米，横 52.3 厘米，厚 1.1 厘米

1926 年 5 月 3 日，鲁迅收到陶元庆画炭笔速写像，后悬挂于南房东壁。

璇卿兄：

给我画的象，这几天才裱好，去取来了。我觉得画得很好。我很感谢。

那洋铁筒已经断作三段，因为外面有布，所以还与相连，但都挤得很扁。现在在箱下压了几天，平直了，不过画面上略有磨擦的地方，微微发白，如果用些相像的，或者看不出来。

画面上有胶，嵌在玻璃框上，不知道迁潮时要粘住否？不知该如何悬挂才好，便中请示知。

鲁迅

五月十一日

1926年5月11日鲁迅致陶元庆信

一级文物

纵 28.9 厘米，横 18.6 厘米

1926 年 5 月 11 日，鲁迅致函陶元庆，认为速写像“画得很好”，并询问“如何悬挂”。

一日 晴。午後得許廣平信。晚H君来别。

日記十四

二日 晴。上午寄尚鍾吾信。寄三弟信。寄張目寒以照相一枚。午後許廣平来。午後得梁社乾信并照片三枚。得李桂生信。得呂蘊儒信并合訂《豫報副刊》一本。

三日 晴，休假。午後曇。晚雨。得有麟信。

四日 曇。上午得培良信，二日鄭州發。午後往中央公園在同生照相二枚。晚有麟来，假泉廿。夜得許廣平信并稿。

五日 晴，星期休息。午後作文。有麟来。下午子佩来。晚長虹来。夜品青来。小峯来並贈《性之遺留》二本。得靜農信附魯彥信。

六日 晴。午後往第一監獄工場買藤木器具八件，泉卅二。下午靜農、素園来。

二十

懿文齋

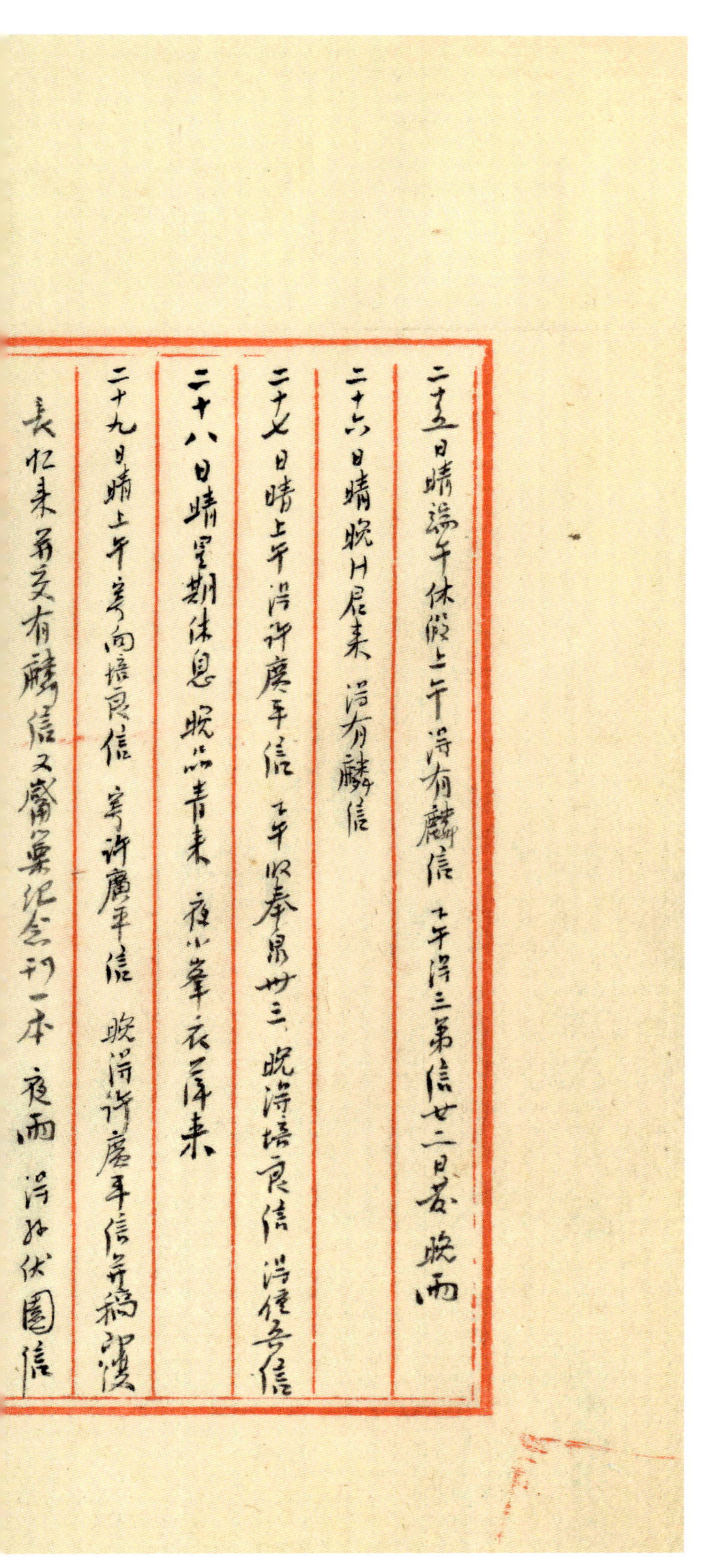

二十五日晴。端午休假。上午得有麟信。下午得三弟信，廿二日发。晚雨。

二十六日晴。晚H君来。得有麟信。

二十七日晴。上午得许广平信。下午收奉泉卅三。晚得培良信。得[illegible]吾信。

二十八日晴，星期休息。晚品青来。夜小峰、衣萍来。

二十九日晴。上午寄向培良信。寄许广平信。晚得许广平信并稿，即复。长虹来。得有麟信又《[illegible][illegible]》纪念刊一本。夜雨。得孙伏园信。

1925 年鲁迅日记之一页

一级文物

纵 24.5 厘米，横 32 厘米

周宅所用生活器具是逐渐添置配齐的。这是 1925 年 7 月 6 日鲁迅日记中关于前往第一监狱工场购买藤、木器家具的记载。

周宅日常

棉袍

衣长 126 厘米，通袖长 142.5 厘米，腋下宽 51.2 厘米，
下摆宽 76.8 厘米，厚 0.3 厘米

鲁迅穿过的棉袍。

红木筷盒

长 27.5 厘米，宽 3.5 厘米，高 3 厘米

周宅一日三餐由朱安操持，以绍兴菜为主。这是西三条寓所保存下来的红木筷盒。

调料餐具

底托：高 15 厘米，直径 11.1 厘米
调料罐：高 8.8 厘米，直径 3.9 厘米
杯子：高 7.6 厘米，直径 3.9 厘米

铁皮零食罐

高 17.1 厘米，长径 10.5 厘米，短径 7.1 厘米

漆点心盒

高 8.5 厘米，直径 15 厘米

鲁迅喜欢吃零食，尤其是花生米，特别喜爱甜食，经常购买点心、糖果。鲁迅每次买了点心回来，总是先让母亲挑选，再让朱安挑选。这是鲁迅当年用过的零食罐、点心盒。

打开包来看时，何尝是“方”的，却是圆圆的小薄片，黄棕色。吃起来又凉又细腻，确是好东西。……

……

夜间，又将藏着的柿霜糖吃了一大半，因为我忽而又以为嘴角上生疮的时候究竟不很多，还不如现在趁新鲜吃一点。不料一吃，就又吃了一大半了。

——鲁迅：《华盖集续编·马上日记》

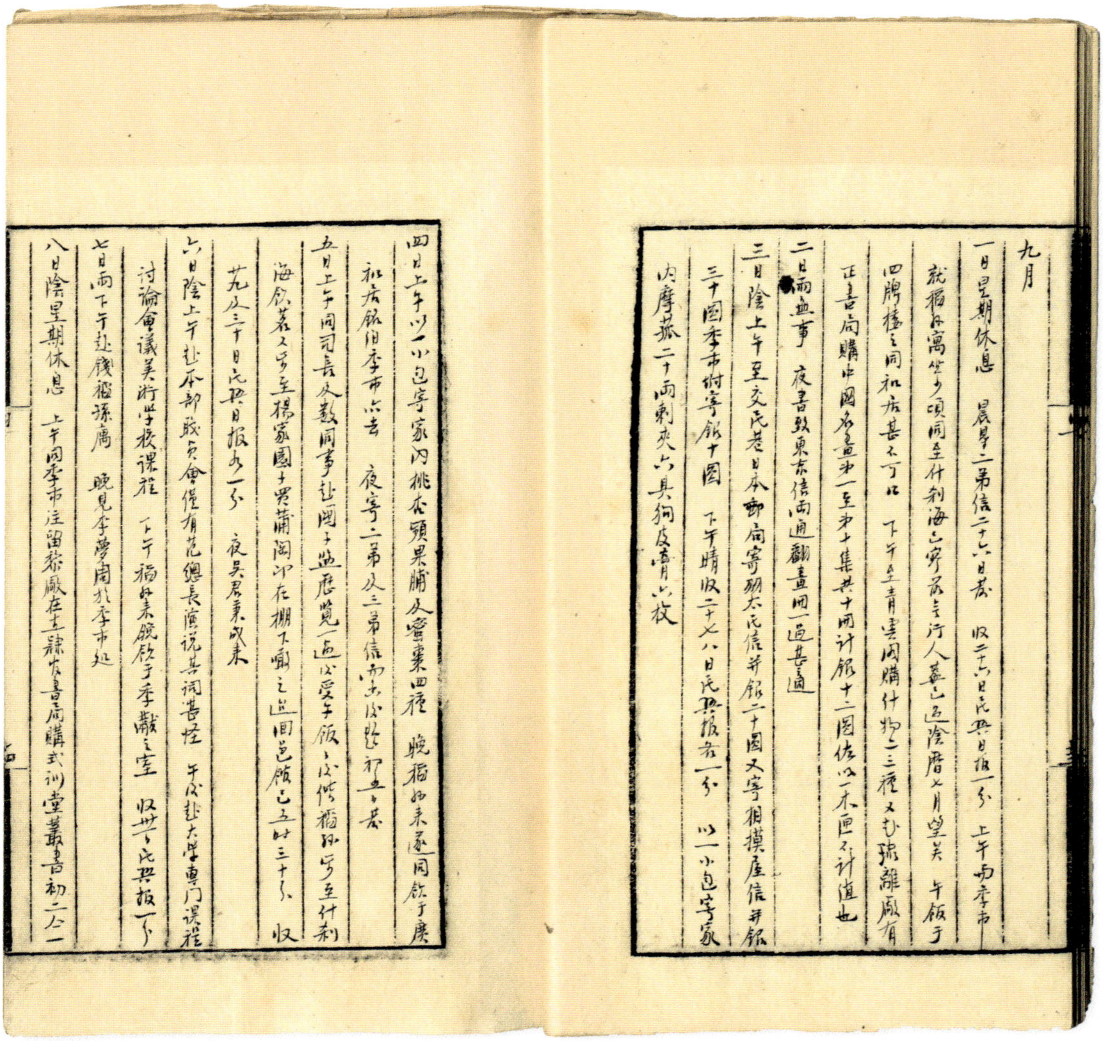

1912 年鲁迅日记之一页

一级文物

纵 25.8 厘米，横 16.3 厘米

鲁迅喜食水果，如葡萄、梨、苹果等。这是鲁迅日记关于吃“蒲陶”（“葡萄”）的记载。

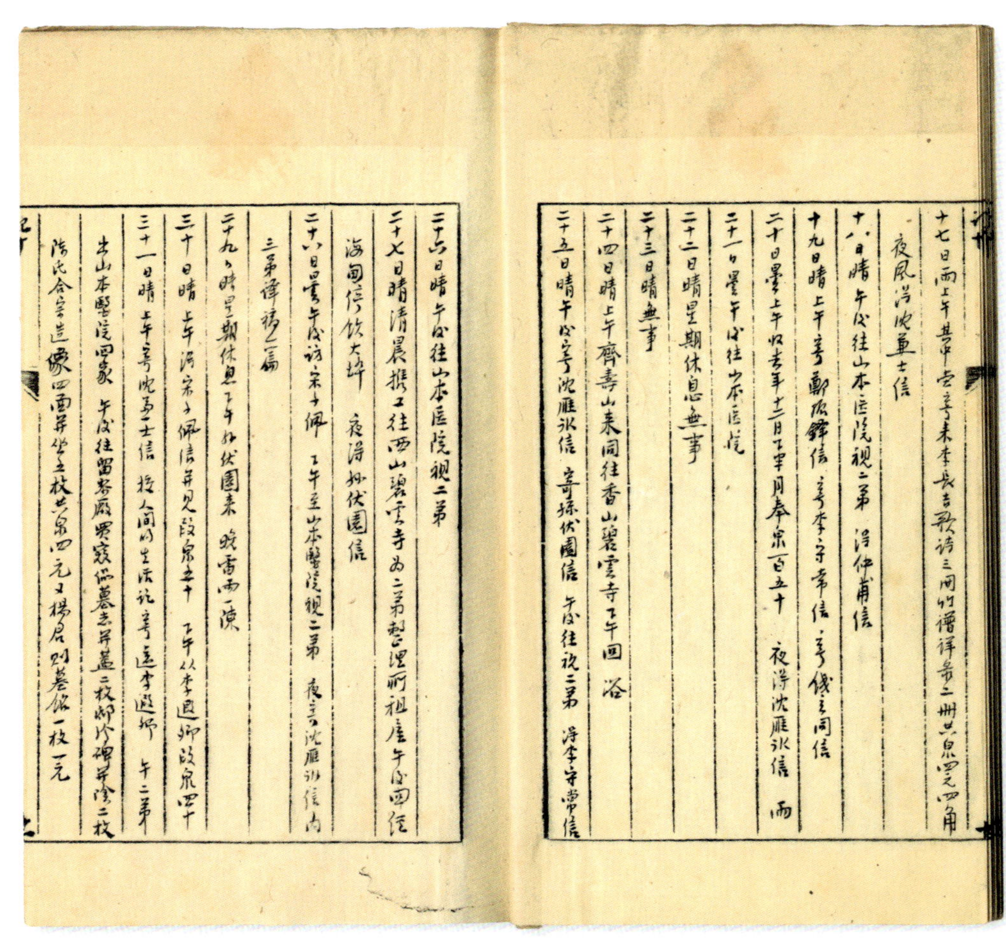
十七日 雨。上午从东亚公司寄来李长吉歌诗三同，竹谱详录二册，共泉四元四角。夜风。得沈兼士信。
十八日 晴。午后往山本医院视二弟。得仲甫信。
十九日 晴。上午寄郑振铎信，寄李守常信，寄钱玄同信。
二十日 昙。上午收去年十二月下半月奉泉百五十。夜得沈雁冰信。雨。
二十一日 昙。午后往山本医院。
二十二日 晴，星期休息，无事。
二十三日 晴。无事。
二十四日 晴。上午齐寿山来，同往香山碧云寺，下午回。浴。
二十五日 晴。午后寄沈雁冰信，寄孙伏园信。午后往视二弟。得李守常信。
二十六日 晴。午后往山本医院视二弟。
二十七日 晴。清晨携工往西山碧云寺为二弟整理所租屋，午后回。海甸停饮大碗。夜得孙伏园信。
二十八日 昙。午后访宋子佩。下午至山本医院视二弟。夜寄沈雁冰信，内三弟译稿一篇。
二十九日 晴，星期休息。下午孙伏园来。晚雷雨一陈。
三十日 晴。上午得宋子佩信并见还泉五十。下午从李遐卿假泉四十。
三十一日 晴。上午寄沈兼士信。投人间的生活记寄还李遐卿。午二弟出山本医院回家。午后往留黎厂买寇偘墓志并盖二枚，卿珍碑并阴二枚，陈氏合宗造像四面并坐三枚，共泉四元。又杨君则墓铭一枚，一元。

1921 年鲁迅日记之一页

一级文物

纵 25.8 厘米，横 16.3 厘米

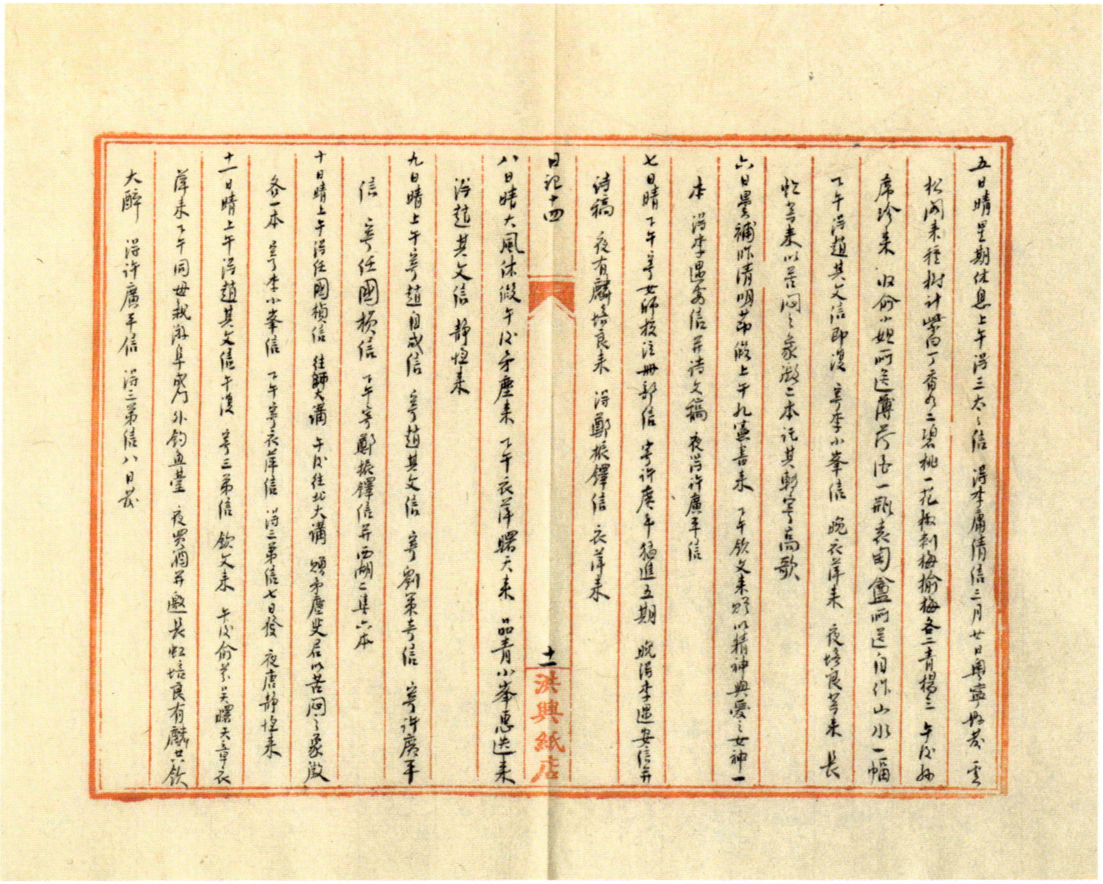

1925 年鲁迅日记之一页

一级文物

纵 24.5 厘米，横 32 厘米

鲁迅喜欢饮酒，常饮的有威士忌、五加皮等烈酒，麦酒、白玫瑰酒、薄荷酒、苦南酒等特色酒更不可或缺。这是鲁迅日记中关于“大醉”的记载。

二十七日晴　休假　午後衣萍來　得三弟信二十日發

日記本

二十八日晴　上午寄馬幼漁信　午後品青、衣萍來并贈湯圓三十　下午伏園來　晚寄三弟信　寄李遇安信　寄李小峯信并校正稿及圖版

二十九日大雪　上午得孫席珍信并詩　午晴　風　晚有麟來　夜譯白村氏出了象牙之塔二篇　作野草一篇

三十日晴　夜有麟來取文稿去

三十一日晴　午後欽文來　下午收東方雜志一本　晚伏園來　衣萍來　夜有麟同呂蘊儒來

二月

一日晴　星期休息　晚衣萍、小峯、同惠迭來　夜伏園來

三　洪興紙店

二十三日晴下午收東方雜志一本 往留黎廠買石印王荊公百家唐詩選一
部八本泉二元四角 夜有麟來并贈甌柑十六枚鯽魚二尾 李慎齋來
并交所代領奉泉百九十八元是為前年之七月及八月分
二十四日晴舊曆元旦也休假 自午至夜譯出了象牙之塔兩篇
二十五日晴星期休息治午餐邀陶璿卿許欽文孫伏園午前皆至欽文
贈晨報增刊一本 母親邀俞小姐姊妹三人及許小姐王小姐午餐正午

1925 年鲁迅日记之一页

一级文物

纵 24.5 厘米，横 32 厘米

乙丑年大年初二（1925 年 1 月 25 日），鲁迅和母亲邀请了 8 位年轻的绍兴同乡一起过节。客人走后，鲁迅译《出了象牙之塔》一篇，这是鲁迅当天的日记。

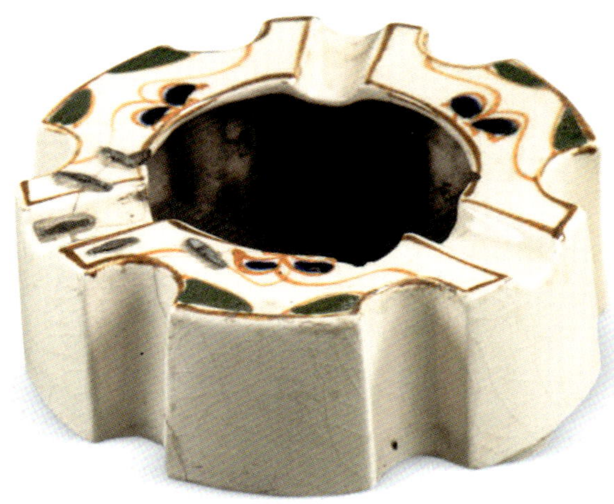

烟灰缸

一级文物

高 4.8 厘米，直径 11.1 厘米

鲁迅酷爱吸烟，最多时每天抽 50 支，这是鲁迅使用过的烟灰缸。

○ 鲁迅经常吸的烟是普通的红锡包。这是红锡包烟标。

药瓶

高 17.9 厘米，长径 9.2 厘米，短径 6.5 厘米

由于工作劳累、生活不规律，鲁迅经常胃痛、肋间神经痛，这是鲁迅使用过的药瓶。

盖碗

一级文物

高 8 厘米，杯直径 18 厘米，底托直径 21.5 厘米

鲁迅喜欢饮茶，这是他使用过的盖碗。

○ 1924—1926 年，鲁迅及家人主要在山本医院看病。图为山本医院。

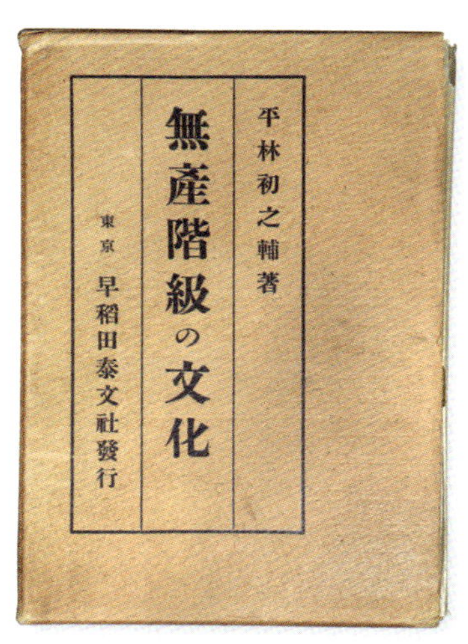

《无产阶级的文化》

纵 19.2 厘米，横 13.6 厘米，厚 2.2 厘米

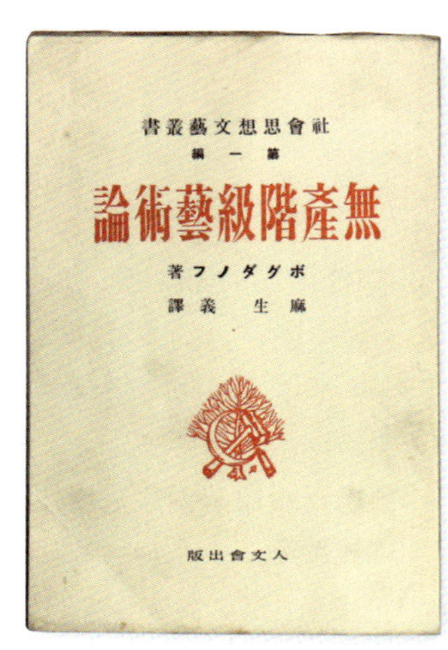

《无产阶级艺术论》

纵 18.2 厘米，横 12.5 厘米，厚 1 厘米

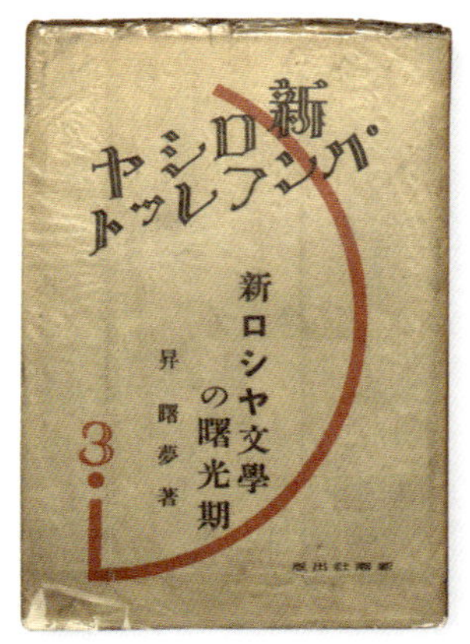

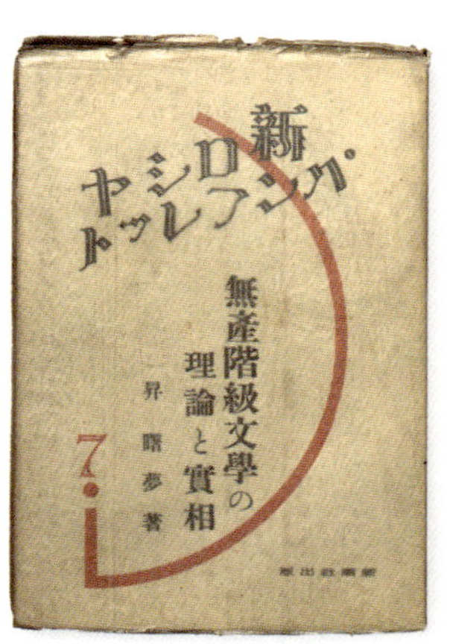

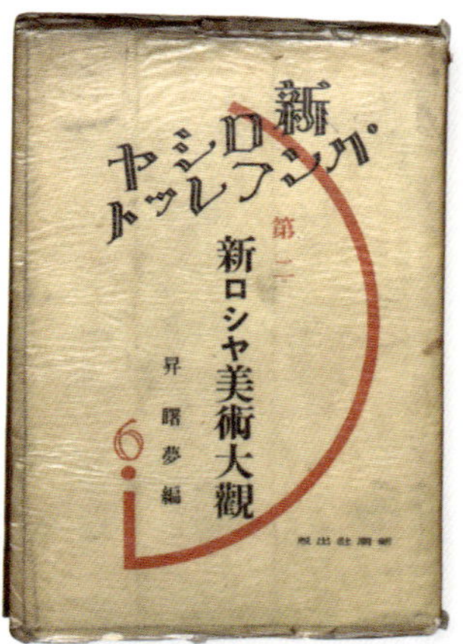

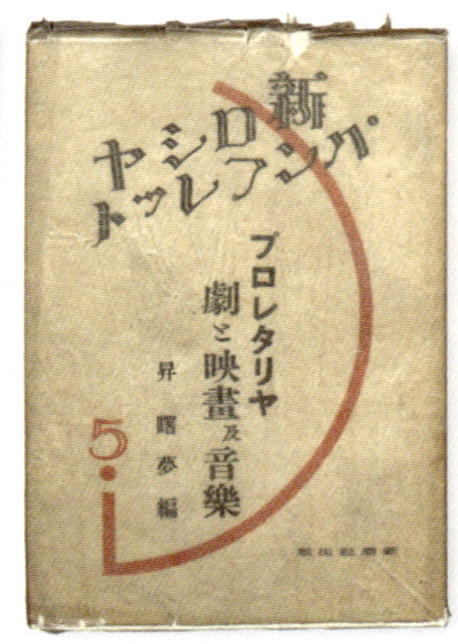

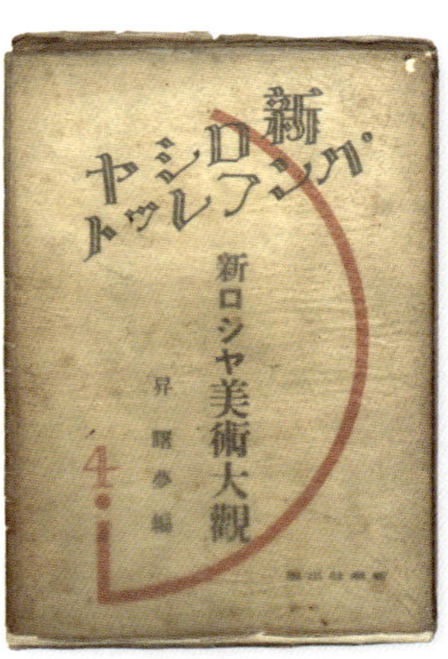

《新俄小丛书》

1.《赤俄闻见录》 2.《革命时期的演剧与舞蹈》 3.《新俄文学之曙光期》

4.《新俄美术大观》 5.《无产阶级戏剧、电影及音乐》 6.《新俄美术大观》第二辑

7.《无产阶级文学的理论与实况》

1、2、3、5、7：纵 18 厘米，横 12.5 厘米，厚 0.9 厘米

4、6：纵 19.5 厘米，横 13.5 厘米，厚 1 厘米

1924—1926 年，鲁迅大量购买外文书，最常光顾的书店是东亚公司。这些是鲁迅从东亚公司购买的日本昇曙梦等翻译的马克思主义文论著作。

○ 位于北京东安门大街的真光电影院旧址，鲁迅曾经前往观影。现为中国儿童艺术剧院。（摄于 2022 年 3 月）

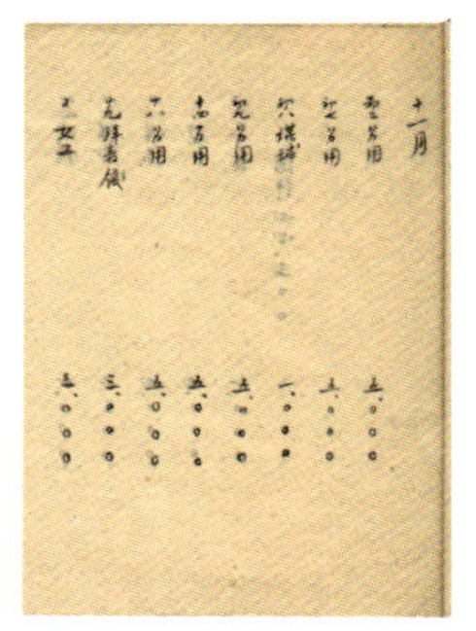

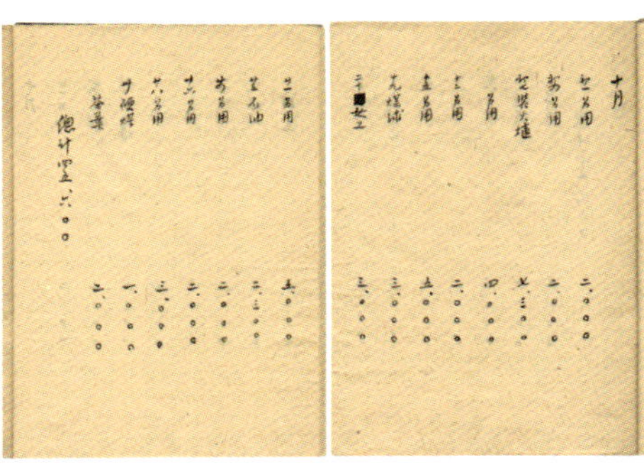

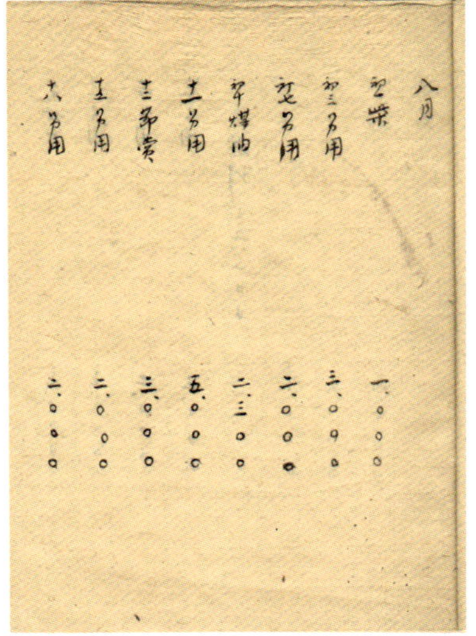

甲子（1924）年鲁迅家用账

纵 16.3 厘米，横 12.8 厘米

周宅日常支出有米、面、茶叶、照明用的石油及女工工钱等，冬季增加煤火费。每逢年节给女工发放赏钱，农历十一月为鲁瑞庆生，支出“拜寿钱”。这是鲁迅记的 1924 年农历八月、十月、十一月部分家用账。

安居述天下

迁居西三条后，鲁迅终于有了自己的房，他在绿林书屋奋笔著述，两年多做了大量工作：完成散文诗集《野草》、杂文集《华盖集》的全部及小说集《彷徨》、回忆散文集《朝花夕拾》、杂文集《华盖集续编》《坟》中的大部分作品；收藏拓片，整理古籍，编成《俟堂专文杂集》；翻译《苦闷的象征》等30余篇外国作品；在大学讲授中国小说史及文艺理论课程，并赴西安讲学；支持创办莽原社、未名社等文学社团，往来于周宅的文艺青年达百人之多，其中，许广平是“独特的这一个”；全面介入女师大风潮，因抨击时事，遭当局通缉，于1926年8月离京南下。

创作翻译

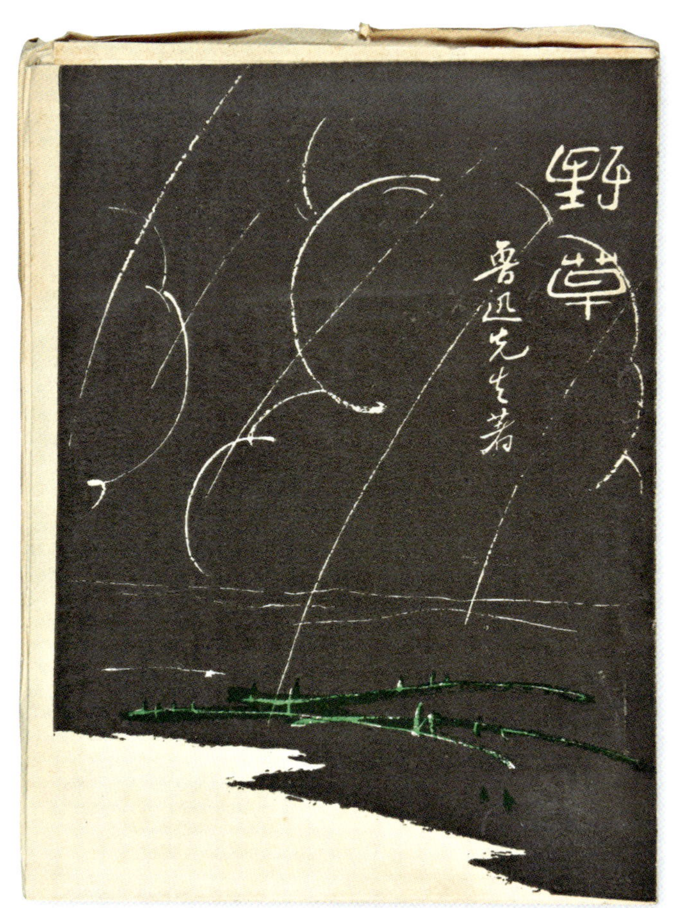

《野草》初版本

纵 20.5 厘米，横 14.8 厘米，厚 0.7 厘米

《野草》，鲁迅唯一的散文诗集，收 1924 年 9 月至 1926 年 4 月鲁迅创作的散文诗 23 篇，均写于西三条 21 号。1927 年 7 月北新书局初版，封面由孙福熙（1898—1962）设计，书名系鲁迅自书。

○ 1924年11月，《语丝》周刊在北京创刊，前期由周作人编辑。1927年秋迁往上海，第四卷由鲁迅编辑，1930年停刊。“任意而谈，无所顾忌”，是该刊前期特色。鲁迅是重要撰稿人，在该刊发表文章140余篇。图为刊登《野草·秋夜》的《语丝》第3期。

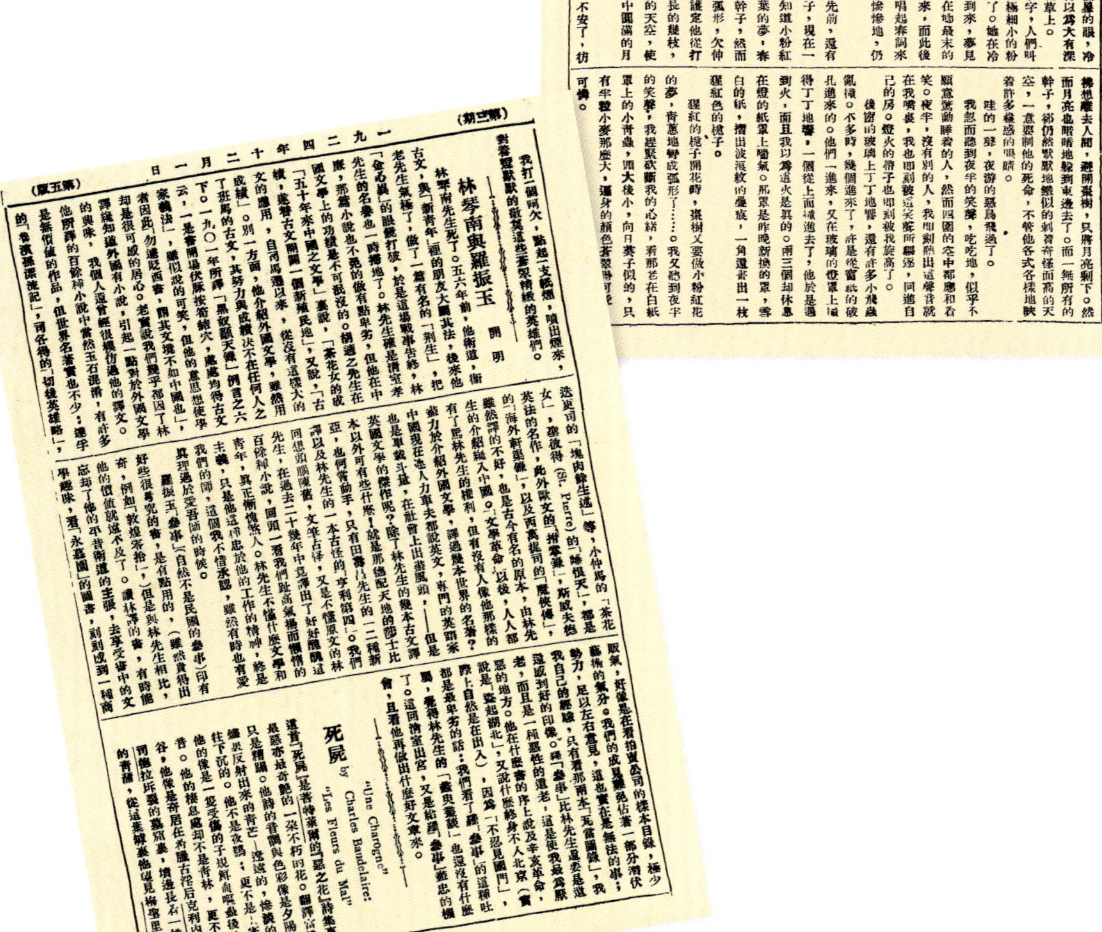

（第三期）　一九二四年十二月一日　（第四版）

業的夢想。這一點覺悟就是健那障礙風及被捲在那香氣襲人的灰土中所得來。（因此我可証明凡人類之覺悟一種道理都是因爲一種小事，由一種直接經驗，非由學理得來的。保羅之歸依耶穌教是由於他在大馬色路上中暑，（sct asuntröke，盧騷對於社會起原之覺悟亦在某某路上一樹蔭底下，倘非中暑便是傷寒，陰陽失和，寒熱不調所致。所謂保羅盧騷看見『異像』visions 都是騙人的話。但這與本題無關）。

本篇並不是要討論此土氣與中國思想界之關係，不過要叙述我所感覺此土氣在思想界之重要及其不可輕忽而已。一來因爲本篇不是要講道理的；而二來，這土氣與思想界關係之範圍太大，若是一定要講他，恐怕是永遠講不完，故不如就此告個結束。

野草　　魯迅

一　秋夜

在我的後園，可以看見牆外有兩株樹，一株是棗樹，還有一株也是棗樹。

這上面的夜的天空，奇怪而高，我生平沒有見過這樣的奇怪而高的天空。他彷彿要離開人間而去，使人們仰面不再看見。然而現在卻非常之藍，閃閃地䀹着幾十個星星的眼，冷眼。他的口角上現出微笑，似乎自以爲大有深意，而將繁霜灑在我的園裏的野花草上。

我不知道那些花草眞叫什麼名字，人們叫他們什麼名字。我記得有一種開過極細小的粉紅花，現在還開着，但是更極細小了。她在冷的夜氣中，瑟縮地做夢，夢見春的到來，夢見秋的到來，夢見瘦的詩人將眼淚擦在她最末的花瓣上，告訴她秋雖然來，冬雖然來，而此後接着還是春，胡蝶亂飛，蜜蜂都唱起春詞來了。她于是一笑，雖然顏色凍得紅慘慘地，仍然瑟縮着。

棗樹，他們簡直落盡了葉子。先前，還有一兩個孩子來打他們別人打剩的棗子，現在一個也不剩了，連葉子也落盡了。他知道小粉紅花的夢，秋後要有春；他也知道落葉的夢，春後還是秋。他簡直落盡葉子，單剩幹子，然而脫了當初滿樹是果實和葉子時候的弧形，欠伸得很舒服。但是有幾枝還低亞著，護定他從打棗的竿梢所得的皮傷，但是最直最長的幾枝，卻已默默地鐵似的直刺着奇怪而高的天空，使天空閃閃地鬼䀹眼，直刺着天空中圓滿的月亮，使月亮窘得發白。

鬼䀹眼的天空越加非常之藍，不安了，彷彿想離去人間，避開棗樹，只將月亮剩下。然而月亮也暗暗地躲到東邊去了。而一無所有的幹子，卻仍然默默地鐵似的刺着奇怪而高的天空，一意要制他的死命，不管他各式各樣地䀹着許多蠱惑的眼睛。

哇的一聲，夜遊的惡鳥飛過了。

我忽而聽到夜半的笑聲，吃吃地，似乎不願意驚動睡着的人，然而四圍的空氣都應和着笑。夜半，沒有別的人，我即刻聽出這聲音就在我嘴裏，我也即刻被這笑聲所驅逐，回進自己的房。燈火的帶子也即刻被我旋高了。

後窗的玻璃上丁丁地響，還有許多小飛蟲亂撞。不多時，幾個進來了，許是從窗紙的破孔進來的。他們一進來，又在玻璃的燈罩上撞得丁丁地響。一個從上面撞進去了，他於是遇到火，而且我以爲這火是眞的。兩三個卻休息在燈的紙罩上喘氣。那罩是昨晚新換的罩，雪白的紙，摺出波浪紋的疊痕，一角還畫出一枝猩紅色的梔子。

猩紅的梔子開花時，棗樹又要做小粉紅花的夢，青葱地彎成弧形了……。我又聽到夜半的笑聲；我趕緊砍斷我的心緒，看那老在白紙罩上的小青蟲，頭大尾小，向日葵子似的，只有半粒小麥那麼大，遍身的顏色蒼翠得可愛，可憐。

（第三期）　一九二四年十二月一日　（第五版）

我打一個呵欠，點起一支紙煙，噴出煙來，對着燈默默的敬奠這些蒼翠精緻的英雄們。

林琴南與羅振玉　　開明

林琴南先生死了。五六年前，他衛道，衛古文，與「新青年」裡的朋友大鬧其法，後來他老先生氣極了，做了一篇有名的「荊生」，把「金心異」的眼鏡打破，於是這場戰事告終，林先生的名譽也一時掃地了。林先生確是清室孝廉，那篇小說也不免的做有點卑劣，但他在中國文學上的功績是不可泯沒的。胡適之先生在「五十年來中國之文學」裏說，「茶花女的成績，遂替古文開闢一個新殖民地」，又說，「古文的應用，自司馬遷以來，從沒有這樣大的成績」。別一方面，他介紹外國文學，雖然用了班馬的古文，其努力與成績決不在任何人之下。一九〇一年所譯「黑奴籲天錄」例言之六云，「是書開場伏脈接筍結穴，處處均得古文家義法」，雖似說的可笑，但他的意思想使學者因此「勿遽貶西書，謂其文境不如中國也」，卻是很可感的居心。老實說我們幾乎都因了林譯纔知道外國有小說，引起一點對於外國文學的興味，我個人還曾經很模仿過他的譯文。他所譯的百餘種小說中當然玉石混淆，有許多是無價值的作品，但世界名著實也不少：達孚的「魯濱孫漂流記」，司各得的「劫後英雄略」，迭更司的「塊肉餘生述」等，小仲馬的「茶花女」，森彼得（St. Pierre）的「離恨天」，都是英法的名作，此外歐文的「拊掌錄」，斯威夫德的「海外軒渠錄」，以及西萬提司的「魔俠傳」，雖然譯的不好，也是古今有名的原本，由林先生的介紹纔入中國。「文學革命」以後，人人都有了罵林先生的權利，但有沒有人像他那樣的盡力於介紹外國文學，譯過幾本世界的名著？中國現在連人力車夫都說英文，專門的英語家也是車載斗量，在社會上出盡風頭，——但是英國文學的傑作呢？除了林先生的幾本古文譯本以外可有些什麼！就是那鼎配天地的莎士比亞，也何嘗動手，只有田壽昌先生的一二種新譯以及林先生的一本古怪的「亨利第四」。我們同想頭腦陳舊，文筆古怪，又是不懂原文的林先生，在過去二十幾年中竟譯出了好好醜醜這百餘種小說，回頭一看我們趾高氣揚而懶惰的青年，眞正慚愧煞人。林先生不懂什麼文學和主義，只是他這種忠於他的工作的精神，終是我們的師，這個我不惜承認，雖然有時也有愛眞理過於愛吾師的時候。

羅振玉「參事」（自然不是民國的參事）印有好些很寶貴的書，是有點用的，（雖然貴得出奇，例如「敦煌零拾」，）但是與林先生相比，他的價值就遠不及了。讀林譯的書，有時能忘卻了俾的平昔衛道的主張，去享受書中的文學趣味，看「永慕園」的圖書，刻刻感到一種商販氣，好像是在看拍賣公司的樣本目錄，極少藝術的氣分。我們的成見雖免佔着一部分潛伏勢力，足以左右意見，這也實在是無法的事；我自己的經驗，只有看那兩本「瓦當圖錄」，我沒感到好的印像。羅「參事」比林先生還要是遺老，而且是一種惡性的遺老，這是使我最爲厭惡的地方。他在什麼書的序上說及辛亥革命，說是「盜起湖北」，又說什麼終身不入北京（實際上自然是在出入），因爲「不忍見國門」，都是最卑劣的話：我們看了羅「參事」的這種吐屬，覺得林先生的「蠡叟叢談」也還沒有什麼了。這回清室出宮，又是給羅「參事」盡忠的機會，且看他再做出什麼好文章來。

死屍 by Charles Baudelaire:

"Une Charogne"

"Les Fleurs du Mal"

這首「死屍」是菩特萊爾的「惡之花」詩集裏最惡亦最奇艷的一朵不朽的花。翻譯當然只是糟蹋。他詩的音調與色彩像是夕陽餘燼裏反射出來的青芒——遼遠的，慘澹的，往下沉的。他不是夜鶯；更不是雲雀；他的像是一隻受傷的子規鮮血嘔盡後的餘音。他的棲息處卻不是青林，更不是幽谷，他像是寄居在希臘古淫后克利內姆推司德拉坼裂的墓窟裏，墳邊長着一株尖刺的青蒲，從這葉罅裏他望見梅聖里古獅子

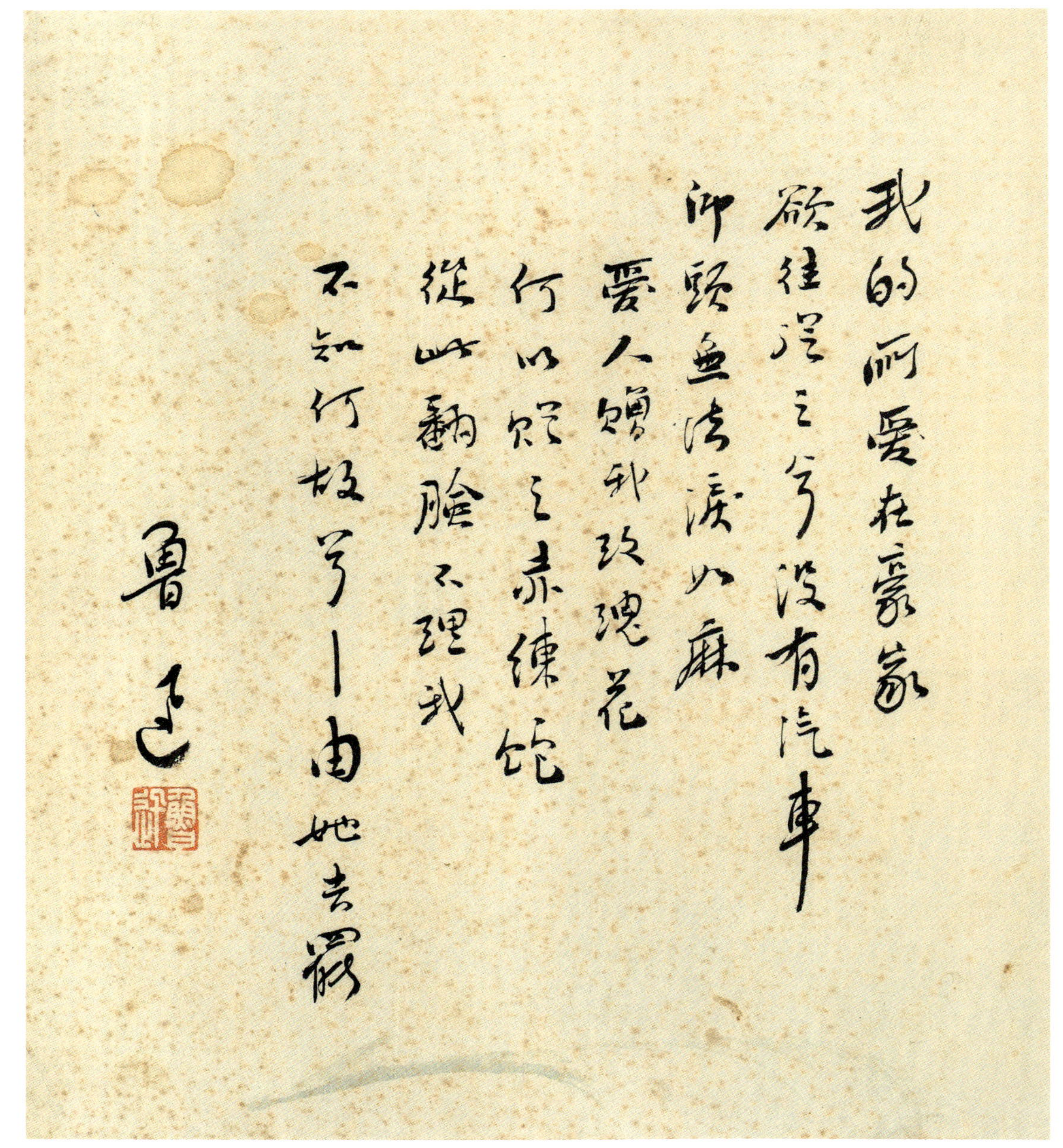

我的所愛在豪家
欲往從之兮没有汽車
仰頭無法淚如麻
愛人贈我玫瑰花
何以贈之赤練蛇
從此翻臉不理我
不知何故兮——由她去罷
魯迅

《我的失恋》之四手稿

纵 27.1 厘米，横 24.1 厘米

原件藏上海鲁迅纪念馆

《野草》之四《我的失恋》原诗发表于 1924 年 12 月 8 日《语丝》第 4 期，鲁迅在上海时录该诗第四节赠送给日本友人。

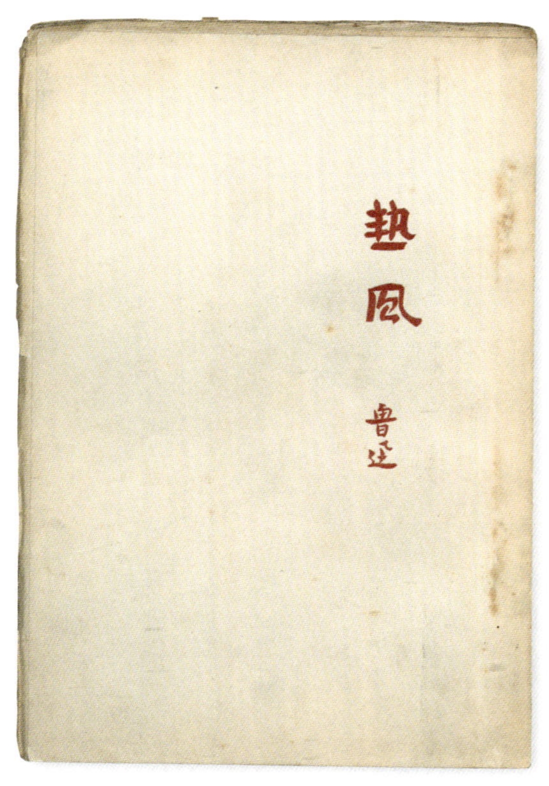

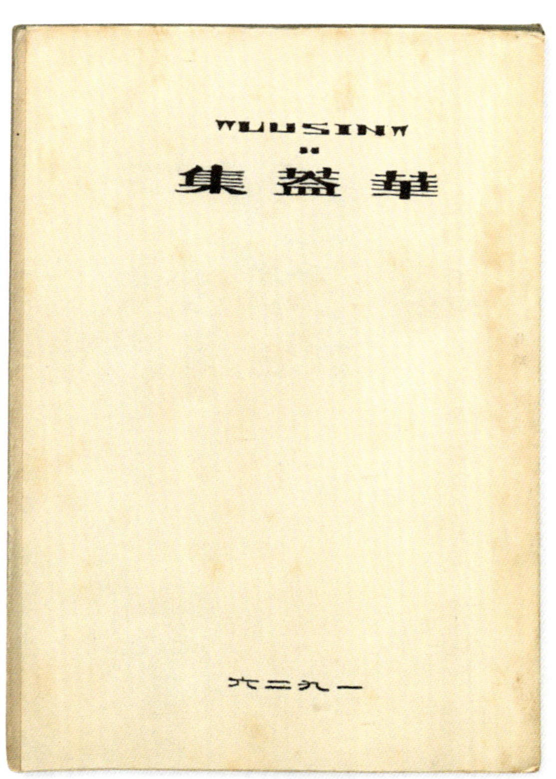

《热风》初版本

纵 20 厘米，横 14.7 厘米，厚 0.7 厘米

《热风》，鲁迅第一本杂文集，收 1918－1924 年所作杂文 41 篇，成集于西三条 21 号。1925 年 11 月北新书局初版，书名、著者名系鲁迅自书。

《华盖集》初版本

纵 20 厘米，横 13.9 厘米，厚 0.8 厘米

《华盖集》，鲁迅第二本杂文集，收 1925 年所作杂文 31 篇，全部作于西三条 21 号。1926 年 6 月北新书局初版，封面设计鲁迅，书名系鲁迅自书。

《彷徨》初版本

纵 20 厘米，横 14.3 厘米，厚 0.9 厘米

《彷徨》，鲁迅第二本小说集，收 1924—1925 年创作小说 11 篇，《长明灯》《示众》《高老夫子》《孤独者》《伤逝》《弟兄》《离婚》等后七篇创作于西三条 21 号。1926 年 8 月北新书局初版，封面设计陶元庆。

《坟》初版本

纵 20.1 厘米，横 14 厘米，厚 0.8 厘米

《坟》，收 1907—1925 年鲁迅所作文章 23 篇，其中《论雷峰塔的倒掉》《论睁了眼看》等 11 篇作于西三条 21 号。1927 年 3 月未名社初版，封面设计陶元庆。

厦門大學國學研究院用箋

一 《卷葹》。这是王品青所希望的。乃是淦女士的小说集，乌合丛书之一。内容是四篇讲爱的小说。卷葹是一种小草，拔了心也不死，然而什么形状，我却不知道。品青希望将书名《卷葹》两字，作者名用一"淦"字，都即由你组织在图画之内，不另用铅字排印。此稿大约日内即付印，如给他画，请直寄钦文转交小峰。

二 《黑假面人》 李霁野译的安特来夫戏剧，内容大概是一个公爵举行假面跳舞会，连爱人也认不出了，因为都戴着面具，后来便发狂，疑心一切人都戴着假面，以至

厦門大學國學研究院用箋

于死。这并不忙，现在尚未付印。

三 《坟》 这是我的杂文集，从最初的文言到今年的，现已付印。可否给我作一个书面。我的意思是只要和"坟"的意义绝无关系的装饰就好。字是这样写：鲁迅 坟 1907-25（因为里面的都是这几年中所作）请你组织进去或另用铅字排印均可。

以上两种是未名社的，黑假面人不妨从缓，因为还未付印。坟如画成，请寄厦门，或寄钦文托他转寄亦可。

还有一点，董秋芳译了一本俄国小说，叫作"争自由的波浪"（革命小说），稿在我这里，将收入"未名丛刊"中，可否也给他一点装饰。

一开就是这许多，实在连自己也觉得太多了。

鲁迅 十月二十九

1926年10月29日鲁迅致陶元庆信

一级文物

信：纵27.2厘米，横18.3厘米

封：纵15厘米，横9厘米

1926年10月29日，鲁迅致函陶元庆，肯定《彷徨》封面设计"非常有力，看了使人感动"，并请其为《坟》绘制封面。

廈門大學國學研究院用箋

璇卿兄：

今天收到二十日來信，知道又給我畫了書面，感謝之至。惟我臨走時，曾將一個我未請你畫的書面交給小峯，請他製板印刷，作為青年的夢的封面。現在不知可已印成，如已印成，則你給我畫的那一個，似可用於別的書上，請告訴我。小峯那邊，我也寫信問去了。

彷徨的書面實在非常有力，看了使人感動。但聽說第二板的顏色有些不對了，這使我很不舒服。上海北新的辦事人，於此等事太不注意，真是無法可想。但第二版我還未見過，這是從通信裏知道的。

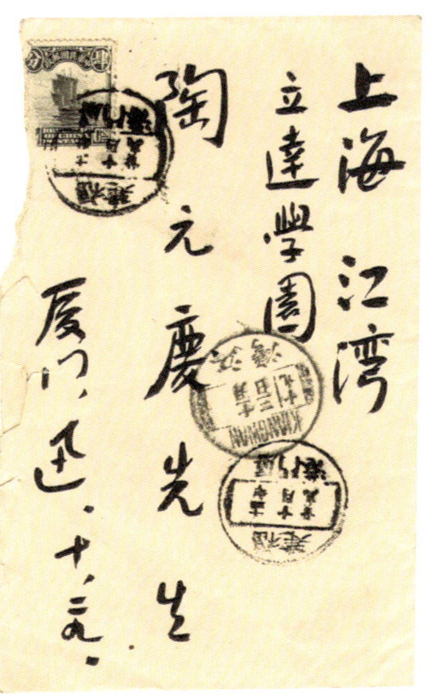

上海江灣

立達學園

陶元慶先生

廈門，迅。十一，廿二。

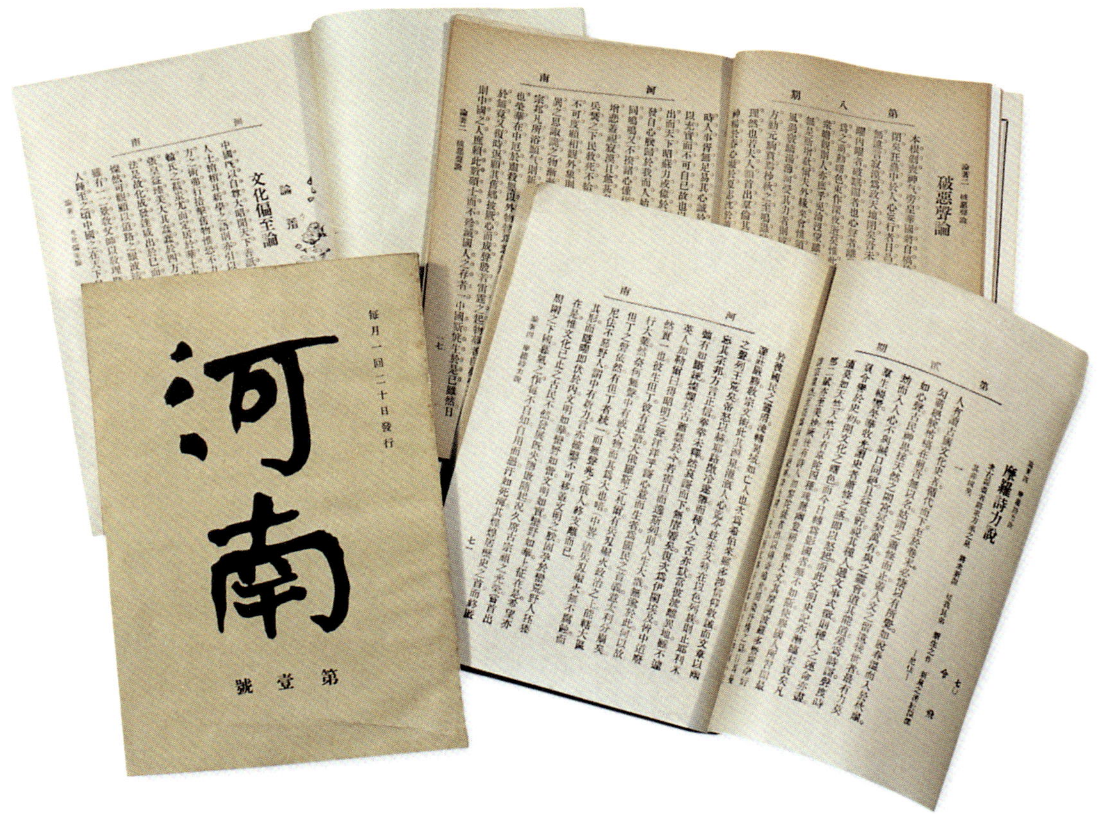

○ 许广平（1898—1968）搜集《河南》杂志，抄写校订鲁迅留日时期发表的《文化偏至论》《摩罗诗力说》等五篇文言文章，编入《坟》。

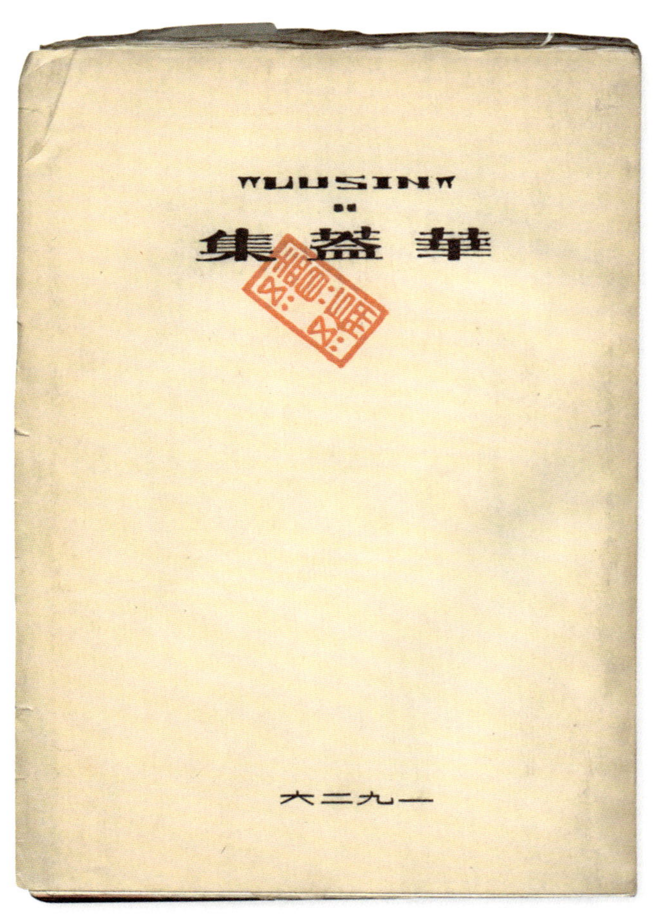

《华盖集续编》初版本

纵 20 厘米，横 14.2 厘米，厚 1.3 厘米

《华盖集续编》，鲁迅第三本杂文集，收 1926 年所作杂文 32 篇，1927 年所作杂文 1 篇，其中 24 篇作于西三条 21 号。1927 年 5 月北新书局初版，封面设计鲁迅，书名系鲁迅自书。

這是關于章士釗先生的——

去年，因為「每下愈況」問題，我曾經很受了些自以為公平的青年的教訓，說是因為他革去了我的僉事，我便那麼的[illegible]化。現在我在此只得特別聲明：這還是一九二三年九月所作，登在晨報副刊上的。那時的晨報副刊，編輯還不是這過泰戈爾先生的「詩哲」，也還未負有逼死別人，拖

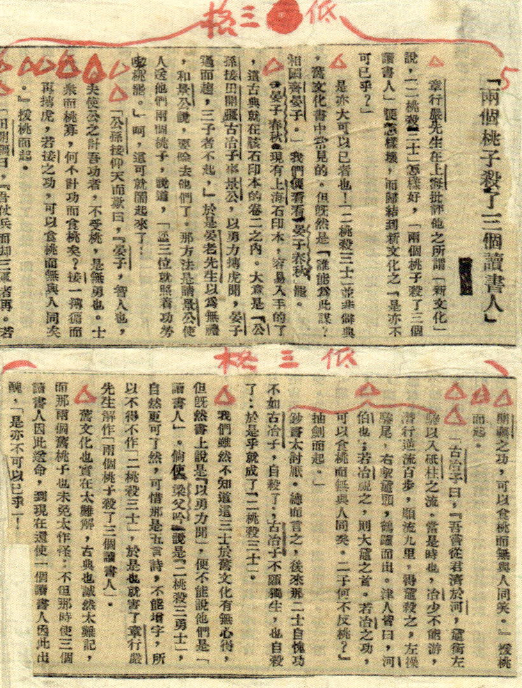

依三桃

「兩個桃子殺了三個讀書人」

章行嚴先生在上海批評他之所謂「新文化」說，「二桃殺三士」怎樣好，「兩個桃子殺了三個讀書人」便怎樣壞，而歸結到新文化之「是亦不可已乎？」

是亦大可以已者也！「二桃殺三士」並非僻典，舊文化書中常見的。但既然是「誰能為此謀？相國齊晏子。」我們便看看晏子春秋罷。現有上海石印本，容易入手的了，這古典就在該石印本的卷二之內。大意是「公孫接田開疆古冶子事景公，以勇力搏虎聞，晏子過而趨，三子者不起，」於是晏老先生以為無禮，和景公說，要除去他們了。那方法是請景公使人送他們兩個桃子，說道，「三位就照著功勞吃桃罷。」呵，這可就鬧起來了：

「公孫接仰天而歎曰，『晏子，智人也，夫使公之計吾功者，不受桃，是無勇也。士衆而桃寡，何不計功而食桃矣？接一搏猏而再搏乳虎，若接之功，可以食桃而無與人同矣。』援桃而起。

「田開疆曰，『吾仗兵而却三軍者再。若開疆之功，可以食桃而無與人同矣。』援桃而起。

「古冶子曰，『吾嘗從君濟於河，黿銜左驂以入砥柱之流。當是時也，冶少不能游，潛行逆流百步，順流九里，得黿殺之，左操驂尾，右挈黿頭，鶴躍而出。津人皆曰，河伯也；若冶視之，則大黿之首。若冶之功，可以食桃而無與人同矣。二子何不反桃？』抽劍而起。」

依三桃

這麼一鬧，公孫接田開疆都說「吾勇不子若，功不子逮，取桃不讓，是貪也；然而不死，無勇也，」都自殺了。古冶子不願獨生，也自殺了：於是乎就成了「二桃殺三士」。

我們雖然不知道這三士於舊文化有無心得，但既然書上說是「以勇力聞」，便不能說他們是「讀書人」。倘使梁父吟說是「二桃殺三勇士」，自然更可了然，可惜那是五言詩，不能增字，所以不得不作「二桃殺三士」，於是也就害了章行嚴先生解作「兩個桃子殺了三個讀書人」。

舊文化也實在太難解，古典也誠然太難記，而那兩個舊桃子也未免太作怪：不但那時使三個讀書人因此送命，到現在還使一個讀書人因此出醜，「是亦不可以已乎」！

不過是小事。再說一點，又何傷❶即使不知道晏子，不知道齊國，于中國也無損❷。農民雖懂得梁父吟，農業也仍然不能救國的。但我以為攻擊白話的豪舉，也可以不必了，明白訴來的文言，即使有點不妥，反正也不過是小事情。我雖然未曾在「孤桐先生」門下懂，沒有看見滿桌滿床滿地的什麼德文書的榮華，但偶然見到他所發表的「文言」，知道他于法律的不了了，道德習慣的並非一成不變，文字語言的必有變遷，其實倒是懂得的。懂得而照直說出來的，便成為改革者；懂得而不說，反要利用以欺瞞別人的，便成為「孤桐先生」及其「之流」。他的保護文言，也不過是這樣。

如果我的檢驗是誤的，那麼，「孤桐先生」大概也就染了[illegible]「志士」的通病，為「老婆子女」所累了，此後似乎應該講究[illegible]「節育」。

（五月二十四日。）

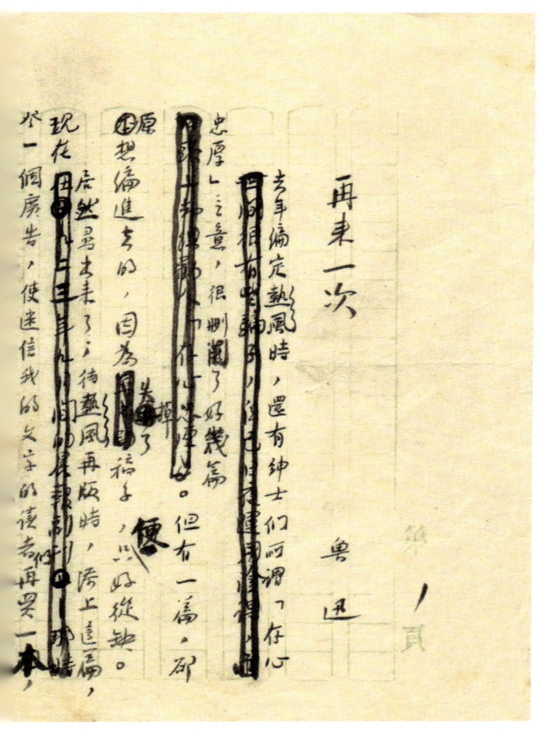

再来一次

鲁迅

去年编定热风时，还有绅士们所谓「存心忠厚」之意，很删削了好几篇。但有一篇，原想编进去的，因为失掉了稿子，只好从缺。现在居然寻出来了；待热风再版时，添上这一篇，算是一个广告，使迷信我的文字的读者再买一本，

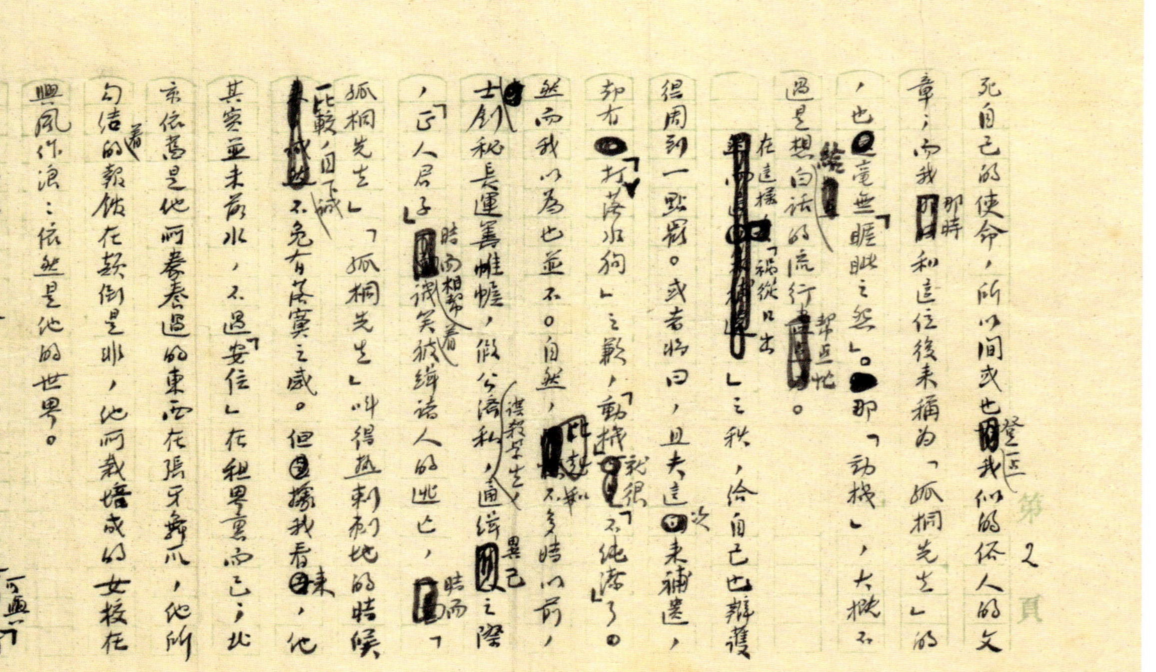

死自己的使命，所以间或也登些我们的保人的文章；而我那时和这位后来称为「孤桐先生」的，大概也毫无「睚眦之怨」。那「动机」，大概不过是想白话的流行，「祸从口出」之秋，给自己也辩护一点罢。或者将曰，且夫这一次来补遗，却有「打落水狗」之嫌，「动机」就很「不纯洁」了。然而我以为也并不。自然，[illegible]不多时以前，士钊秘长运筹帷幄，假公济私，[illegible]之际，「正人君子」[illegible]识笑被缚诸人的逃亡，[illegible]孤桐先生」「孤桐先生」的叫得热刺刺地的时候，[illegible]较的不免有落寞之感。但据我看来，他其实并未落水，不过「安住」在租界里而已：北京依然是他所豢养过的东西在张牙舞爪，他所勾结的报馆在歌颂是非，他所栽培成的女校在兴风作浪：依然是他的世界。

《再来一次》手稿

纵 19.5 厘米，横 49.5 厘米；纵 19.5 厘米，横 70.5 厘米

原件藏中国国家图书馆

收入《华盖集续编》的杂文《再来一次》手稿。

《朝花夕拾》初版本

纵 20.3 厘米，横 14.5 厘米，厚 0.9 厘米

《朝花夕拾》，鲁迅唯一的回忆散文集，收 1926 年创作散文 10 篇，前两篇《狗 · 猫 · 鼠》《阿长与〈山海经〉》创作于“老虎尾巴”东壁下。1928 年 9 月未名社初版，封面设计陶元庆，书名、著者名系鲁迅自书。

《苦闷的象征》初版本

纵 20.3 厘米，横 13.9 厘米，厚 0.7 厘米

《苦闷的象征》，日本文艺理论家厨川白村（1880—1923）的文艺论文集。鲁迅于 1924 年 9 月 22 日始译，10 月 10 日译毕，最初连载于《晨报副镌》。1924 年 12 月印成单行本，新潮社代售，后收入北新书局《未名丛刊》，封面设计陶元庆。

《出了象牙之塔》初版本

纵 20.5 厘米，横 14.9 厘米，厚 1.1 厘米

《出了象牙之塔》，厨川白村的文艺论文集。鲁迅于 1925 年 1 月 24 日始译，2 月 18 日译毕，最初陆续发表于《京报副刊》《民众文艺周刊》。1925 年 12 月未名社初版，封面设计陶元庆。

《小约翰》初版本

纵 20.1 厘米，横 14 厘米，厚 1 厘米

《小约翰》，荷兰作家望·蔼覃（1860—1932）的长篇童话诗。1926 年 7 月 6 日，鲁迅在齐寿山协助下开始翻译，8 月 13 日译毕。1928 年 1 月未名社初版，封面设计孙福熙。

年前定的是「蓋然」，現因「蓋」有疑詞，稍有不妥，索性擅改作「將知」了。科學研究的冷酷的精靈 Pluizer 即德譯的 Klauber，本來最好是譯作「挑剔者」，挑謂挑選，剔謂吹求。但自從陳源教授造出「挑剔風潮」這一句妙語以來，我即敬避不用，因為恐怕「閒話」的教導力十分偉大，這譯名也將蒙他被解為「挑撥」。以此為學者的別名，則行同刀筆，于是又有重罪了，不如簡直譯作「穿鑿」。況且中國之所謂「日鑿一竅而混沌死」，也很像他的將約翰從自然中拉開。小姑娘 Robinetta 我久久不解其義，想譯音；本月中旬託江紹原先生設法作最末的查考，幾天後就有回信：——

ROBINETTA 一名，韋氏大字典人名錄未收入。我因為疑心她與 ROBIN 是一陰一陽，所以又查 ROBIN，看見下面的解釋：——

ROBIN：是ROBERT的親熱的稱呼，而ROBERT的本訓是「令名赫赫」（一）

那麼，好了，就譯作「榮兒」。

英國的民間傳說裏，有叫作 Robin good fellow 的，是一種喜歡惡作劇的妖怪。如果荷蘭也有此說，則小姑娘之所以稱為 Robinetta 者，大概就和這相關。因為她實在和約翰開了一個可怕的大玩笑。

「約翰跋妥爾」一名「愛之書」，是「小約翰」的續編，也是結束。我不知道別國可有譯本，但據他同國的波勒兌蒙德說，則「這是一篇象徵底散文詩，其中並非敘述或描寫，而是號哭和歡呼」；而且便是他，也「不大懂得」。

原譯本上賚赫博士的序文，雖然所說的關于本書並不多，但可以略見十九世紀八十年代的荷蘭文學的大概，所以就譯出了。此外我還將兩篇文字作為附錄。一即本書作者拂來特力克望藹覃的評傳，載在「文學的反響」一卷二十一期上的。評傳

《小约翰》发排稿（部分）

纵 20.1 厘米，横 14 厘米，厚 1 厘米

原件藏中国国家图书馆

《小约翰》发排稿（部分），原稿共 132 页。

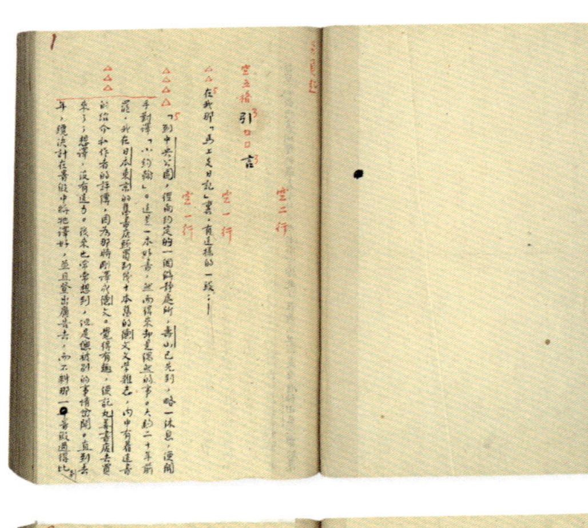

鲁迅在西三条21号居住期间翻译文章一览表

	名称	原作者	署名	发表
1	《高尚生活》	荷兰 穆尔塔图里 （Multatuli）	鲁迅	1924年12月7日《京报副刊》第3号
2	《无礼与非礼》	荷兰 穆尔塔图里 （Multatuli）	鲁迅	1924年12月16日《京报副刊》第12号
3	《西班牙剧坛的将星》	日本 厨川白村	鲁迅	1925年1月《小说月报》第16卷第1号，后收入《壁下译丛》
4 5	《我的父亲的和我的手艺》 《愿我是树，倘使你……》	匈牙利 裴多菲	L.S.	1925年1月12日《语丝》周刊第9期
6 7 8	《太阳酷热地照临……》 《坟墓里休息着……》 《我的爱——并不是……》	匈牙利 裴多菲	L.S.	1925年1月26日《语丝》周刊第11期
9	《我独自行走》	日本 伊东干夫	鲁迅	1925年3月15日《狂飙》周刊第16期
10	《沾沾自喜》	日本 鹤见祐辅	鲁迅	1925年4月14日《京报副刊》第118号，收入《思想·山水·人物》
11	《徒然的笃学》	日本 鹤见祐辅	鲁迅	1925年4月25日《京报副刊》第129号，收入《思想·山水·人物》
12	《圣野猪》	日本 长谷川如是闲	鲁迅	1925年6月1日《旭光旬刊》第4期
13	《北京的魅力》	日本 鹤见祐辅	鲁迅	1925年6月30日至7月21日《民众文艺周刊》第26至29号，收入《思想·山水·人物》
14	《新时代与文艺》	日本 金子筑水	鲁迅	1925年7月24日《莽原》周刊第14期，收入《壁下译丛》
15	《论小说的浏览和选择》	德裔俄籍 开培尔	鲁迅	1925年10月19日、26日《语丝》周刊第49、50期，收入《壁下译丛》
16	《思索的惰性》	日本 片山孤村	鲁迅	1925年10月30日《莽原》周刊第28期，收入《壁下译丛》
17	《从浅草来》	日本 岛崎藤村	杜斐	1925年12月5日、8日、12日《国民新报副刊》乙刊第1、2、4号，收入《壁下译丛》

	名称	原作者	署名	发表
18	《岁首》	日本 长谷川如是闲	杜斐	1926 年 1 月 7 日《国民新报副刊》乙刊第 30 号
19	《东西之自然诗观》	日本 厨川白村	鲁迅	1926 年 1 月 25 日《莽原》半月刊第 1 卷第 2 期，收入《壁下译丛》
20	《自然主义的理论及技巧》	日本 片山孤村	杜斐	1926 年 2 月《国民新报副刊》乙刊第 29 号至 32 号，收入《壁下译丛》
21	《罗曼罗兰的真勇主义》	日本 中泽临川、 生田长江	鲁迅	1926 年 4 月 25 日《莽原》半月刊第 1 卷第 7、8 期“罗曼罗兰专号”
22	《生艺术的胎》	日本 有岛武郎	鲁迅	1926 年 5 月 10 日《莽原》半月刊第 1 卷第 9 期，收入《壁下译丛》
23	《论诗》	日本 武者小路实笃	鲁迅	1926 年 6 月 25 日《莽原》半月刊第 1 卷第 12 期，收入《壁下译丛》
24	《小儿的睡相》	日本 有岛武郎	鲁迅	1926 年 6 月 25 日《莽原》半月刊第 1 卷第 12 期
25	《所谓怀疑主义者》	日本 鹤见祐辅	鲁迅	1926 年 7 月 25 日《莽原》周刊第 1 卷第 14 期，收入《思想·山水·人物》
26	《在一切艺术》	日本 武者小路实笃	鲁迅	1926 年 8 月 25 日《莽原》半月刊第 1 卷第 16 期，收入《壁下译丛》
27	《亚历山大·勃洛克》	苏联 托罗兹基	鲁迅	1926 年 8 月北新书局出版《十二个》
28	《巴什庚之死》	俄国 阿尔志跋绥夫	鲁迅	1926 年 9 月 10 日《莽原》半月刊第 1 卷第 17 期
29	《凡有艺术品》	日本 武者小路实笃	鲁迅	1926 年 9 月 10 日《莽原》半月刊第 1 卷第 17 期，收入《壁下译丛》
30	《以生命写成的文章》	日本 有岛武郎	鲁迅	1926 年 9 月 25 日《莽原》半月刊第 1 卷第 18 期，收入《壁下译丛》

除了《苦闷的象征》《出了象牙之塔》《小约翰》，鲁迅在西三条 21 号还翻译了其他文章 30 篇。

匈牙利诗人裴多菲
（1823—1849）

俄国作家阿尔志跋绥夫
（1878—1927）

日本文艺理论家厨川白村
（1880—1923）

日本作家鹤见祐辅
（1885—1973）

日本作家武者小路实笃
（1885—1976）

日本作家有岛武郎
（1878—1923）

○ 部分鲁迅翻译作品的作者

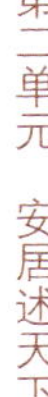

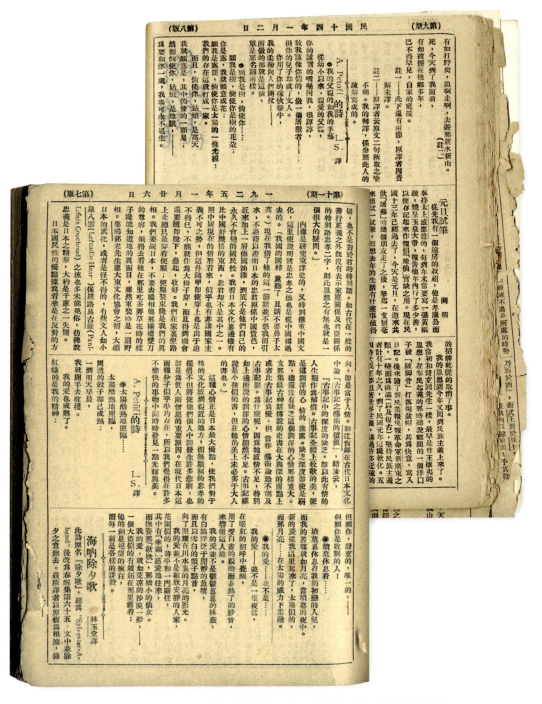

○ 鲁迅（署名“L.S.”）翻译的裴多菲诗五首，分别发表在《语丝》周刊1925年1月2日第9期、1925年1月26日第11期。

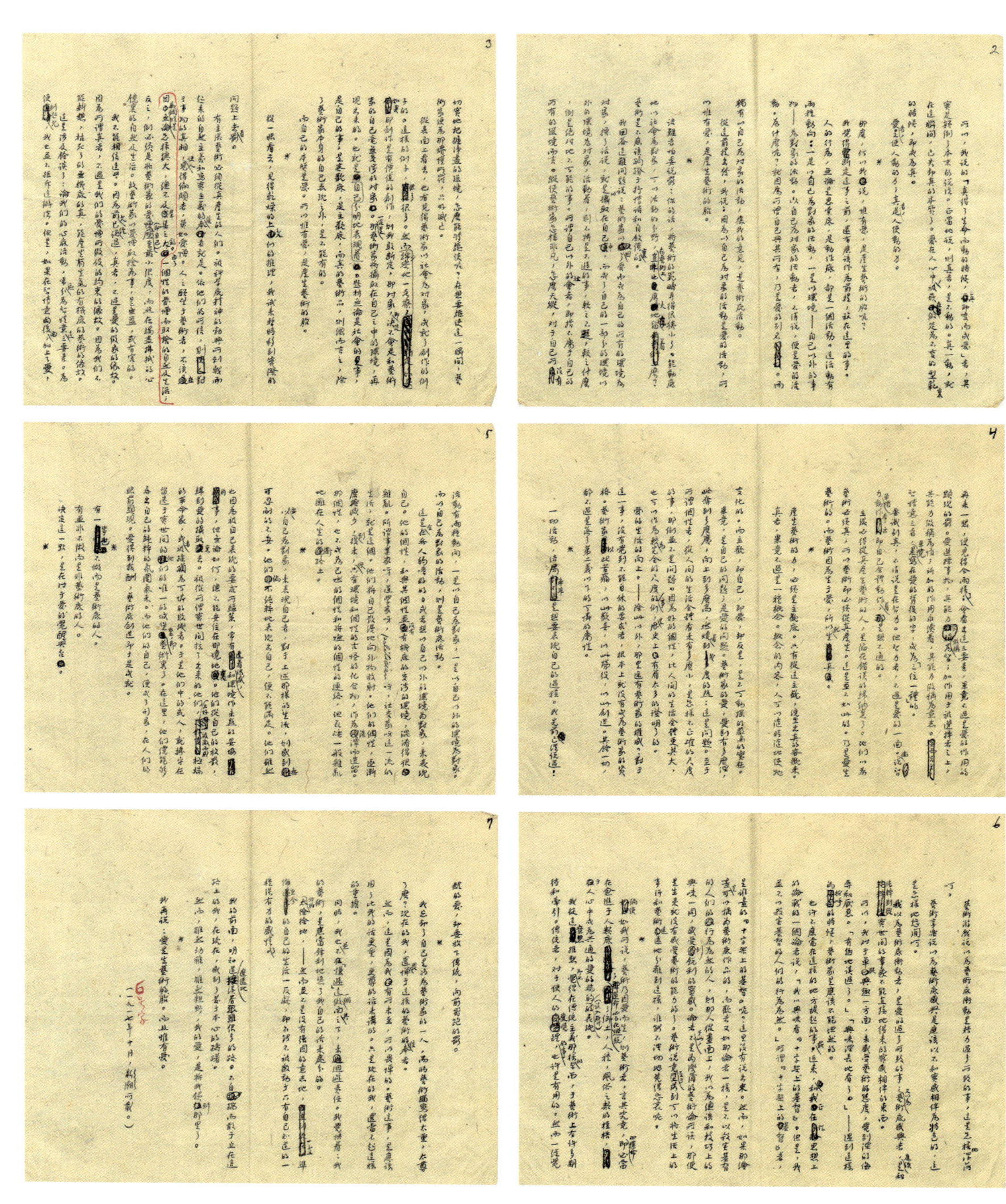

《生艺术的胎》译稿

纵 25.4 厘米，横 32.2 厘米

原件藏中国国家图书馆

鲁迅译日本白桦派作家有岛武郎《生艺术的胎》译稿。

生藝術的胎

日本 有島武郎 作

魯迅譯

生藝術的胎是愛。除此以外，再沒有生藝術的胎了。有人以謂「真」生藝術。然而真所生的是真理。說真理即藝術，是不行的。真得了生命而動的時候，真即變而成愛。這愛之所生的，乃是藝術。

＊

一切皆動。在靜止的狀態者，絕沒有。一切皆變。在不變的狀態者，未嘗有。如果有靜止不變的，那不過是因了想要凝視一種事物的欲望，我們在空中假設的樓閣。

所謂真，說起來，也就是那樓閣之一。我們硬將常動常變的愛，姑且放在靜止不變的狀態上，給與一個名目，叫作「真」。流水落在山石間，不絕地在那里旋出一個渦紋。倘若流水的量是一定的，則渦紋的形也大抵一定的罷。然而那渦紋的內容，卻雖是一瞬間，也不同一。這和微細的外界的影響——例如氣流，在那水上游泳的小魚，落下來的枯葉，渦紋本身小小變化的及于後一瞬間的力——相伴，永遠行着應接不暇的變化。獨在想要凝視這渦紋的人，這纔起了這樣的動搖，試將渦紋這東西，在腦裏分明地再現一回的欲望來。而在那人的心裏，是可以將流水在求一個中心點，回旋狀地行着求心底的運動這一種現象，作為靜止不變的假象而設想的。

假如渦紋這東西是愛，則渦紋的假象就是真。渦紋實在，但渦紋的假象卻不過是再現在人心中的幻影。正如有了渦紋，纔生渦紋的假象一樣，有了愛，這纔生出真來。

社团期刊

早就应该有一片崭新的文场，早就应该有几个凶猛的闯将！

——鲁迅：《坟·论睁了眼看》

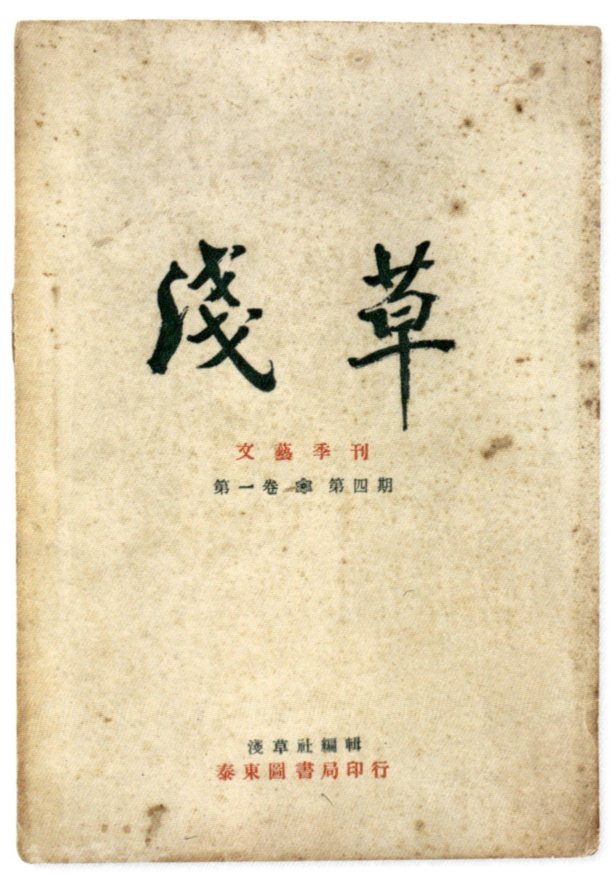

《浅草》第 1 卷第 4 期

纵 25.5 厘米，横 17.2 厘米，厚 1.3 厘米

1922 年，林如稷（1902—1976）、陈炜谟（1903—1955）、陈翔鹤（1901—1969）等成立文学社团浅草社，1923 年 3 月出版刊物《浅草》。鲁迅对《浅草》“挖掘自己的魂灵”的锐气非常欣赏，这是他保存的该刊第 1 卷第 4 期。

○ 孙伏园（1894—1966），鲁迅在山会初级师范学堂任教时的学生，是西三条 21 号的常客。鲁迅对其主编的《晨报副镌》《京报副刊》给予大力支持。

《民众文艺周刊》第 14 号

纵 28.3 厘米，横 21.2 厘米

《民众文艺周刊》，1924 年 12 月 9 日创刊，胡也频等人编辑。鲁迅曾帮助校阅第 1—16 号的部分稿件，并在该刊发表文章 10 余篇。这是发表《战士和苍蝇》的该刊第 14 号。

京報附設之第一種週刊　一

民衆文藝週刊

一九二五年　民國十四年三月二十四日

☆第十四號☆　每星期二出版

通信處　北京西城錦什坊街九十六號　北京西城西牛角胡同二號

朱桐的失踪

呂蘊儒

當我得到朱桐不知去向的消息時，我的心忽然涼了一下。

我們相識是在一個青年勵進會裏有一位朋友介紹給我的。他那一種快人快語的態度，精毅強幹的神情，一望就使人可敬可愛。我們相處的日子雖然很少，但是我們的交情好像是數年老友一般。因為他是個熱情的人，所以外界的刺激是不能容受的。這次他忽然無聲無息的走了，或者是受了巨大的刺激，忍耐不住，也說不定。

這時我忽然想起去年除夕的那一夜了。那天晚上我獨自在屋中坐着，苦悶的了不得，我手中雖然拿了一本平素愛看的紅樓夢，仍然不能解除我的寂寞。外邊的爆竹聲接二連三的響個不了，使我煩惱的心弦增添了許多悲調。兵匪跃躍的故鄉的形影在腦海裡鼓蕩起來了；白髮蒼蒼的母親想念兒子的情景也可以感覺得到，終天在我腦海裏盤旋的她這時我忽然想跑到故鄉去相會了，我正在胡思亂想愁悶不堪的時候，朱桐忽然走來，我還沒有開腔說話，他就向我問了一句：

「大概你正在這兒發悶的吧？」

「你真是會猜，我正在這兒想家的，你為這爆竹聲響的多麼利害，這不是欺負我們嗎？」我看他來了，心中忽然高興起來，微笑的這樣說着。他把圍巾往脖上一擲，帽子取下來放在桌上，只聽他說：「我因為在公寓裏無聊的很，想遍了沒地方去，所以這麼黑的夜又這麼遠的路跑到你這兒來，唉，人家在那兒快活的過年，咱們這些異鄉的孤寂者該怎麼着呢？」他最後的一句話，聲帶裏似乎含着悲情的音調，他的臉上頓時也現出苦悶的樣子來。我假滑稽似慰安的向他說：

「我們今晚痛談一夜，也算是守了歲；我早晨已經割了兩斤肉，明天在爐上燉熟，我們大吃大嚼一頓，這不也算是過新年嗎？」

他沒有言語，默默的在我的床上坐着。我看他那樣子不像是思家，一定有什麼傷心事情

本期目錄

一〇五

○ 胡也频（1903—1931），别名胡崇轩，作家，1925 年曾多次到访西三条 21 号，代表作有《圣徒》《活珠子》等。

《沈钟》半月刊第 1 期

纵 19.7 厘米，横 13.8 厘米，厚 0.4 厘米

1925 年秋，浅草社骨干陈炜谟、陈翔鹤、冯至（1905—1993）另行组织沉钟社，先后出版《沉钟》周刊、《沉钟》半月刊。鲁迅曾函请陶元庆为《沉钟》半月刊设计封面。鲁迅评价沉钟社是“中国的最坚韧，最诚实，挣扎得最久的团体”。这是《沉钟》半月刊第 1 期，1926 年 8 月 11 日出版。

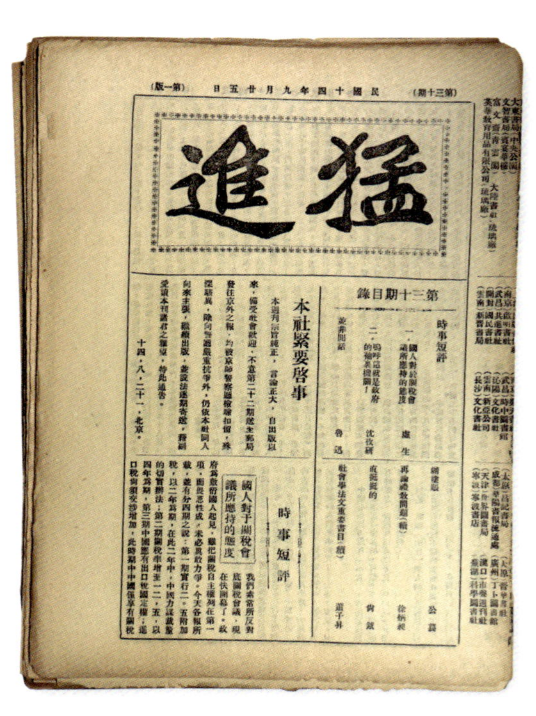

（第三十期）　民國十四年九月廿五日　（第一版）

猛進

第三十期目錄

時事短評
一，國人對於關稅會議所應持的態度　虛生
二，嗚呼這就是政府的榆關！　沈孜研
並非閒話　魯迅
編譯餘　公蠹
再論禮教問題（續）　徐炳昶
直覺說的　尚鉞
社會學法文重要書目（續）　道子升

本社緊要啟事

本週刊宗旨純正，言論正大，自出版以來，備受社會歡迎，不意第二十二期起至郵局發往京外之報，均被京師警察廳檢除扣留，殊深駭異，除向警廳嚴重抗爭外，仍依本社同人向來主張，繼續出版，並設法逐期寄遞，務副愛讀本刊諸君之雅望，特此通告。

十四，八，二十一，北京。

時事短評

國人對于關稅會議所應持的態度

我們素常所反對底關稅會議，現在快開幕了。政府為敷衍國人起見，擬把關稅自主權列在第一項，而甚恶性成，未必真敢力爭。今天各報所載，並有分四期之說：第一期實行二。五附加稅，以二年為期，在此二年中，中國力謀裁釐的切實辦法；第二期關稅率增至一二。五，以四年為期，第三期中國應有出口稅國定權；進口稅尚須交涉增加，此時期中中國僅享有關稅

《猛进》第 30 期

纵 27.3 厘米，横 19.1 厘米

《猛进》周刊，1925 年 3 月创刊，徐炳昶（1888—1976）、李宗侗（1895—1974）先后任主编。鲁迅认为该刊在社会批评方面“很勇”，希望该刊可以成为“思想革命”的刊物，在其上发表文章 5 篇。

國民新報副刊

第一〇五號 中華民國十五年三月三十日 星期二

目錄 一「死地」 魯迅 二 苦笑 S.F. 三 江畔 賁生

「死地」 魯迅

苦笑

江畔 賁生

創造社出版部北京分部成立啓事

語絲 第七十二期目錄

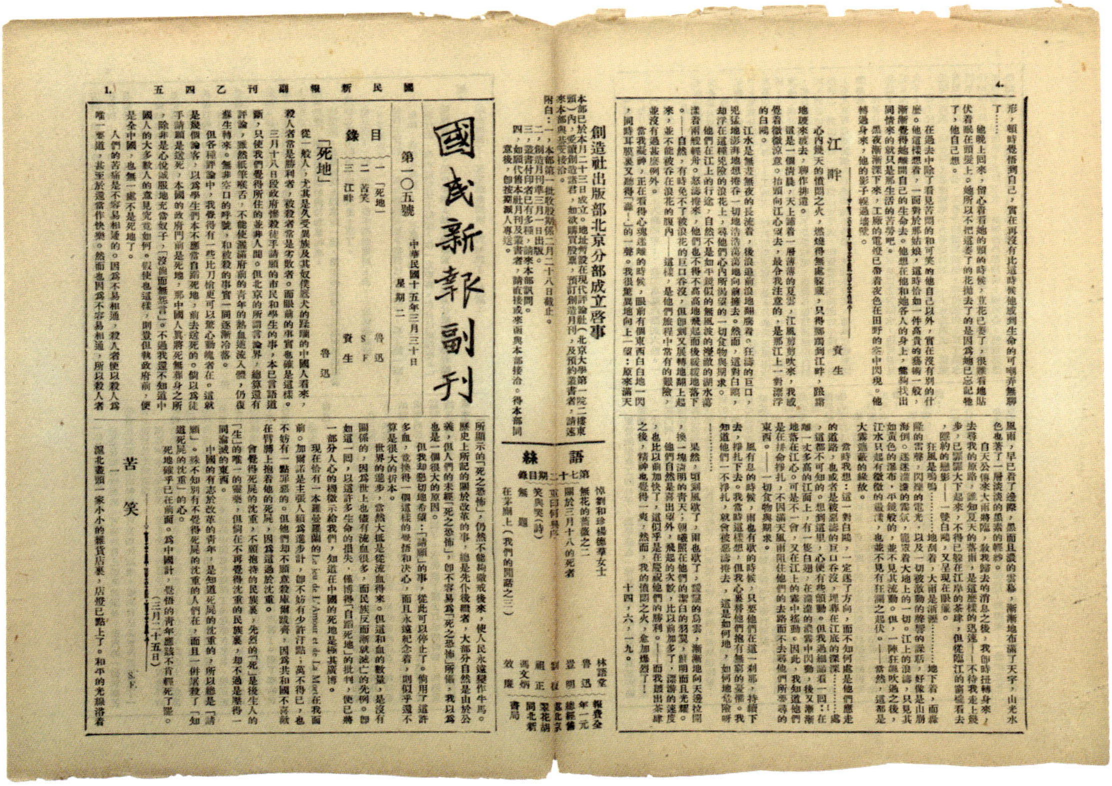

《国民新报副刊》乙刊第 105 号

纵 26 厘米，横 19 厘米，厚 0.5 厘米

《国民新报副刊》，创刊于 1925 年 12 月。1925 年 12 月至 1926 年 4 月，鲁迅与张凤举（1895—1986）按月轮流担任《国民新报副刊》乙刊编辑。鲁迅在该刊发表作品约 17 篇。这是发表《“死地”》的该刊第 105 号。

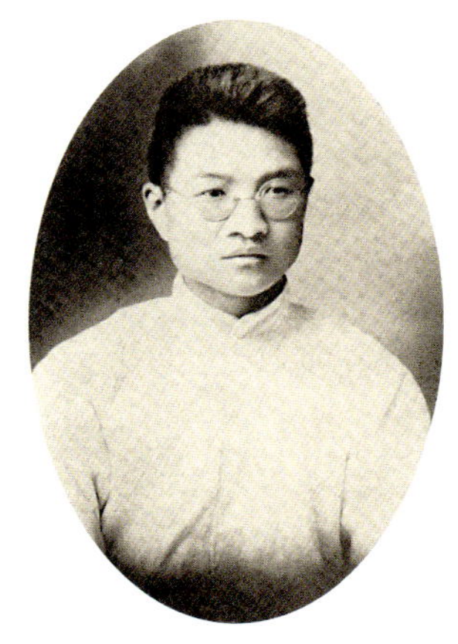

○ 1925 年 3 月，鲁迅支持原北大新潮社社员李小峰（1897—1971）创办北新书局，并将自己大部分著译交由该书局出版，还经常为之义务编选、校阅书稿、编辑丛书。

○ 任国桢（1898—1931），1924 年毕业于北京大学俄文系，当年加入中国共产党，1925 年 5 月 22 日到西三条 21 号拜访鲁迅。

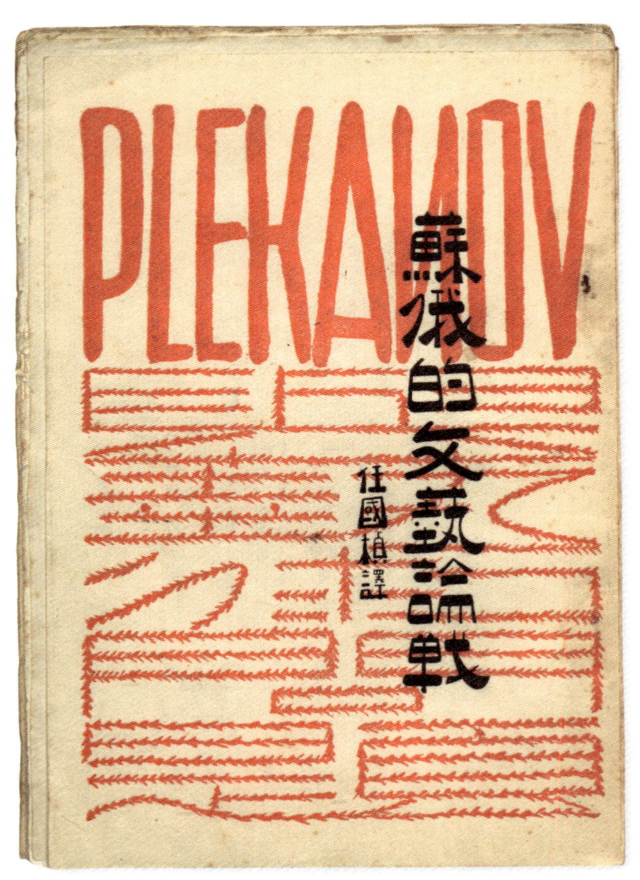

《苏俄的文艺论战》初版本

纵 20.2 厘米，横 14 厘米，厚 0.5 厘米

《苏俄的文艺论战》，任国桢辑译的苏联文艺理论书籍。鲁迅校订其稿并为之作《前记》，收入北新书局《未名丛刊》，1925 年 8 月初版。

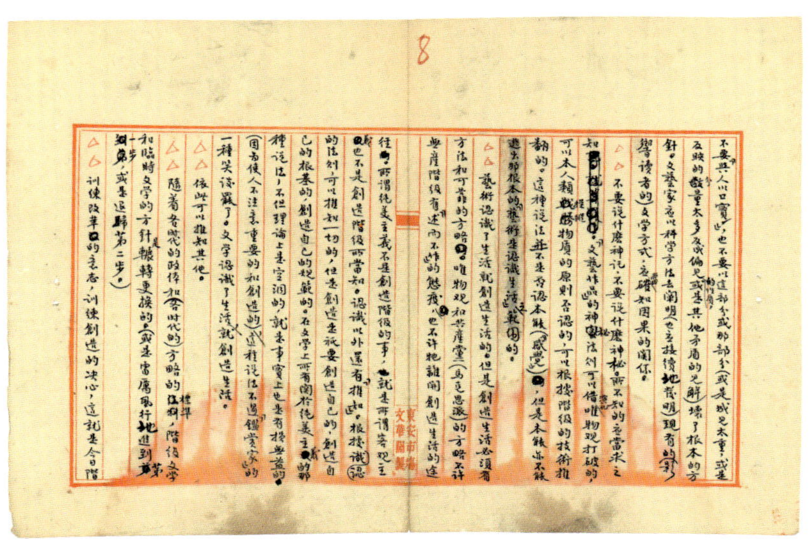

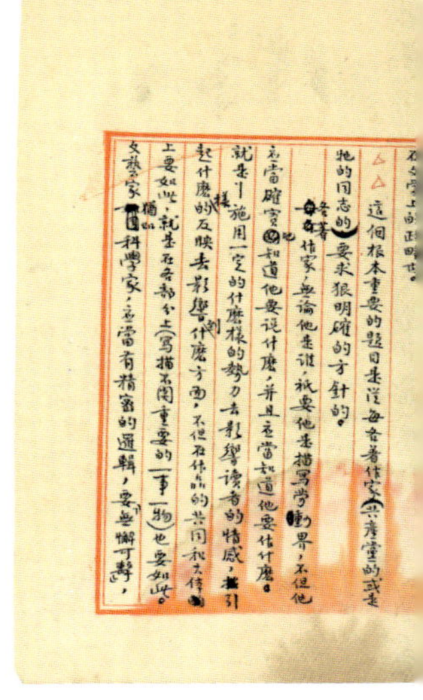

《苏俄的文艺论战》校稿（部分）

纵 28 厘米，横 41.5 厘米

原件藏中国国家图书馆

鲁迅保存的《苏俄的文艺论战》校稿（部分），原稿共 71 页，红笔为鲁迅字迹。

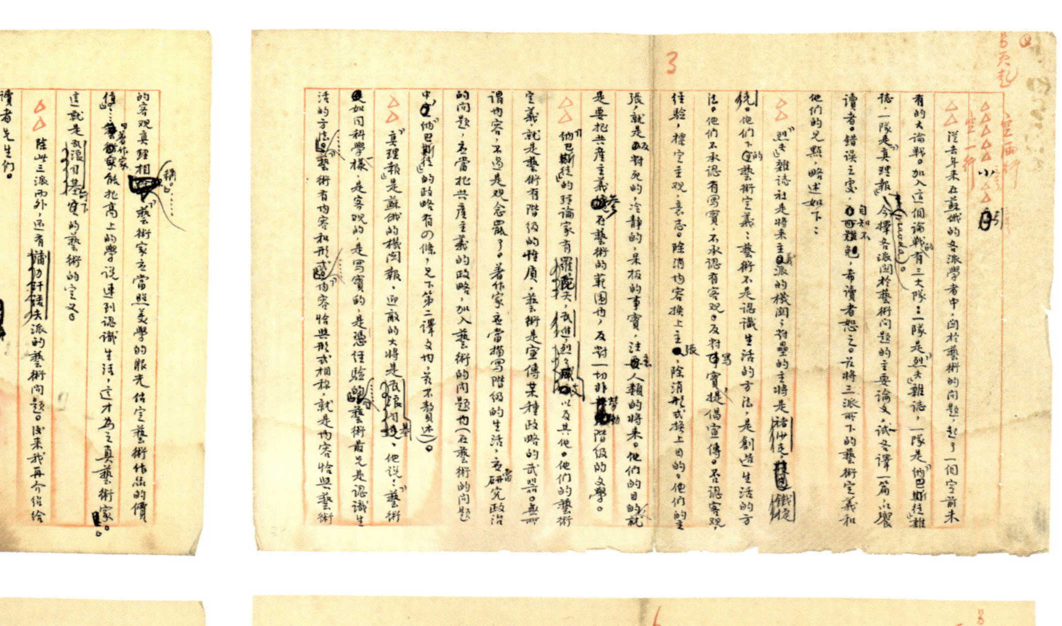

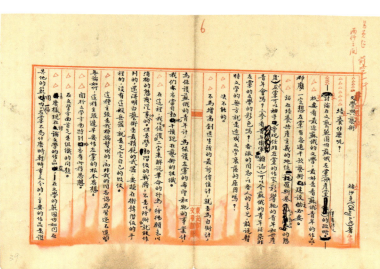

○ 胡敩（1901—1943），字成才，1924年毕业于北京大学俄文系，1925年加入中国共产党，曾多次到西三条21号拜访鲁迅。

《十二个》初版本

纵20厘米，横13.7厘米，厚0.4厘米

《十二个》，胡敩译苏联诗人勃洛克长诗。鲁迅校订译稿，又据托洛茨基《文学与革命》日译本转译《勃洛克论》并作后记，收入北新书局《未名丛刊》，1926年8月初版。

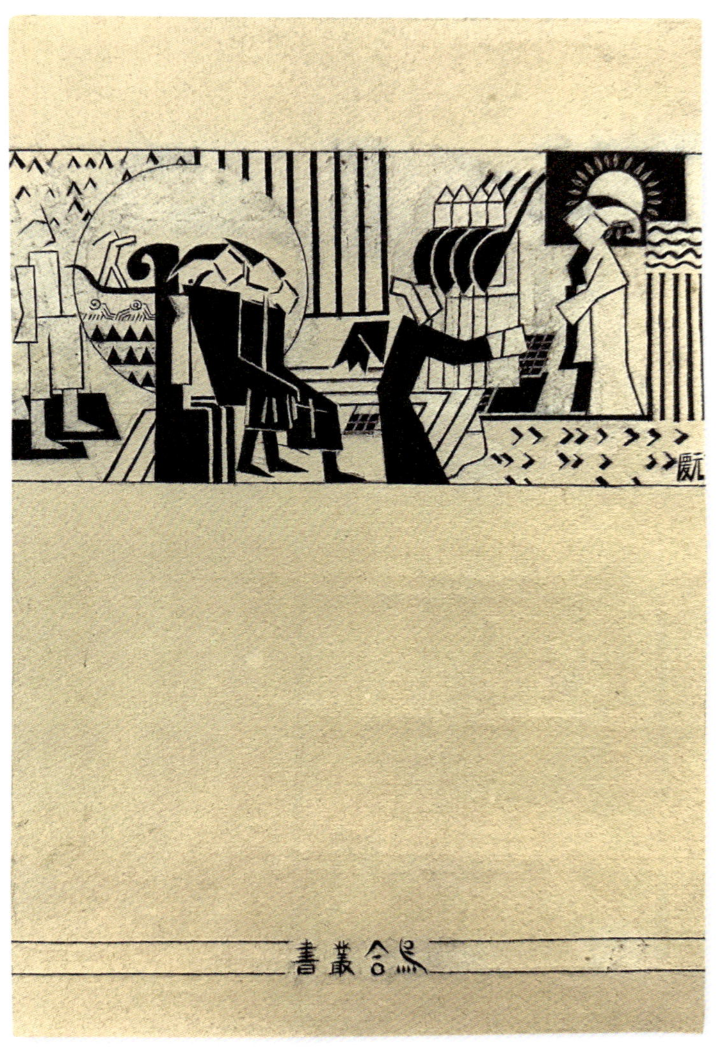

《乌合丛书》设计图

纵 22.2 厘米，横 14.8 厘米

鲁迅为北新书局编辑《乌合丛书》，收入文学新人的创作。这是鲁迅保存的陶元庆创作的《乌合丛书》设计图。

○ 许钦文（1897—1984），鲁迅的绍兴同乡，经常出入西三条 21 号。

鲁迅藏许钦文《故乡》封面样稿

纵 19.5 厘米，横 27.5 厘米

《故乡》，许钦文 1926 年 4 月出版的短篇小说集，由鲁迅选校并资助出版，收入《乌合丛书》。这是鲁迅保存的该书封面样稿，陶元庆设计。封面上的戏装女子取自绍兴戏《女吊》，鲁迅曾对许钦文称赞这幅《大红袍》：“有力量，对照强烈，仍然调和，鲜明。握剑的姿态很醒目！”

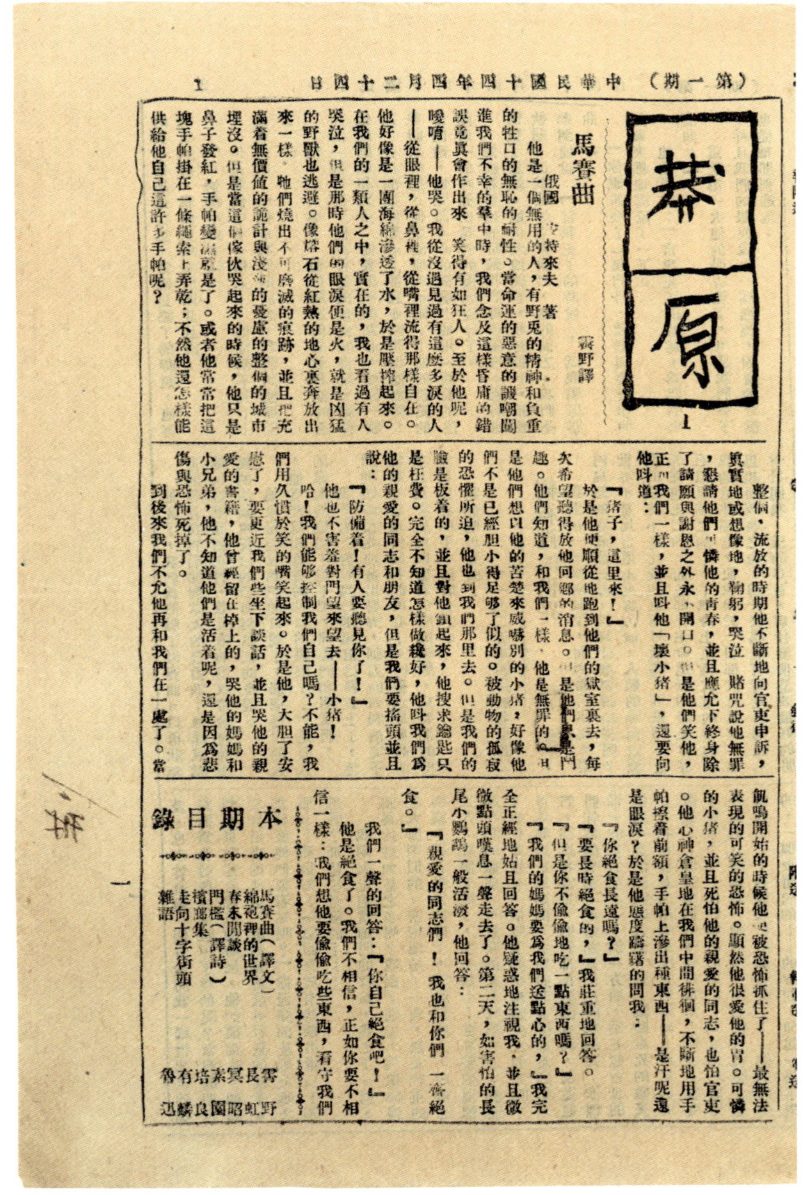

（第一期） 中華民國十四年四月二十四日 1

莽原

馬賽曲

俄國 安特來夫 著　霽野 譯

他是一個無用的人，有野兎的精神和負重的牲口的無恥的耐性。當命運的惡意的譏嘲闖進我們不幸的羣中時，我們念及這樣昏庸的錯誤竟真會作出來，笑得有如狂人。至於他呢，噯唷——他哭。我從沒遇見過有這麽多淚的人——從眼裡，從鼻裡，從嘴裡流得那樣自在。他好像是一團海綿滲透了水，於是壓搾起來。在我們的一類人之中，實在的，我也看過有人哭泣，但是那時他們的眼淚便是火，就是凶猛的野獸也逃避。像熔石從紅熱的地心裏奔放出來一樣，牠們燒出不可磨滅的痕跡，並且把充滿着無價值的詭計與淺薄的憂慮的整個的城市埋沒。但是當這個傢伙哭起來的時候，他只是鼻子發紅，手帕變濕就是了。或者他常常把這塊手帕掛在一條繩索上弄乾；不然他還怎樣能供給他自己這許多手帕呢？

整個，流放的時期他不斷地向官吏申訴，真實地或想像地，鞠躬，哭泣，賭咒說他無罪，懇請他們可憐他的青春，並且應允下終身除了請願與謝恩之外永不開口。但是他們笑他，正如我們一樣，並且叫他「壞小猪」，還要向他叫道：

「猪子，這里來！」

於是他便順從地跑到他們的獄室裏去，每次希望聽得放他回鄉的消息。但是他們是鬥趣。他們知道，和我們一樣，他是無罪的。但是他們想以他的苦楚來威嚇別的小猪，好像他們不是已經膽小得足夠了似的。被動物的孤寂的恐懼所迫，他也到我們那里去。但是我們的臉是板着的，並且對他鎖起來，他搜求鑰匙只是枉費。完全不知道怎樣做纔好，他叫我們為他的親愛的同志和朋友，但是我們要搖頭並且說：

「防備着！有人要聽見你了！」

他也不害羞對門望來望去——小猪！

哈！我們能夠控制我們自己嗎？不能，我們用久慣於笑的嘴笑起來。於是他，大胆了安慰了，要更近我們些坐下談話，並且哭他的親愛的書籍，他曾經留在棹上的，哭他的媽媽和小兄弟，他不知道他們是活着呢，還是因為悲傷與恐怖死掉了。

到後來我們不允他再和我們在一處了。當飢鳴開始的時候他更被恐怖抓住了——最無法表現的可笑的恐怖。顯然他很愛他的胃。可憐的小猪，並且死怕他的親愛的同志，也怕官吏。他心神倉皇地在我們中間徘徊，不斷地用手帕擦着前額，手帕上滲出種東西——是汗呢還是眼淚？於是他態度躊躇的問我：

「你絕食長遠嗎？」

「要長時絕食的，」我莊重地回答。

「但是你不偷偷地吃一點東西嗎？」

「我們的媽媽要為我們送點心的，」我完全正經地姑且回答。他疑惑地注視我，並且微微點頭嘆息一聲走去了。第二天，如害怕的長尾小鸚鵡一般活潑，他回答：

「親愛的同志們！我也和你們一齊絕食。」

我們一聲的回答：「你自己絕食吧！」

他是絕食了。我們不相信，正如你要不相信一樣：我們想他要偷偷吃些東西，看守我們

本期目錄

《莽原》周刊第1期

纵27.2厘米，横19.5厘米

1925年4月下旬，鲁迅与高长虹（1898—1954）、向培良（1905—1959）等成立莽原社并开始编辑《莽原》周刊。鲁迅在该刊发表《春末闲谈》《弟兄》《灯下漫笔》等。这是发表《春末闲谈》（署名“冥昭”）的该刊第1期。

我早就很希望中国的青年站出来，对于中国的社会，文明，都毫无忌惮地加以批评，因此曾编印《莽原周刊》，作为发言之地。

——鲁迅：《华盖集·题记》

莽原社印章 2 枚

石质：印面纵 3.1 厘米，横 1.8 厘米，印高 1.8 厘米

木质：印面纵 3 厘米，横 1.9 厘米，印高 4.1 厘米

鲁迅保存的莽原社印章。

1925 年 4 月 22 日鲁迅致许广平信

一级文物

纵 24.8 厘米，横 14.8 厘米

1925 年 4 月 22 日，鲁迅关于创办《莽原》周刊等事致许广平信。

廣平兄：

十六和廿日的信，都收到了，實在對不起，到現在纔一并回答。幾天以來，真所謂忙得不堪，除些瑣事以外，就是那可笑的「口口周刊」。這一件事，本來還不過一種計畫，不料有一個學生對邵飄萍一說，他就登出廣告來，並且寫得那麼誇大可笑。第二天我就代擬了一個別的廣告，硬令登載，又不許改動，他卻又加了幾句無聊的案語，做事遇着隔膜者，真是連小事情也碰頭。至於我這一面，則除百來行稿子以外，什麼也沒有，但既然受了廣告的鞭子的逼迫，也不能不跑了，于是催人去做，自己也做，直到此刻，這才勉強湊成，而今天就是交稿的日子。統看全稿，實在不見得高明，你不要那麼熱心的希望，否則是要更失望的。但我還希望將來能夠比較的好一點。如有稿子，也望寄來，所論的問題也不拘大小。你不知道看京報否，如無，我可以使人將「莽原」——即所謂口口週刊——寄上。

但星期五，你一定在學校先看見京報罷。那「莽原」二字，是一個八歲的孩子寫的，名字也並無意義，與「語絲」相同，可是又彷彿近于「曠野」。投稿的人名都是真的，只有末尾的幾個都由我代表，然而將來在文章上恐怕也仍然看得出來，改變文體，實在是不容易的事。這些人裏面，做小說的和能翻譯的居多，而做評論的沒有幾個，這實在是一個大缺點。

再說到前信所說的方法，就方法本身而論，自然是沒有什麼錯處的，但效果在現今的中國卻收不到。因為施行刺激，總須有若干人有感動性纔有應驗，就是所謂須是木材，始能以一點小火燃燒，倘是沙石，就無法可想，投下火柴去，反而無聊。所以我總覺得還該耐心挑撥煽動，使一部分有些生氣纔好。去年我在西安夏期講演，我以為可悲的，而聽眾木然，我以為可笑的，而聽眾也木然，都無動，和我的動作全不生關係。當群眾的心中並無可以燃燒的東西時，投火之無聊至于如此，別的事也一樣的。

蔣先生已經復職，自然極好的，但來去一次，似乎太勞苦一點了。至于今之教育當局，則我不知其人，但看他挽孫中山對聯中之自誇，與完全「道不同」之段祺瑞之密切，為人亦可想而知。所聞的歷來舉止，似是大言無實，欺善怕惡之流而已。要之在這混濁的政局中，居然出為高官，清流大約決無這種手段，由我看來，王九齡要比他好得多罷。校長之事，部中毫無所聞，此人之來，以整頓教育自命，或當別有一反從前一切之新法（他並不滿于今之學風的），但是否又是大言，則不得而知，現在鬼鬼祟祟之人太多，實在無從說起。

我以為做些小說短評之類，難免攻擊或批評別人，現在不知道怎麼，似乎報

高长虹（1898—1954）

向培良（1905—1959）

《心的探险》初版本

纵 20.4 厘米，横 13.7 厘米，厚 0.8 厘米

《心的探险》，高长虹的散文、诗集。鲁迅选定文章并采用六朝墓门画像为之设计封面，收入北新书局《乌合丛书》，1926 年 6 月初版。

○ 高长虹、向培良系 1924 年成立的文学团体狂飙社社员。当年 11 月，《狂飙》周刊在北京创刊，旨在呼唤沉睡的人们，坚信“微小的起源可以生出伟大的结果”。主要撰稿人有高长虹、向培良、黄鹏基（1901—1952）、高歌（1900—1966）等人。鲁迅在该刊发表译诗 1 首。

鲁迅藏《飘渺的梦及其他》封面样稿

纵 20.2 厘米，横 14.2 厘米

《飘渺的梦及其他》，向培良的短篇小说集。由鲁迅选定篇目并校阅，收入北新书局《乌合丛书》，封面设计司徒乔（1902—1958），1926 年 6 月初版。这是鲁迅保存的该书封面样稿。

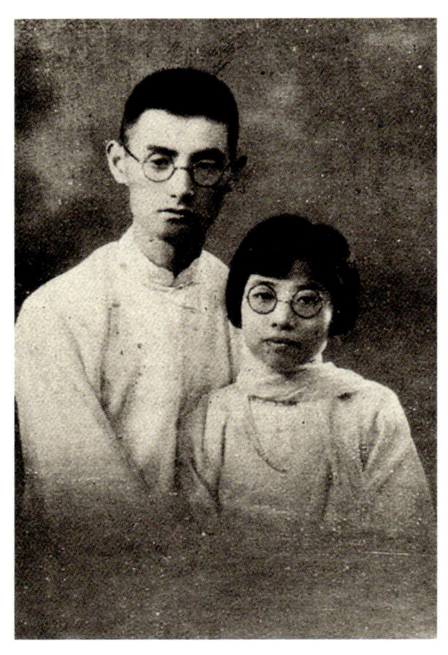

○ 莽原社成员之一章衣萍（1902—1946）与女友吴曙天（1903—1942），曾多次到访西三条21号。

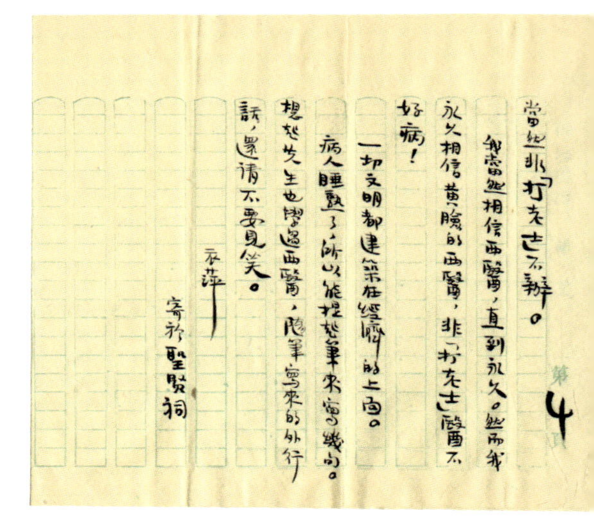

當然非「打老古」不辦。

我當然相信西醫，直到永久。然而我永久相信黃臉的西醫，非「打老古」醫西不好病！

一切文明都建築在經濟的上面。

病人睡熟了，所以能提起筆來寫幾句。想起先生也學過西醫，隨筆寫來的外行話，還請不要見笑。

衣萍——

寄於聖賢祠

第4頁

1925年4月章衣萍致鲁迅信

前3页纵20.6厘米，横51厘米

第4页纵20.6厘米，横25.5厘米

1925年4月，章衣萍致鲁迅信："这两天真窘极了，所以也没有到西三条来吃点心。《莽原》的第二期应该要发稿了罢，然而我的小作《中国的智识阶级》也终于写不成！听说《莽原》的投稿很丰富，这是我听闻而心慰的。"

魯迅先生：

這兩天真窘極了，所以也沒有到西三條來吃點心。「莽原」的第二期應該要發稿了罷，然而我的小作「中國的智識階級」也終於寫不成了。聽說「莽原」的投稿很豐富，這是我所關心慮的。我萬想不到荒涼的北京城竟會有這麼多而且硬的打手！

我現在正在咳嗽聲音中過日子。剛想看一點書，或者寫一點文章，喉裡的病人又「呵哈」，「呵哈」的咳起來了。咳嗽，在我們貴國的中醫看來，似乎是不要緊的。所謂傷風咳嗽，原是雞毛一般無足輕重的病。舍下也曾開了一所藥鋪，小時候就在櫃台旁邊閒玩，看見傷風咳嗽的藥方，在春秋二季總是雪片一般的飛來。凡是傷風咳嗽的藥方，照例總是用些「杏仁，防風，荊芥」一流的東西。我的中醫智識當然是很粗淺。但後來也漸漸明白了，中國醫藥的工具是一部「藥性賦」或者是「本草綱目」，而且醫藥的根本原理，只是把五臟分配五行，把五味也分配五行，又把五行相生相剋的道理來使用針灸藥石的診療法，又把陰陽的觀念來總括一切氣血，臟腑，藥性，針灸。自我進了中學而稍微懂得一點生理學的智識以後，我便不相信中國醫生了，所以舍間雖然開了藥鋪，然而我自己便不肯吃中國藥。十六歲的那一年，腳上生了凍瘡，不幸而腫爛起來了。父親說：

第1頁

「用八將散拔了毒，再用桃花散來收口，過幾天就會好了。」我卻偏不肯信父親的話，坐轎到故鄉的T鎮去找西醫。那裡所謂西醫者，據說是協和什麼醫校的一個畢業生，這是有文憑為證的，文憑高掛在診察室的壁上。他說，「你的腳上凍瘡已經爛了，一時是不會好的，除非住在這裡。」我便即刻慨然允諾了，於是便住在所謂兩間小房的醫院裡。早上一個小孩（十七八歲的小孩）把我的腳用開水來沖，痛得我涕淚直流，沖了又用黃色的藥敷上。第二天也是這樣，一連過了十幾天還是這樣。我從此也沒有看見過醫生的面了。父親來看我，他說，「還是回家去了罷，我看在這裡住一個月也不會好。」父親去找着了醫生，買了一些黃色的藥，我也跟着父親回家。我的腳是在家裡養好的，然而在醫院裡已經花去四十餘元的醫金！

四十餘元的醫金，還醫不好一隻腳上腫爛的凍瘡。父親自然是憤慨異常的，不願意，母親也暗暗地罵：「什麼西醫！簡直是騙錢！」

然而我相信西醫，終是始終一貫的。到北京已經六年了，只生了三四次的病，都是請教西醫醫好的，然而這筆醫金的借款，天之命也，到今天也沒有還清！

這裡應該聲明，我所相信的西醫，自然不限於黃臉的。不幸而我所找着的西醫

第2頁

全是黃臉。以北京而論，協和醫院的門檻太高了，白臉西醫自然也會為了政客，名流，軍閥，大腹賈而親自出馬，然而他們決不肯光顧窮學生。所謂窮學生所遇着的西醫當然仍舊是黃臉。德國醫院的掛號費太貴了，窮學生一手拿出五元掛號費，談何容易！於是東城之東，西城之西，所謂個人西醫者輩出。這些黃臉西醫自然也有些到過柏林看過花，經過倫敦拍過濠，或者是在紐約和舊金山也住過幾年。我所遇見的當然是這樣西醫。然而極小而至於碰破頭皮的病，也非「打老士」（Dollars）不辦！所以公寓裡的聽差聽見我要找西醫，總是綿皺了眉頭。社會上對於西醫的信用，自然還比不上「儒醫」萬分之一！我輩自然要罵社會太頑固，然而所謂黃臉西醫，十分八九的心中的確充滿了「打老士！打老士！打老士！」

我的咳嗽咳了一星期了，黃臉西醫以為是喉中的氣管發炎，給了伊一瓶黃色藥水。藥水服完了，然而咳嗽如故！這當然仍舊要看西醫，仍舊要服藥水，然而據說病症很輕，不過是受了一些風寒。「防風，荊芥，杏仁」的確便宜，只有一二十枚銅子就行了，然而談到藥水，

第3頁

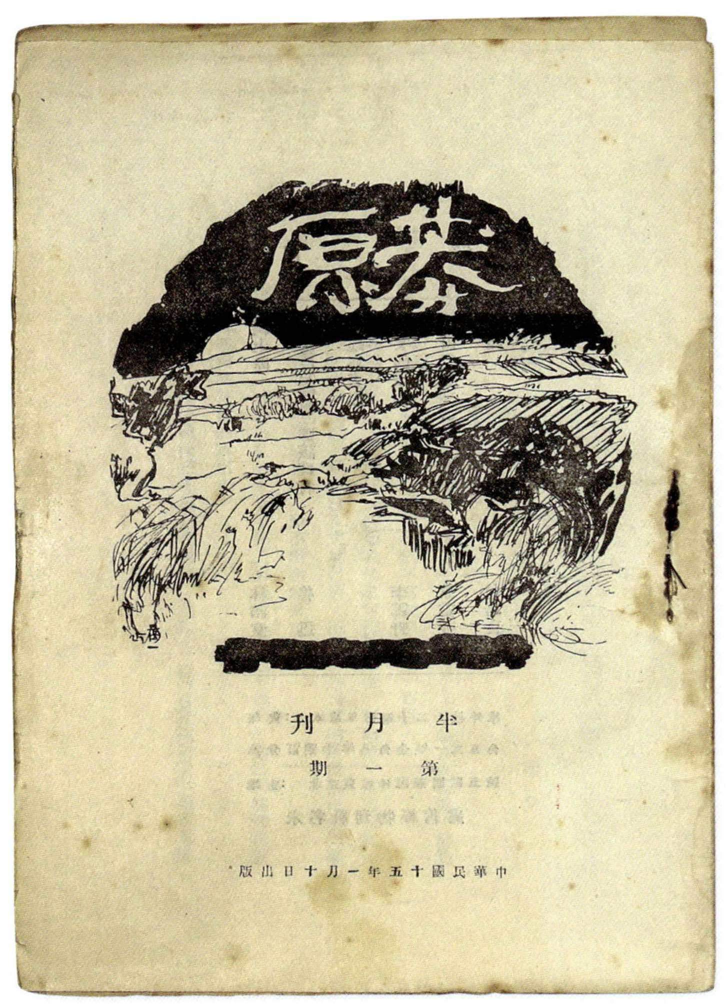

《莽原》半月刊第 1 期

纵 20.1 厘米，横 14.1 厘米，厚 0.2 厘米

1926 年 1 月，《莽原》改为半月刊，由未名社出版。鲁迅《朝花夕拾》中的全部文章及收入《故事新编》的小说《奔月》《眉间尺》均发表在该刊。

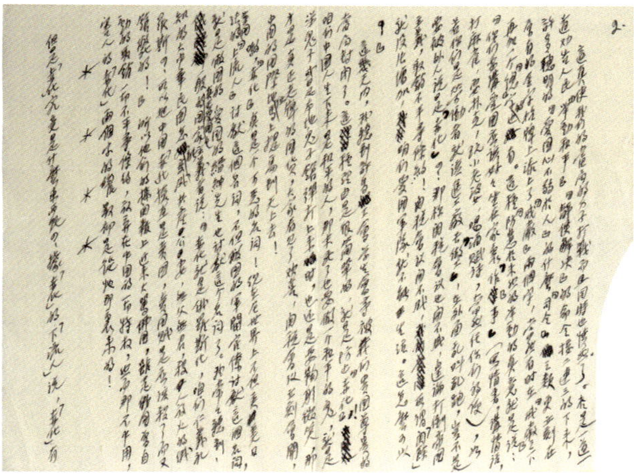

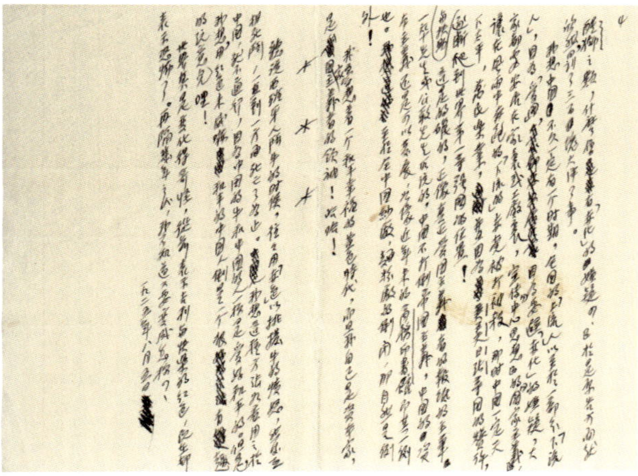

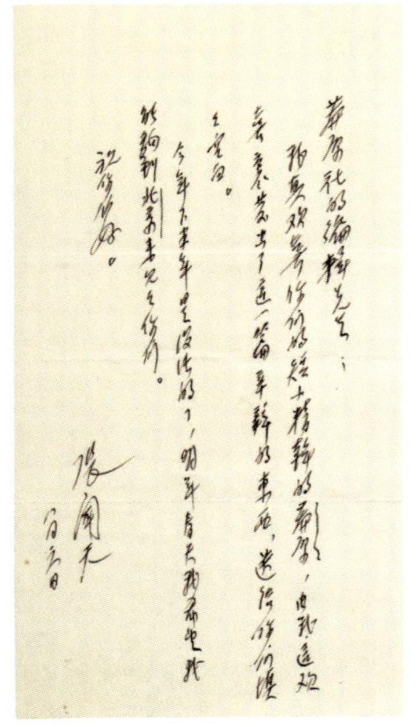

莽原社的编辑先生：

我真欢喜你们的短小精锐的刊物，因此送这篇[illegible]这一篇草率的东西，送给你们请去发表。

今年下半年是没法的了，明年春天我希望也能够到北京来见见你们。

祝你们好。

张闻天

八月六日

张闻天致莽原社投稿信及文稿

信：纵 20.2 厘米，横 10.6 厘米

文稿：纵 20.5 厘米，横 27 厘米

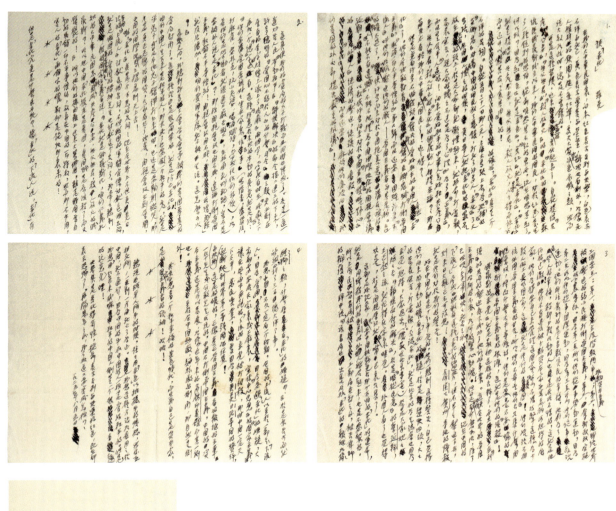

鲁迅保存的 1925 年 8 月 6 日张闻天（1900—1976）致《莽原》周刊编辑信及投稿《谈“赤化”》。

○ 1925 年夏，鲁迅与韦素园（1902—1932）、台静农（1902—1990）、李霁野（1904—1997）、韦丛芜（1905—1978）、曹靖华（1897—1987）等人发起成立未名社，鼓励社员翻译创作，并出版社员作品。图为未名社部分成员合影，左起韦丛芜、李霁野、韦素园、台静农。

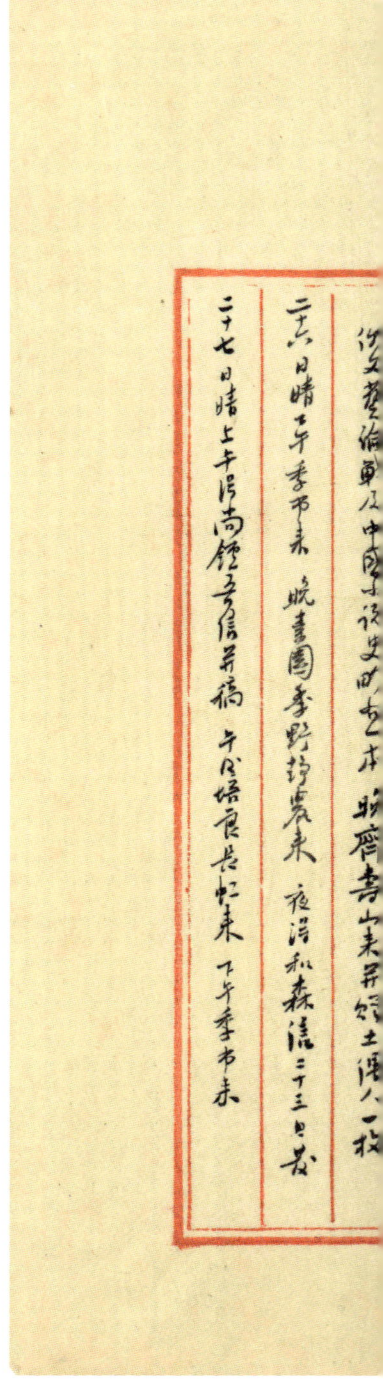

文艺论战及中国小说史略各一本 晚齐寿山来并赠土偶人一枚

二十六日晴 上午季市来 晚素园季野静农来 夜得私森信二十三日发

二十七日晴 上午得尚钺等信并稿 午后培良长虹来 下午季市来

1925 年鲁迅日记之一页

一级文物

纵 24.5 厘米，横 32 厘米

未名社的启动资金为 600 元，青年学生社员每人出资 50 元，其余由鲁迅筹措。这是 1925 年 10 月 18 日鲁迅日记关于付“印费二百”的记载。

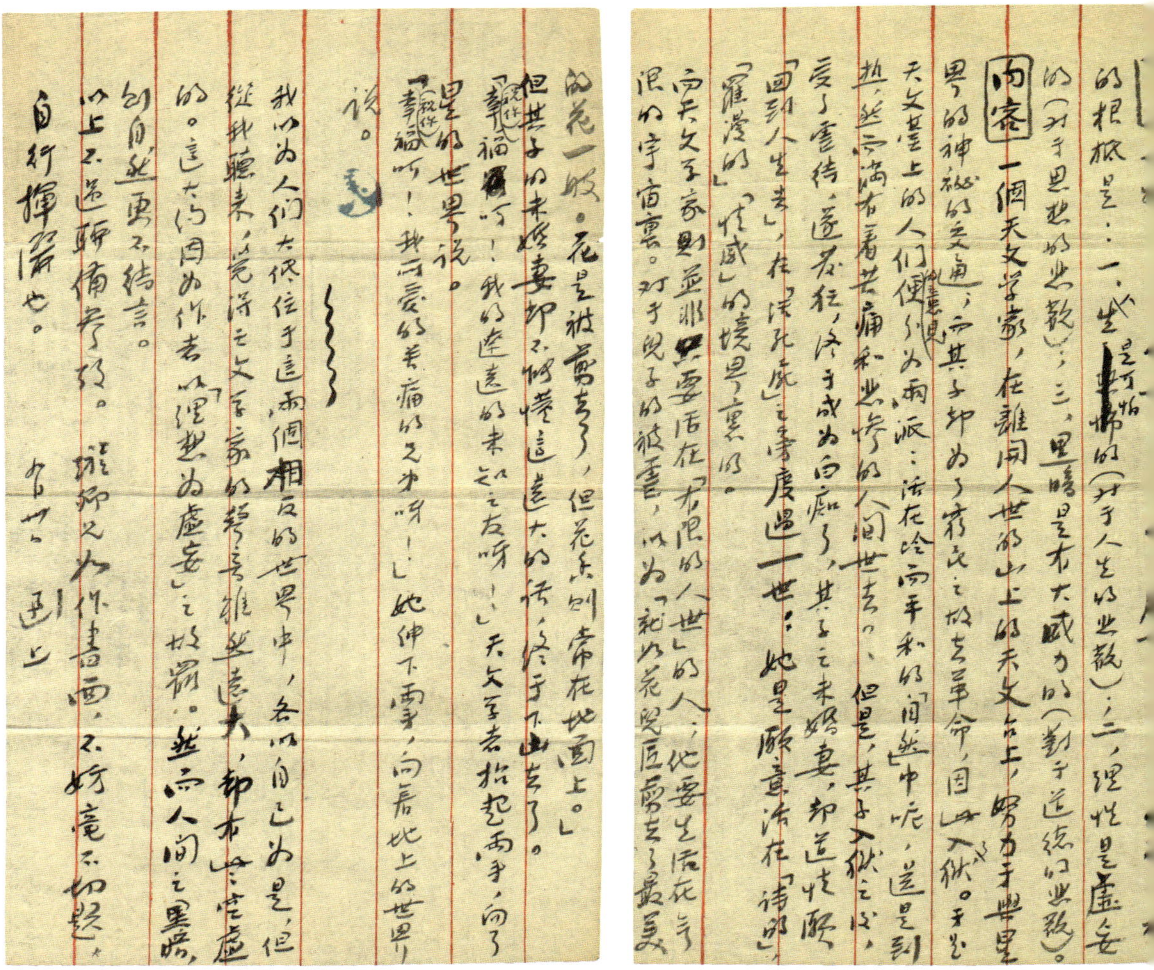

1925 年 9 月 30 日鲁迅致许钦文信

一级文物

纵 24.8 厘米，横 14.8 厘米

未名社出版的第一本书为鲁迅的译作《出了象牙之塔》。这是 1925 年 9 月 30 日鲁迅致许钦文信，信中提到“《未名丛刊》已别立门户”即指《未名丛刊》将在未名社出版，请陶元庆为《出了象牙之塔》和《往星中》绘制封面。

欽文兄：

昨天寄上一信並三本書，大約已到了。那時匆匆，不及細寫。還有一點事，現在補寫一點。

未名叢刊已別立門戶，有兩種已付印，一是出了象牙之塔，一是往星中。這兩種都要封面，想托璇卿兄畫一畫。

我想第一種即用璇卿兄所擬畫給我們之普通用面已可，至于第二種，則似以另有一張為宜，而譯者尤希望也。如病已經復原，請一動筆，至于其書之內容大略，別紙開上。

苦悶之象徵就要再版，這回封面，想用原色了。那畫稿，如可寄，乞寄來，想仍交財部印刷局印。印價雖貴點，總比一色者較精彩。

記得前回說商務館印越之墨，要多印一千張，未知未要積起來，使將來成一畫集。倘如此，則大紅袍及苦悶的象徵封面亦可多印一千張，備將來裝訂之用。大小想當以長方形較適乎？

我其實無病，自這幾天經醫生檢查了一星期，從血液以至小便等等。結果說是喝酒太多，吸煙太多，睡覺太少之故。所以現已不喝酒而少吸煙，多睡覺，病也好起來了。

故鄉稿已交去，是我選的，存廿一篇，大約有三百頁。

迅

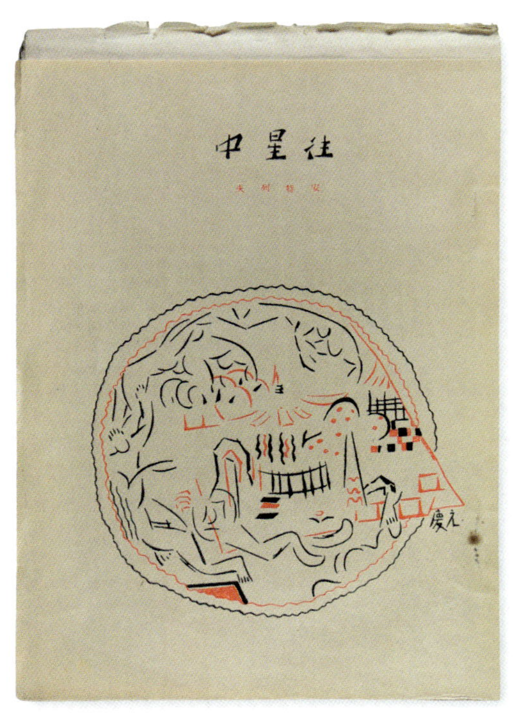

《往星中》初版本

纵 20.5 厘米，横 14 厘米，厚 0.8 厘米

未名社《未名丛刊》第二种为李霁野译安特列夫的《往星中》，经鲁迅校阅、修改，于 1926 年 5 月初版，封面设计陶元庆。

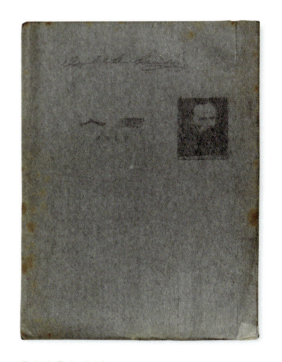

《穷人》初版本

纵 20.4 厘米，横 14.4 厘米，厚 1 厘米

未名社《未名丛刊》第三种为韦丛芜由英文转译的俄国作家陀思妥夫斯基（现译陀思妥耶夫斯基，1821—1881）的作品《穷人》。歧异之处由鲁迅据日译本决定取舍，再经韦素园据俄文本校订。1926 年 6 月初版。

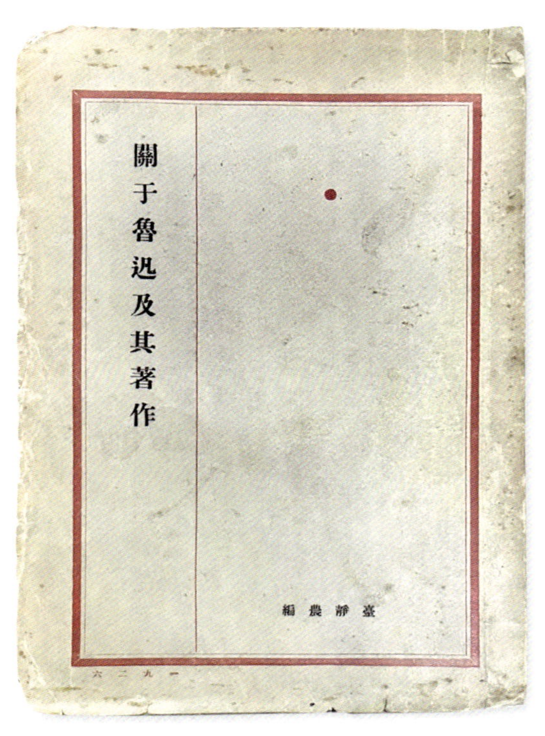

《关于鲁迅及其著作》初版本

纵 20.2 厘米，横 14 厘米，厚 0.5 厘米

1926 年 7 月，未名社出版台静农编《关于鲁迅及其著作》。鲁迅参与编选及校对。

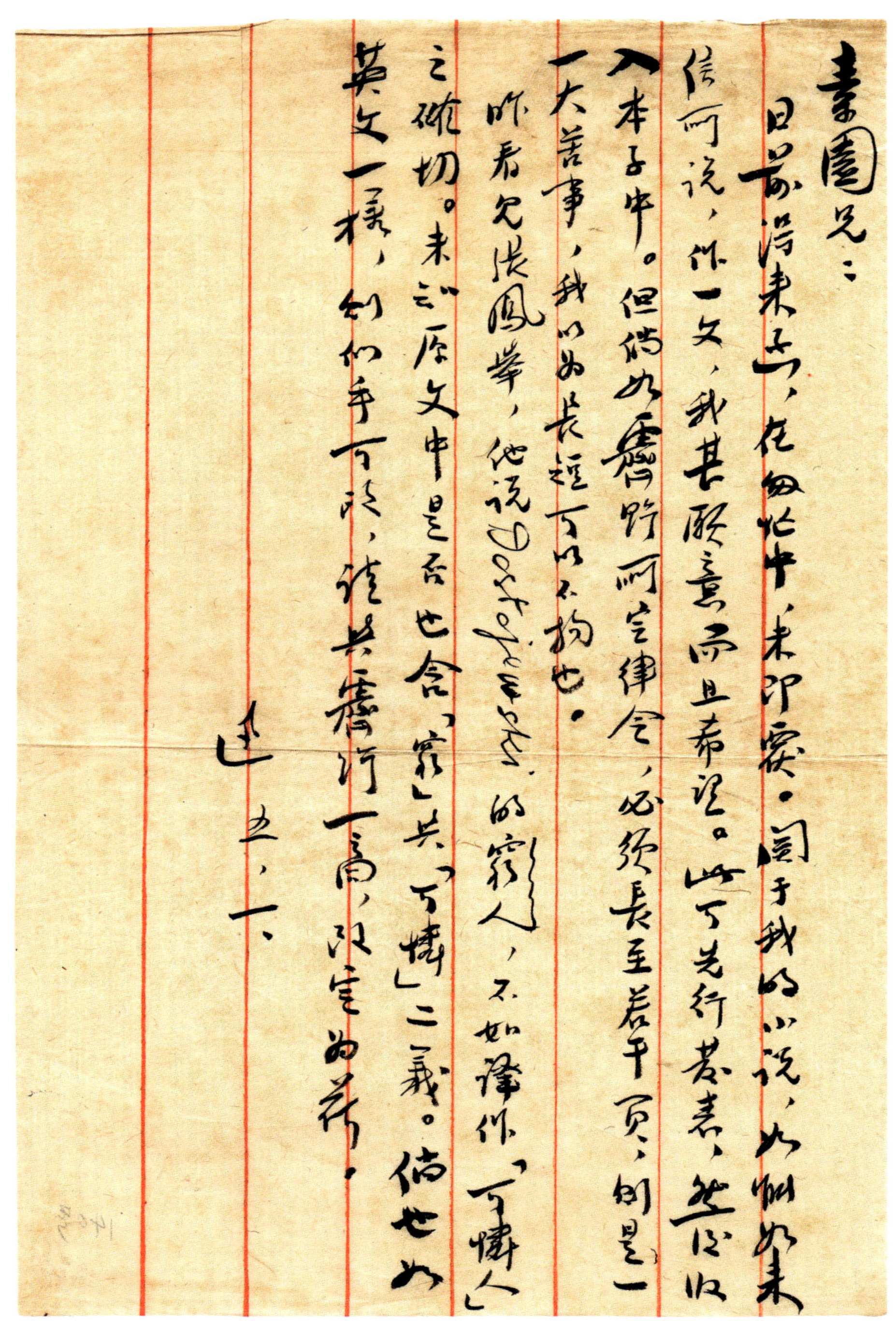

素园兄：

日前得来示，在匆忙中，未即覆。关于我的小说，如㑇如来信所说，作一文，我甚愿意而且希望。此可先行寄来，并不须收入本子中。但倘如霁野所定律令，必须长至若干页，则是一大苦事，我以为长短可以不拘也。

昨看见张凤举，他说Dostojewski's的「穷人」，不如译作「可怜人」之确切。未知原文中是否也含「穷」与「可怜」二义。倘也如英文一样，则似乎可改，请与霁野一商，决定为荷。

迅 五，一

1926 年 5 月 1 日鲁迅致韦素园信

一级文物

纵 29 厘米，横 18.6 厘米

1926 年 5 月 1 日，鲁迅关于《穷人》译名事致韦素园信。

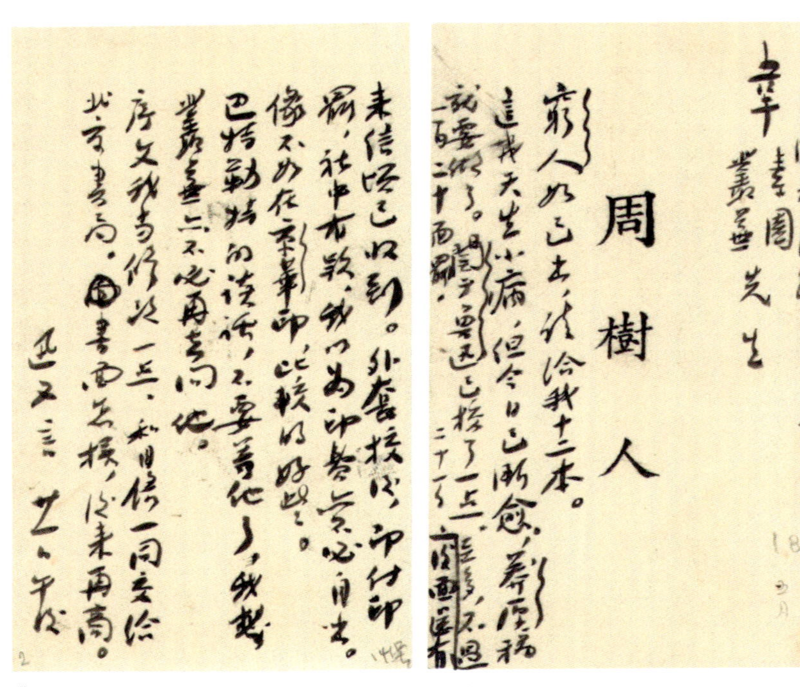

背面　　正面

1926 年 6 月 21 日鲁迅致韦素园、韦丛芜信

一级文物

纵 10.1 厘米，横 6 厘米

1926 年 6 月 21 日，鲁迅就《关于鲁迅及其著作》《外套》等书出版事致韦素园、韦丛芜信（写于名片之上）。《外套》为未名社《未名丛刊》第四种，俄国作家果戈理（1809－1952）作品，韦素园译，鲁迅审阅译稿，1926 年 9 月初版。

鲁迅日记记载到访过西三条21号的文艺青年（以在日记中出现时间先后为序）

许钦文	孙伏园	李人灿	章廷谦	王顺亲（女）
李秉中	陈声树	李小峰	向培良	陈空三
陈翔鹤	陈炜谟	王捷三	常　惠	王品青
张目寒	姚蓬子	陆晶清（女）	吕云章（女）	章衣萍
吴曙天（女）	高秀英（女）	陶元庆	许以敬（女）	高长虹
傅筑夫	梁绳祎	张蕴吾	高　歌	胡也频
钟青航	孙席珍	吕　琦	孙福熙	阎宗临
废　名	蔡漱六（女）	项　拙	李霁野	刘弄潮
陆士钰	孔宪书	许广平（女）	林卓凤（女）	常燕生
台静农	尚　钺	李小酩	纪玉帆	韦丛芜
李渭滨	索　非	王鲁彦	韦素园	陈斐然
任国桢	张平江（女）	张希涛	金仲芸（女）	赵赤坪
秦涤清	胡　敩	柯仲平	李遇安	汪静之
魏建功	宋孔显	孙尧姑（女）	陈学昭（女）	黄鹏基
邓飞黄	董秋芳	甄永安	郑效洵	翟永坤
朱大柟	蹇先艾	曹靖华	冯　至	缪金源
段沸生	潘家洵	李世军	沈孜研	萧盛嶷
冯雪峰	张我军	刘亚雄（女）	郝荫潭（女）	杨　晦
陈瑾琼（女）	孙祥偈（女）	朱自清	何春才	王志之
张松如	刘肖愚	马　珏（女）	许世瑛	沈　琳（女）

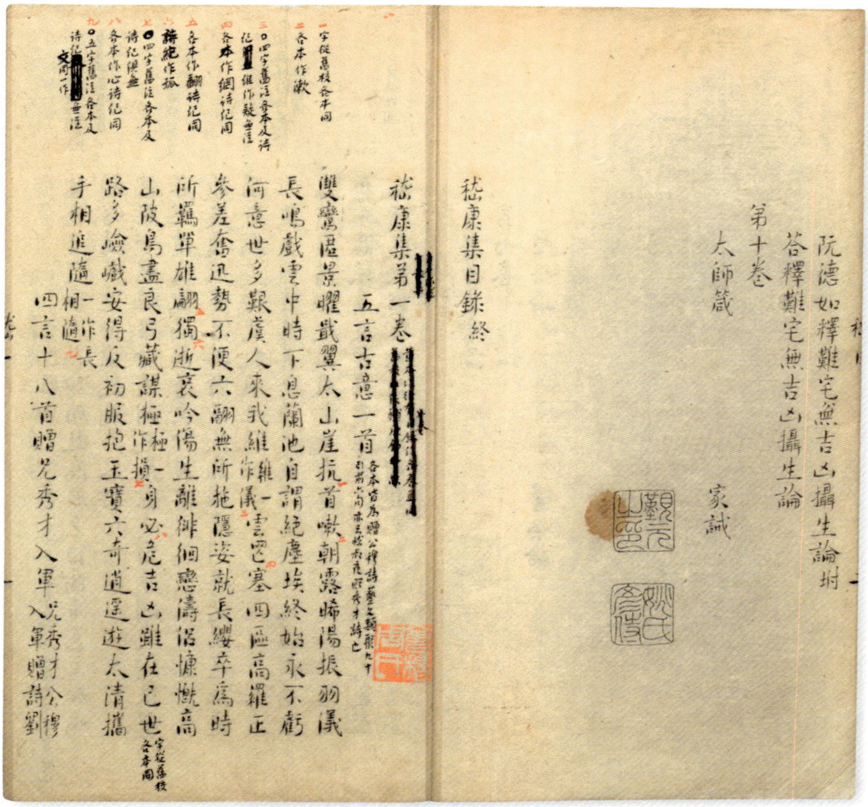

《嵇康集》草定本

一级文物

纵 25.7 厘米，横 16 厘米，厚 1.8 厘米

1913—1924 年，鲁迅多次校勘《嵇康集》，1924 年 6 月，终于整理出胜于前人各本的《嵇康集》草定本。

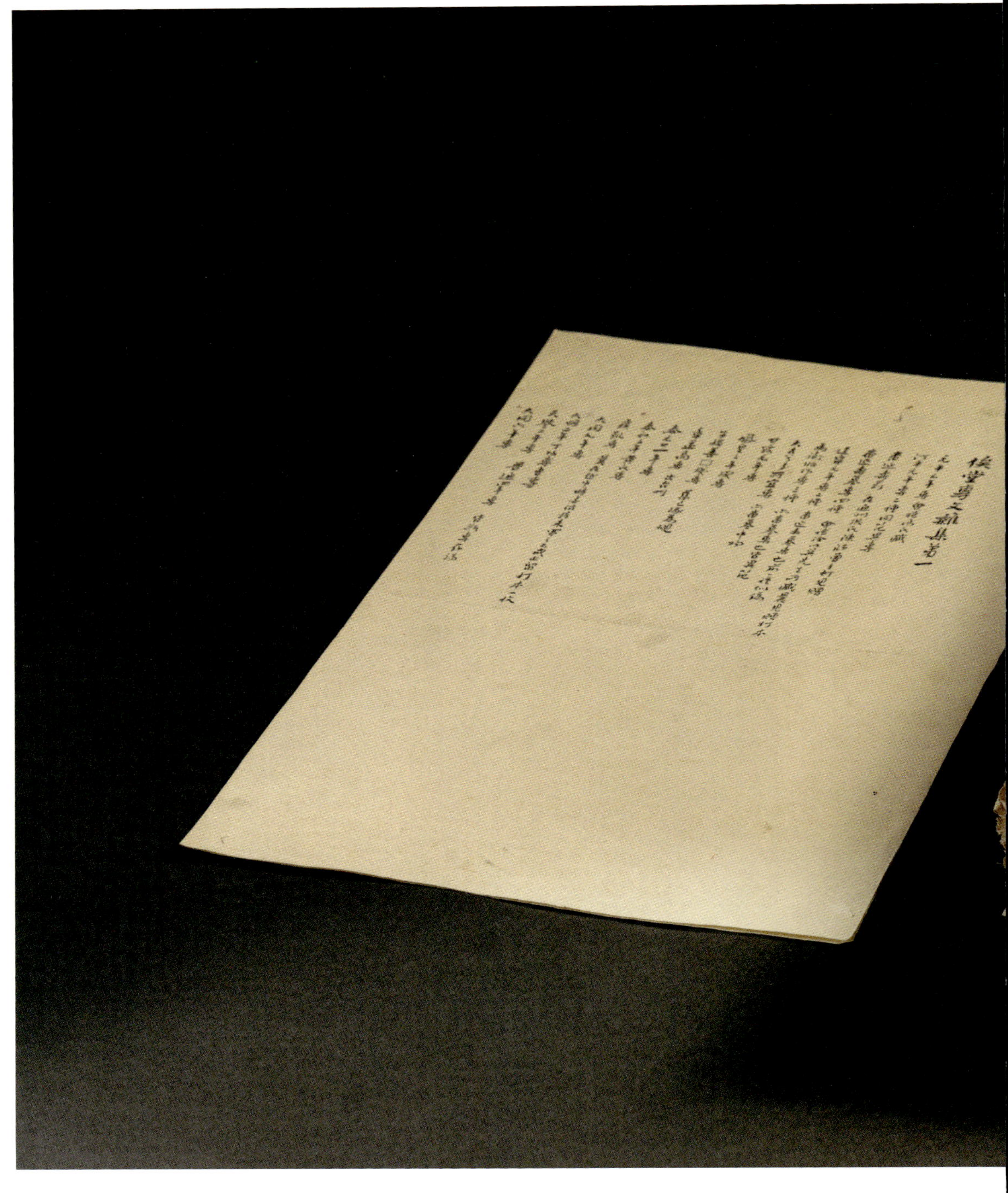

《俟堂专文杂集》

一级文物

纵 45.4 厘米，横 27.9 厘米，厚 9.5 厘米

鲁迅大力搜集古砖拓片，1924 年 9 月将这些拓本整理编辑成册，取名《俟堂专文杂集》。

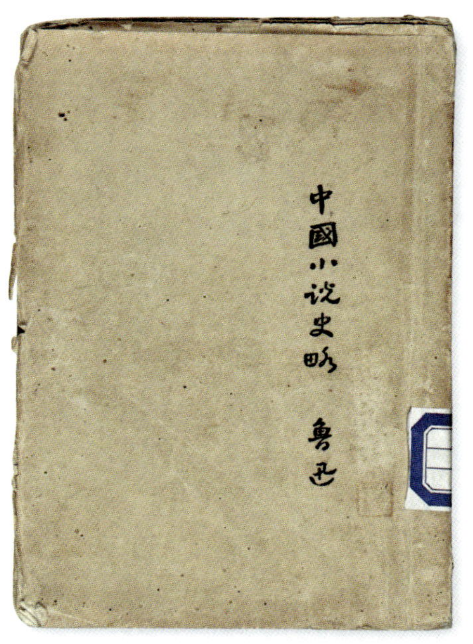

《中国小说史略》北新书局再版本

纵 20.2 厘米，横 14.2 厘米，厚 1.6 厘米

1923 年 12 月、1924 年 6 月，鲁迅研究中国古代小说的著作《中国小说史略》分上、下册由新潮社初版。1925 年 9 月，鲁迅将《中国小说史略》合为一册由北新书局初版，书名、著者名为鲁迅自书。

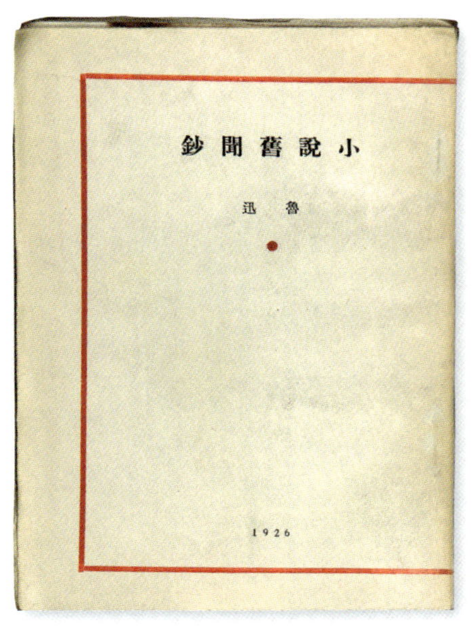

《小说旧闻钞》初版本

纵 20.5 厘米，横 15 厘米，厚 0.8 厘米

鲁迅在许广平协助下出版小说史料集《小说旧闻钞》，1926 年 8 月北新书局初版。

○ 章廷谦（1901—1981），字矛尘，笔名川岛，鲁迅的绍兴同乡，西三条 21 号的常客。

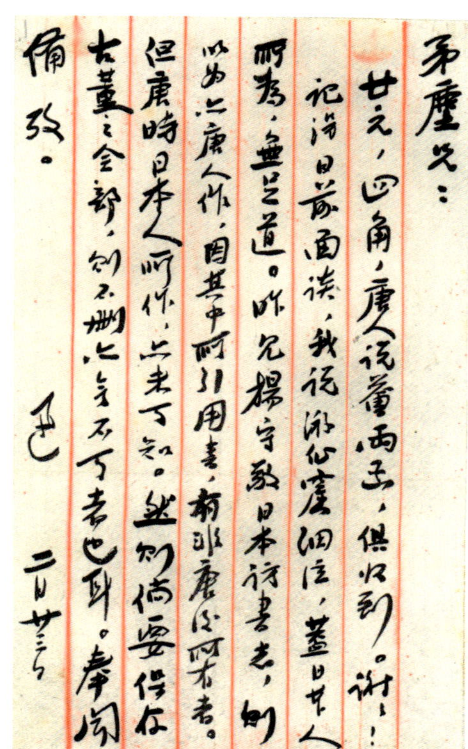

矛塵兄：
廿二，四角，唐人說薈兩函，俱收到。謝謝！
記得日前面談，我說游仙窟細注，蓋日本人
所為，無足道。昨見楊守敬日本訪書志，則
以為亦唐人作，因其中所引用書，頗非唐以後所有者。
但唐時日本人所作，亦未可知。然則倘要付在
古董之全部，則不刪亦無不可者也耳。奉聞
備致。
迅
二月廿三

1926 年 2 月 23 日鲁迅致章廷谦信

一级文物

纵 25.6 厘米，横 15.1 厘米

1926 年 2 月，鲁迅拟定目录，校订旧稿，准备出版《唐宋传奇集》。这是 1926 年 2 月 23 日，鲁迅关于收到《唐人说荟》等事致章廷谦的信。

《游仙窟》初版本

纵 20.1 厘米，横 14 厘米，厚 0.7 厘米

1926 年 2 月，章廷谦从鲁迅处借得唐代传奇小说《游仙窟》抄本，并在鲁迅指导下校订标点。1927 年 7 月，鲁迅为该书作序，1929 年 2 月北新书局初版。

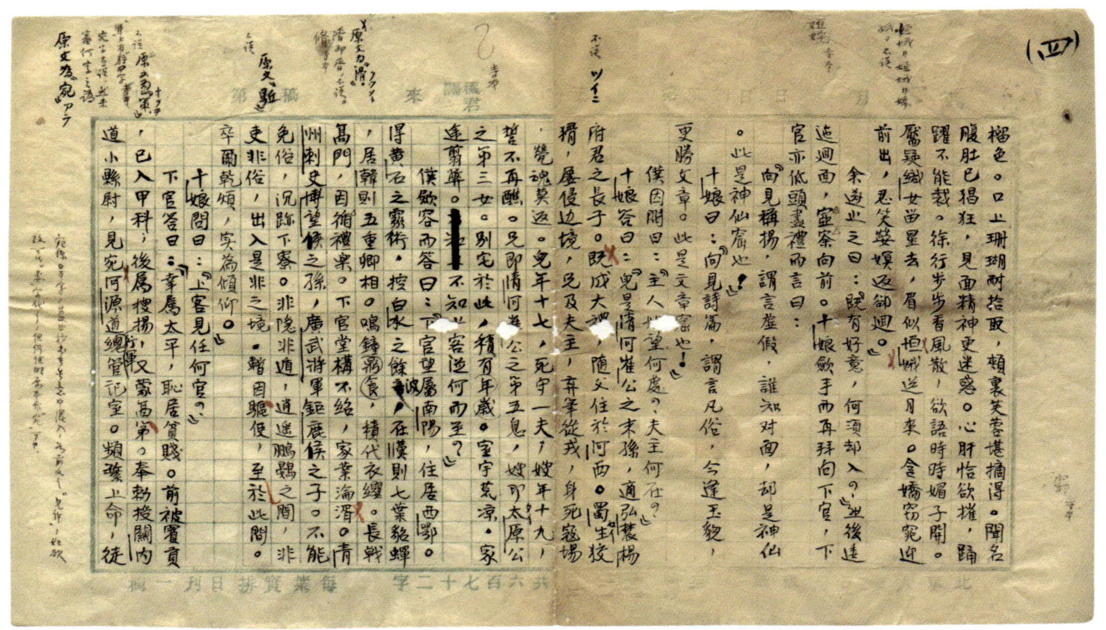

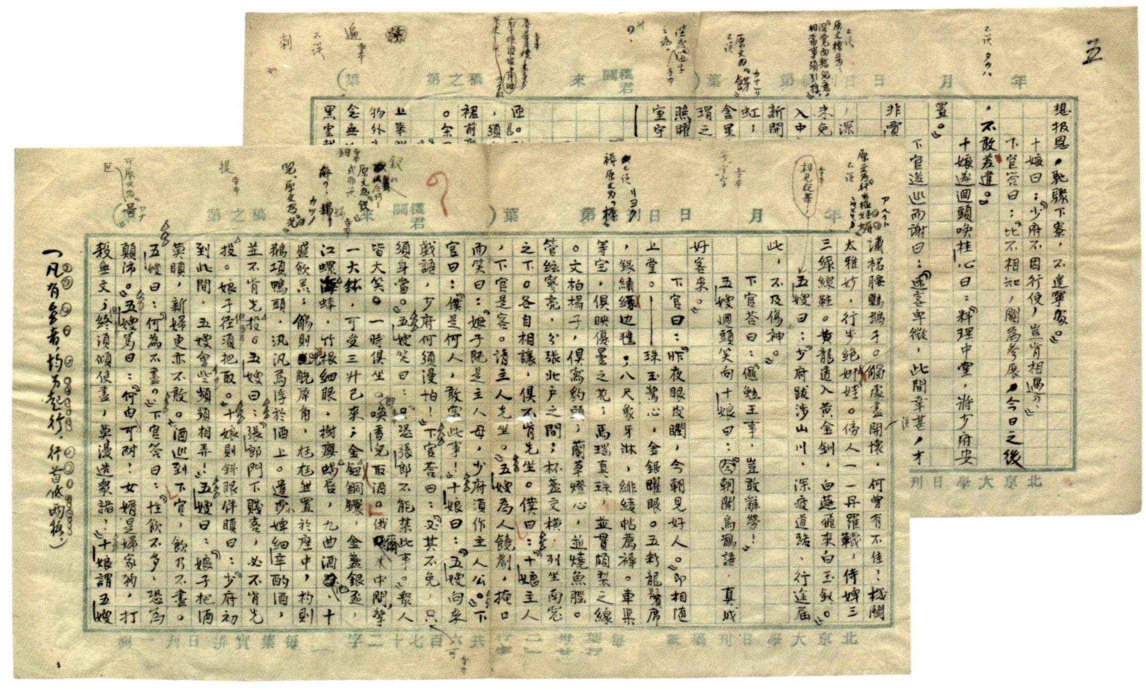

鲁迅藏《游仙窟》抄稿（部分）

纵 27.5 厘米，横 47 厘米

鲁迅藏《游仙窟》抄稿（部分），此抄稿现存 20 页。

《痴华鬘》初版本两卷

纵 19.8 厘米，横 14 厘米，厚 0.8 厘米

鲁迅请王品青（？ —1927）校点佛学经典《痴华鬘》（又名《百喻经》），并为其作题记，1926 年 5 月北新书局初版。

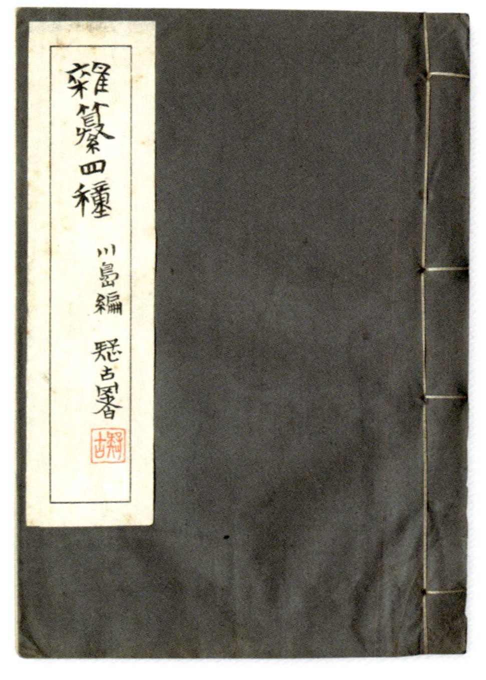

《杂纂四种》初版本

纵 19 厘米，横 12.8 厘米，厚 0.8 厘米

章廷谦据鲁迅由明抄本《说郛》抄出的《义山杂纂》和刻本《说郛》所收续书三种，编为 1 册，题为《杂纂四种》，1926 年 9 月北新书局初版。

学院教育

1924—1926年鲁迅各校兼课时间表

学校	兼课时段	上课时间
北京大学	1924年1月—1925年5月	星期五下午
	1925年11月—1926年5月	星期一上午
北京师范大学	1924年1月—1925年5月	星期五上午
北京女子师范大学	1924年1月—1924年6月	星期六上午
	1924年10月—1925年6月	星期一下午
	1925年10月—1925年11月	星期二上午
	1925年10月—1925年12月	星期五下午
	1925年12月—1926年1月	星期五上午
	1926年1月—1926年4月	星期二上午
	1926年5月—1926年6月	星期五上午
世界语专门学校	1924年1月—1924年6月	星期一下午
	1924年10月—1925年1月	星期二下午
集成国际语言学校	1924年5月—1924年6月	星期四下午
黎明中学	1925年9月—1925年12月	星期四下午
大中公学	1925年9月—1925年11月	星期五上午
中国大学	1925年9月—1926年5月	星期三上午

○ 1924年7月，应陕西省教育厅及西北大学之邀，鲁迅赴西安作暑期讲学。这是7月20日开学式上的合影（前排坐者左起：4段绍岩、6蔡江澄、7马凌甫、9傅铜、10郭涵、13张辛南；二排坐者左起：9蒋廷黻、10刘文海、11夏元瑮、12李顺卿、13王桐龄、14鲁迅、15李济、16陈定谟、17陈钟凡、19孙伏园、20王小隐）。

○ 1924 年 2 月，杨荫榆被任命为北京女子高等师范学校（5 月升级为北京女子师范大学）校长。任职期间，因推行保守的教育方式，引起师生们的不满。图为女师大校舍。

○ 1924 年 9 月 14 日，杨荫榆（1884－1938）到访西三条，为鲁迅送来聘书。1925 年 1 月，女师大自治会召开全校学生会议，决定驱逐杨荫榆，掀起女师大风潮。

敬啓者：生等為尊重教育計，為本校前途計，為自身學業計，不惜犧牲寶貴之光陰，奔走呼號，驅逐劣跡昭彰之校長楊蔭榆，諒 諸先生早已洞悉。不料楊氏深為利祿所蒙，希圖戀棧，數月以來，不聽學生自治會職員之婉勸，自行引退，以讓賢能，而竟任情專橫，利用私黨三五人所把持之評議會，妄開除學生自治會職員六人。生等受盡摧殘，忍無可忍，故本始終一致之精神，誓言與楊氏勢不兩立，一致奮起，茲於今日上午，已驅逐蔑視教育、與[illegible]青年之楊氏離校，並封鎖校長辦公室矣。此等舉動，非生等不情，乃楊氏恬不知恥，意有陷女師大于危亡之境。生等有鑒於此，不得已出於末策，作最後之奮鬪，以達目的，而救校務起於沉淪，更謀[illegible]有以進步。茲全體學生痛哭罷課，敬懇本校主持公道之諸先生出而維持校務，以免本唯一之女子最高學[illegible]有陷于危亡之虞。素仰 先生熱心教育，必不忍坐視數百青年學生置于死地耳。是以生等處茲萬不得已之際，懇祈 先生賞鑒，允賜善後，特訂于本月十二日星期三午後三時，在本校大禮堂開會，敬求 勞步撥冗惠臨，是為至禱。此上

先生 鈞鑒

國立北京女師大學生自治會 五月十一日午 啟

女师大学生自治会恳请本校教员维持校务函

纵 29.5 厘米，横 45 厘米

1925 年 5 月 7 日国耻纪念日十周年，女师大学生举行纪念大会，杨荫榆准备入场主持时，被学生要求离场，杨荫榆遂公布开除许广平等六名学生自治会成员。5 月 11 日，女师大学生自治会致信本校教员，恳请参加于次日举行的维持校务的会议。

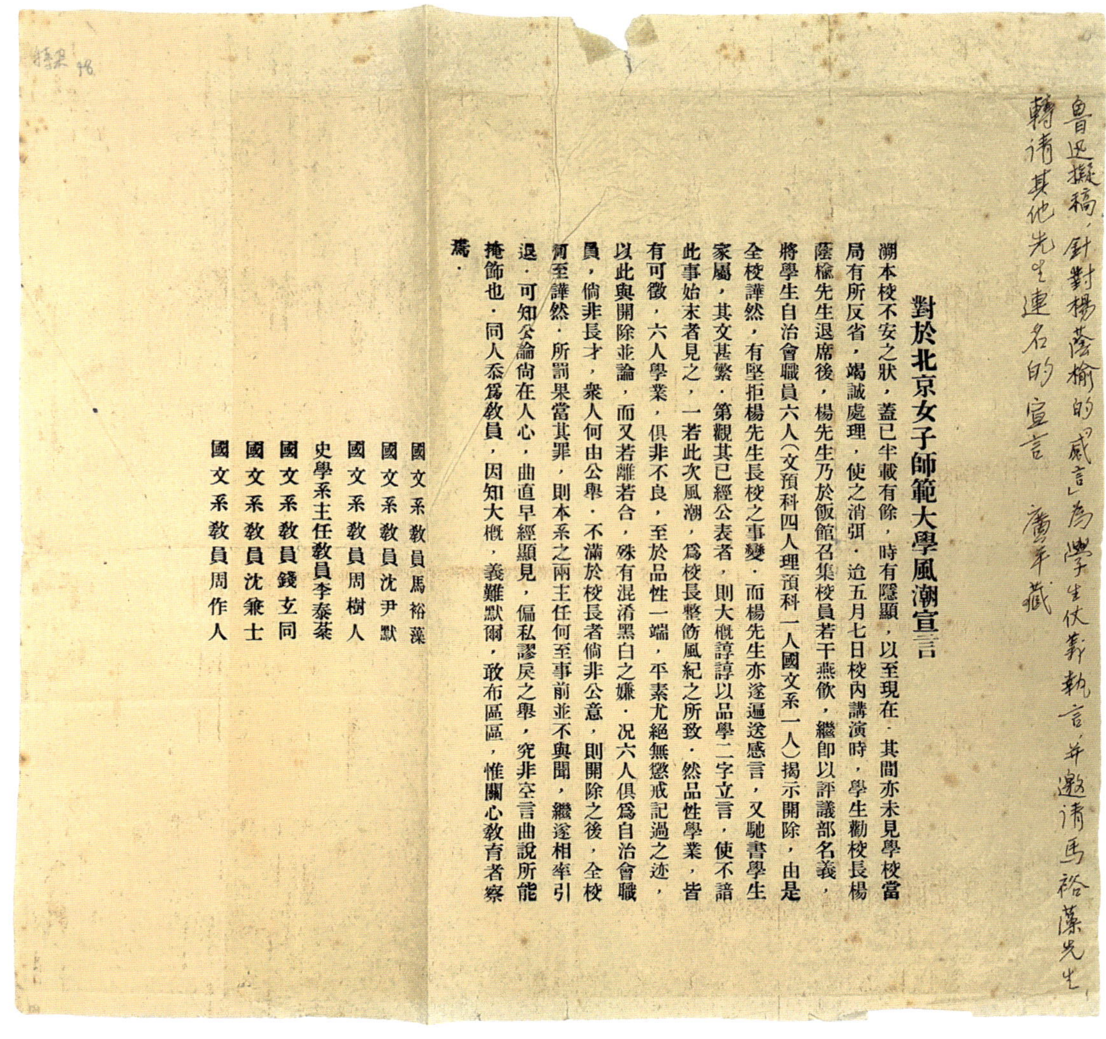

魯迅擬稿，針對楊蔭榆的「感言」為學生仗義執言，并邀請馬裕藻先生轉請其他先生連名的宣言　廣平藏

對於北京女子師範大學風潮宣言

潮本校不安之狀，蓋已半載有餘，時有隱顯，以至現在．其間亦未見學校當局有所反省，竭誠處理，使之消弭．迨五月七日校內講演時，學生勸校長楊蔭榆先生退席後，楊先生乃於飯館召集校員若干燕飲，繼即以評議部名義，將學生自治會職員六人（文預科四人理預科一人國文系一人）揭示開除，由是全校譁然，有堅拒楊先生長校之事變．而楊先生亦遂遍送感言，又馳書學生家屬，其文甚繁．第觀其已經公表者，則大概諄諄以品學二字立言，使不諳此事始末者見之，一若此次風潮，爲校長整飭風紀之所致．然品性學業，皆有可徵，六人學業，俱非不良，至於品性一端，平素尤絕無懲戒記過之迹，以此與開除並論，而又若離若合，殊有混淆黑白之嫌．況六人俱爲自治會職員，倘非長才，衆人何由公舉．不滿於校長者倘非公意，則開除之後，全校何至譁然．所罰果當其罪，則本系之兩主任何至事前並不與聞，繼遂相率引退．可知公論尚在人心，曲直早經顯見，偏私謬戾之舉，究非空言曲說所能掩飾也．同人忝爲教員，因知大概，義難默爾，敢布區區，惟關心教育者察焉．

國文系教員馬裕藻
國文系教員沈尹默
國文系教員周樹人
史學系主任教員李泰棻
國文系教員錢玄同
國文系教員沈兼士
國文系教員周作人

许广平藏《对于北京女子师范大学风潮宣言》

纵 30 厘米，横 36 厘米

鲁迅撰文痛斥杨荫榆依仗校长的权势压迫学生，并帮助学生起草驱逐杨荫榆呈文。5 月 27 日，鲁迅拟稿，与马裕藻（1878—1945）、钱玄同（1887—1939）等联名发表《对于北京女子师范大学风潮宣言》，反对开除学生。

○ 1925 年 5 月 30 日，陈源（笔名“西滢”）在《现代评论》第 1 卷第 25 期发表《闲话》，批评女师大风潮系由北京教育界“占最大势力的某藉某系的人在暗中鼓动”所致。

英文學系教授
陳　源先生

○ 陈源（1896—1970）

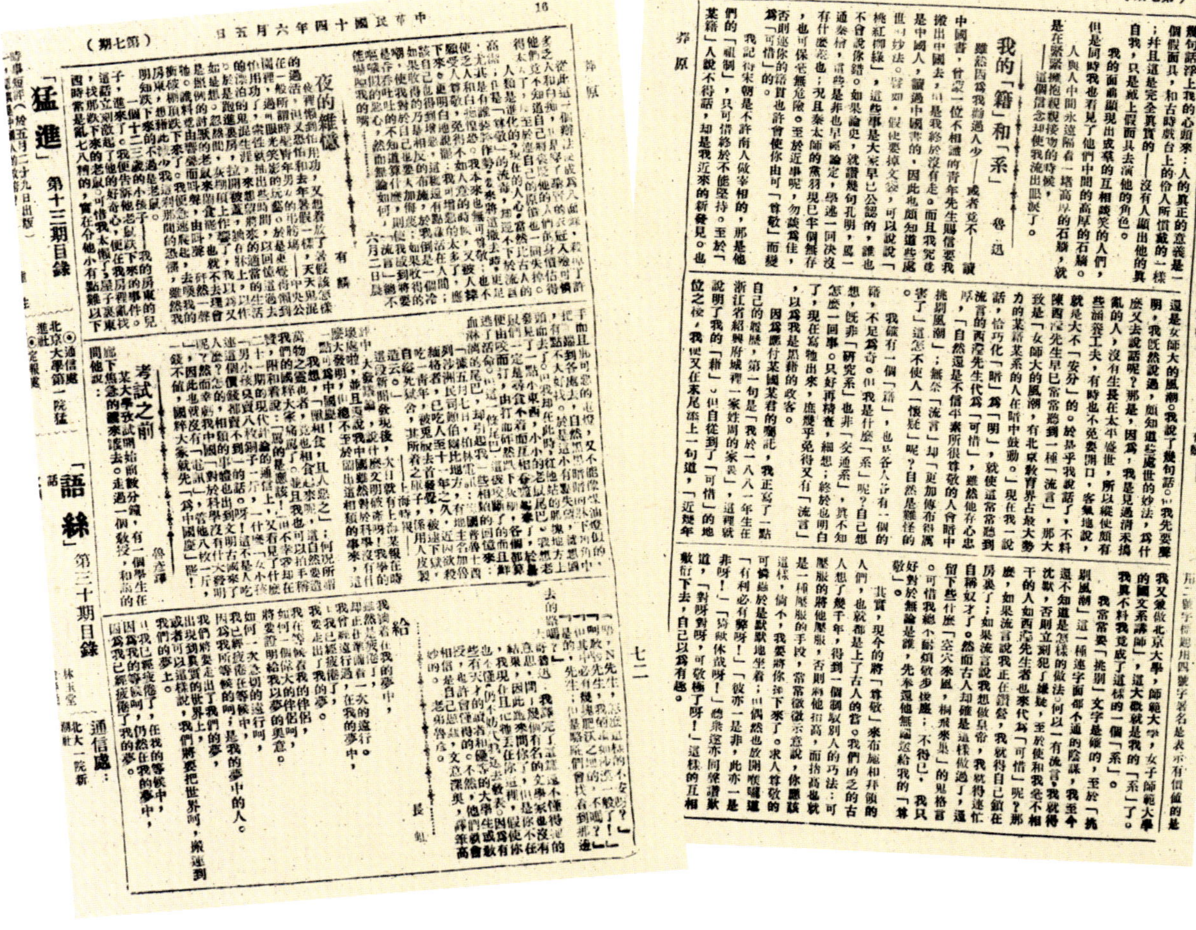

幾句話浮上我的心頭來：人的真正的意義是一個假面具，和古時戲台上的伶人所慣戴的一樣；并且這是完全真實的——沒有人顯出他的真自我，只是戴上假面具去演他的角色。

我的面前顯現出成群的互相談笑的人們，但是同時我也看見了他們中間的高厚的石牆。

人與人中間永遠隔着一堵高厚的石牆，就是在緊緊擁抱親接吻的時候，——這個信念却使我流出眼淚了。

我的「籍」和「系」

魯迅

雖然因為我的過人少——或者竟不——讀中國書，曾蒙一位不相識的青年先生賜信要我搬出中國去，但是我終於沒有走。而且我究竟是中國人，讀過中國書的，因此也頗知道些處世的妙法。譬如，假使要掉文袋，可以說說「桃紅柳綠」，這些事是大家早已公認的，誰也不會說你錯。如果論史，就讚幾句孔明，罵一通秦檜，這些是非也早經論定，學述一回決沒有什麼差池；況且秦太師的黨羽現已半個無存，也可保毫無危險。至於近事呢，勿談為佳，否則連你的籍貫也許會使你由可「尊敬」而變為「可惜」的。

我記得宋朝是不許南人做宰相的，那是他們的「祖制」，只可惜終於不能堅持。至於「某籍」人說不得話，却是我近來的新發見。也還是女師大的風潮。我說了幾句話。但我先要聲明，我既然說過，頗知道些處世的妙法，為什麼又去說話呢？那是，因為，我是見過清末搗亂的人，沒有生長在太平盛世，所以縱使頗有些涵養工夫，有時也不免要開口，客氣地說，就是大不「安分」的。於是乎我說話了，不料陳西瀅先生早已常常聽到一種「流言」，那大致是「女師大的風潮，有北京教育界占最大勢力的某籍某系的人在暗中鼓動。」現在我一說話，恰巧化「暗」為「明」，就使這常常聽到流言的西瀅先生代為「可惜」，雖然他存心忠厚，「自然還是不信平素所很尊敬的人會暗中挑剔風潮」；無奈「流言」却「更加傳布得厲害了」，這怎不使人「懷疑」呢？自然是難怪的。

我確有一個「籍」，也是各人都有一個的籍，不足為奇。但我是什麼「系」呢？自己想想，既非「研究系」，也非「交通系」，真不知怎麼一回事。只好再精查，細想；終於也明白了，現在寫牠出來，庶幾乎免得又有「流言」，以為我是黑籍的政客。

因為應付某國某君的囑託，我正寫了一點自己的履歷，第一句是「我於一八八一年生在浙江省紹興府城裡一家姓周的家裡」，這裡就說明了我的「籍」。但自從到了「可惜」的地位之後，我便又在末尾添上一句道，「近幾年我又兼做北京大學，師範大學，女子師範大學的國文系講師」，這大概就是我的「系」了。我真不料我竟成了這樣的一個「系」。

我常常要「挑剔」文字是確的，至於「挑剔風潮」這一種連字面都不通的陰謀，我至今還不知道是怎樣的做法。何以一有流言，我就得沈默，否則立刻犯了嫌疑，至於使和我毫不相干的人如西瀅先生者也來代為「可惜」呢？那麼，如果流言說我正在鑽營，我就得自己鎖在房裡了；如果流言說我想做皇帝，我就得連忙自稱奴才了。然而古人却確是這樣做過了，還留下些什麼「空穴來風，桐乳來巢」的鬼格言。可惜我總不能這樣敬步後塵；我只好對於無論是誰，先奉還他無端送給我的「尊敬」。

其實，現今的將「尊敬」來布施和拜領的人們，也就都是上了古人的當。我們的古人想了幾千年，得到一個調馭別人的巧法：可壓服的將他壓服，否則將他抬高。而抬高也就是一種壓服的手段，常常微微示意說，你應該這樣，倘不，我要將你摔下來了。求人尊敬的可憐蟲於是默默地坐着；但偶然也放開喉嚨道「有利必有弊呀！」「彼亦一是非，此亦一是非呀！」「猗歟休哉呀！」聽眾遂亦同聲讚歎道，「對呀對呀，可敬極了呀！」這樣的互相敷衍下去，自己以為有趣。

夜的雜憶

有麟

六月二日晨

考試之前

魯彥譯

給

長虹

七二

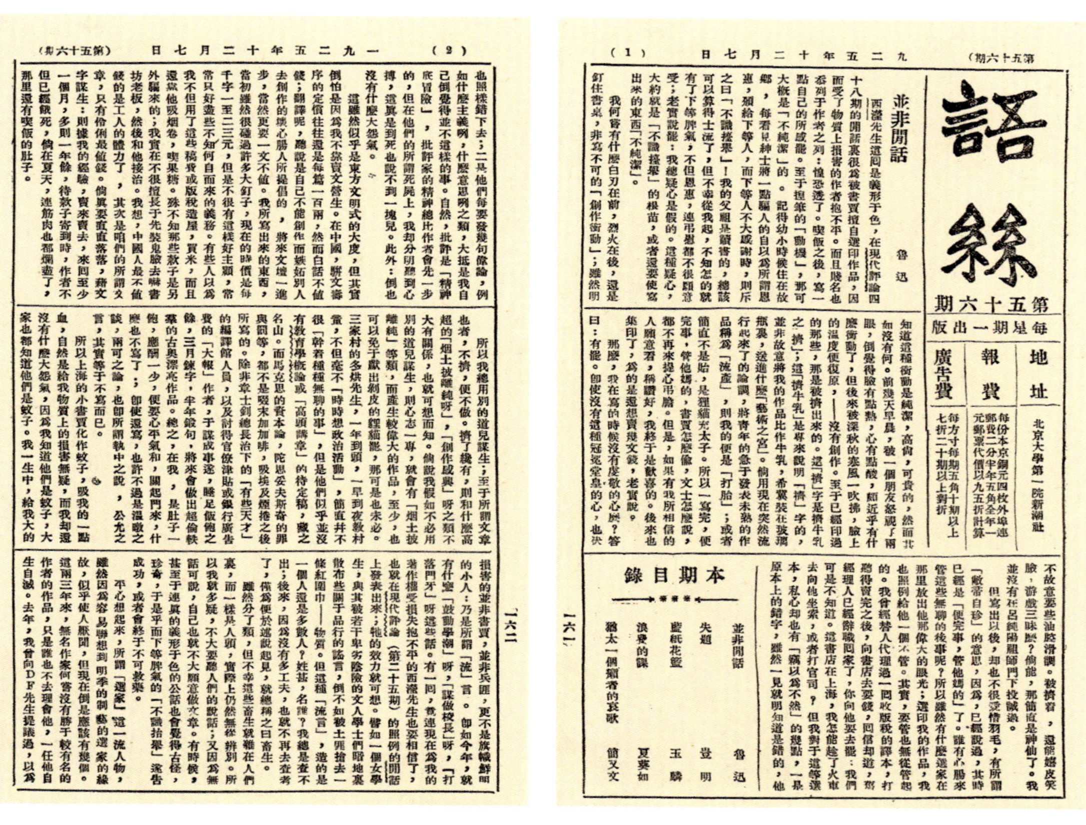

（第五十六期）　九二五年十二月七日　（1）

語絲

第五十六期

每星期一出版

地址：北京大學第一院新潮社

報費：每份本京銅元四枚外埠連郵費二分半年五角全年一元郵票代價以九五折計算

廣告費：每方寸每期五角十期以上七折二十期以上對折

並非閒話

魯迅

本期目錄

（2）　一九二五年十二月七日　（第五十六期）

（3）　一九二五年十二月七日　（第五十六期）

失題

豈明

○ 鲁迅撰写《我的“籍”和“系”》《并非闲话》等文章，对陈源进行反驳。

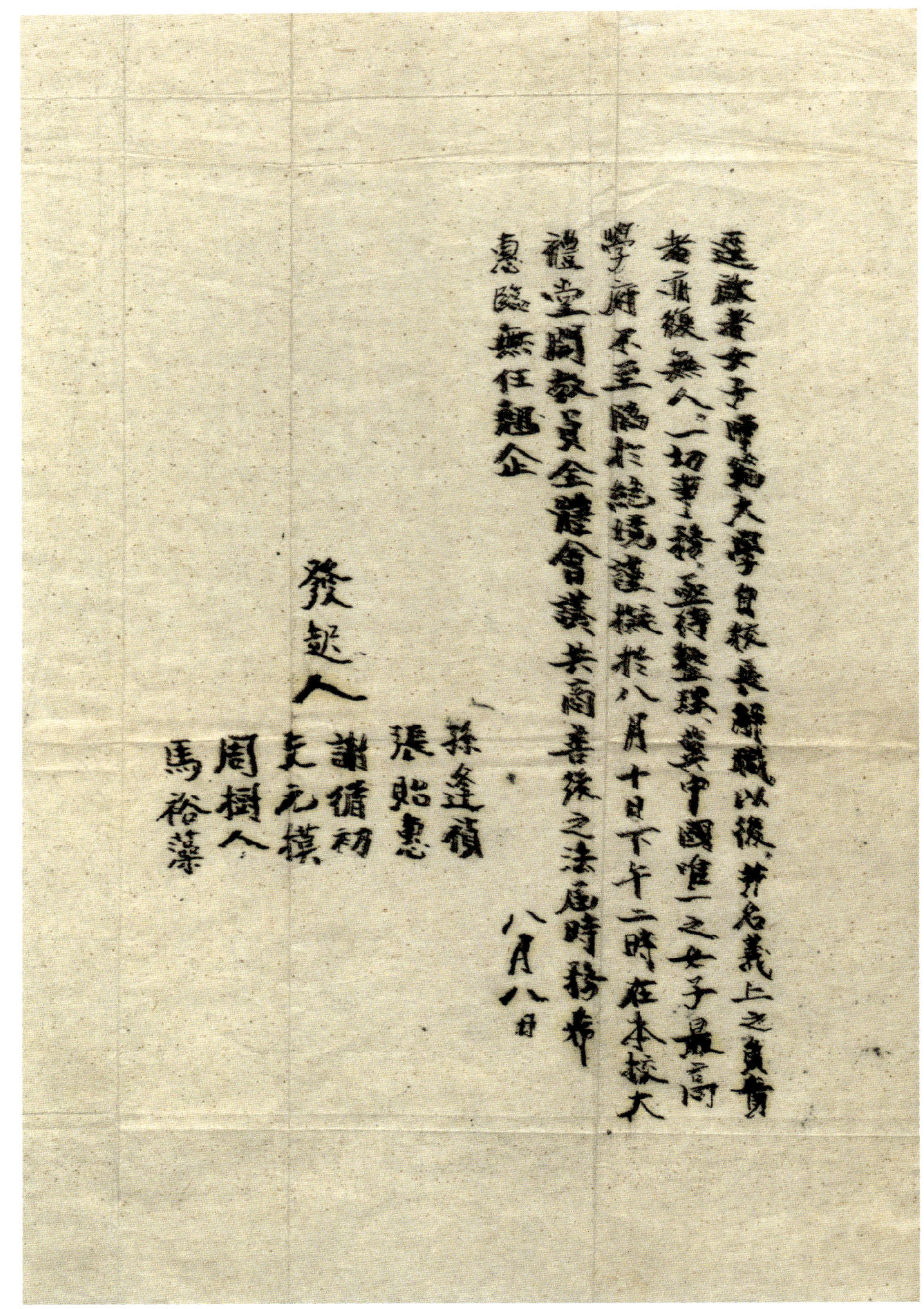

逕啟者女子師範大學自校長辭職以後，其名義上之負責者亦復無人，一切事務，亟待整理，冀中國唯一之女子最高學府不至陷於絕境，謹擬於八月十日下午二時在本校大禮堂開教員全體會議，共商善後之法，届時務希惠臨，無任翹企

八月八日

發起人

孫逢禎

張貽惠

謝循初

李元模

周樹人

馬裕藻

鲁迅（周树人）等发起召开全体教员会议共商女师大善后办法启事

纵 29.5 厘米，横 20 厘米

1925年8月6日，教育总长章士钊（1881—1973）向内阁提议停办女师大，为北洋政府采纳。8 月 7 日，女师大师生共商组织校务维持会。这是 8 月 8 日鲁迅等人发起召开教员全体会议，共商女师大善后之法的启事。

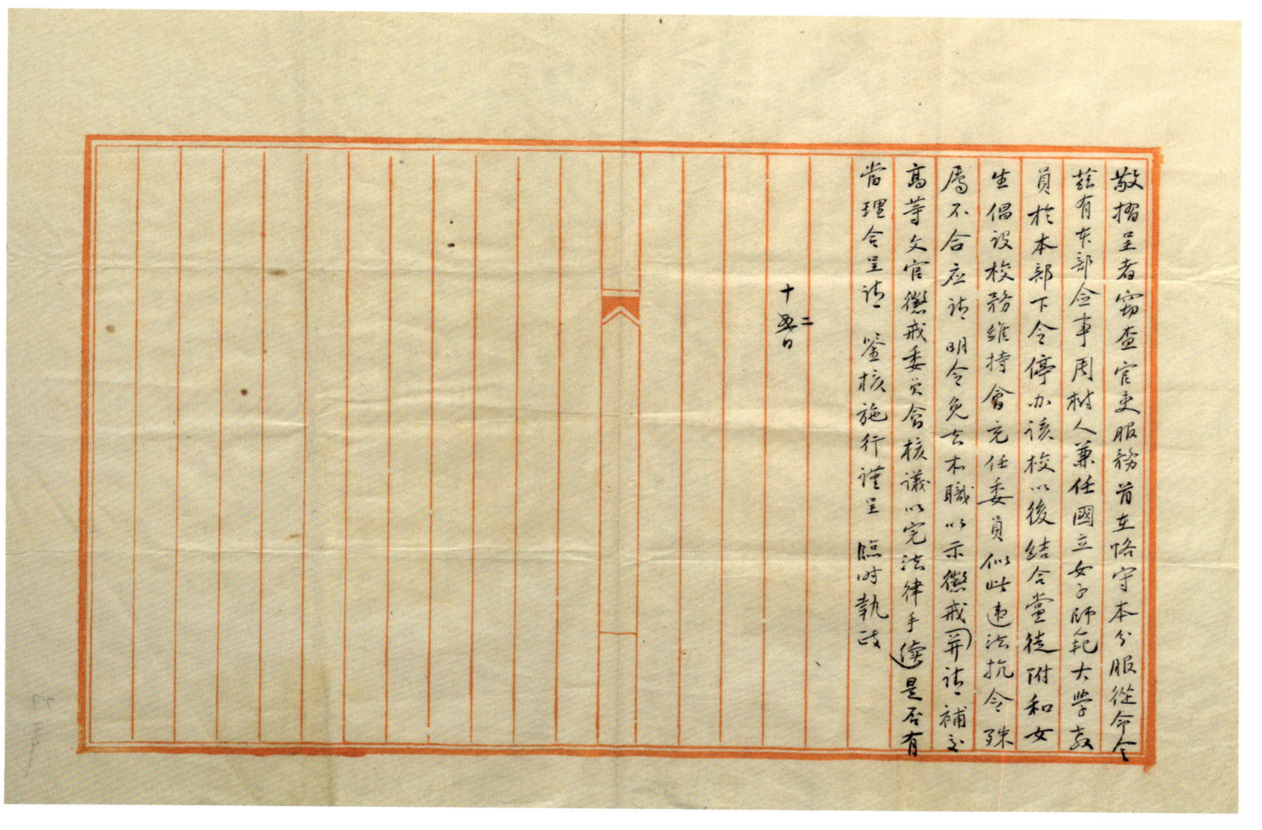

敬折呈者窃查官吏服务首在恪守本分服从命令兹有本部佥事周树人兼任国立女子师范大学教员于本部下令停办该校以后结合党徒附和女生倡设校务维持会充任委员似此违法抗令殊属不合应请 明令免去本职以示惩戒并请 补交高等文官惩戒委员会核议以完法律手续是否有当理合呈请 鉴核施行谨呈 临时执政

十二署日

章士钊呈请免去鲁迅（周树人）佥事职抄件

纵 27 厘米，横 40 厘米

1925 年 8 月 12 日，章士钊呈请临时执政段祺瑞（1865—1936），以鲁迅参与女师大事，拟免去其教育部佥事职务。8 月 14 日，鲁迅免职令正式发布。这是鲁迅保存的呈文抄件。

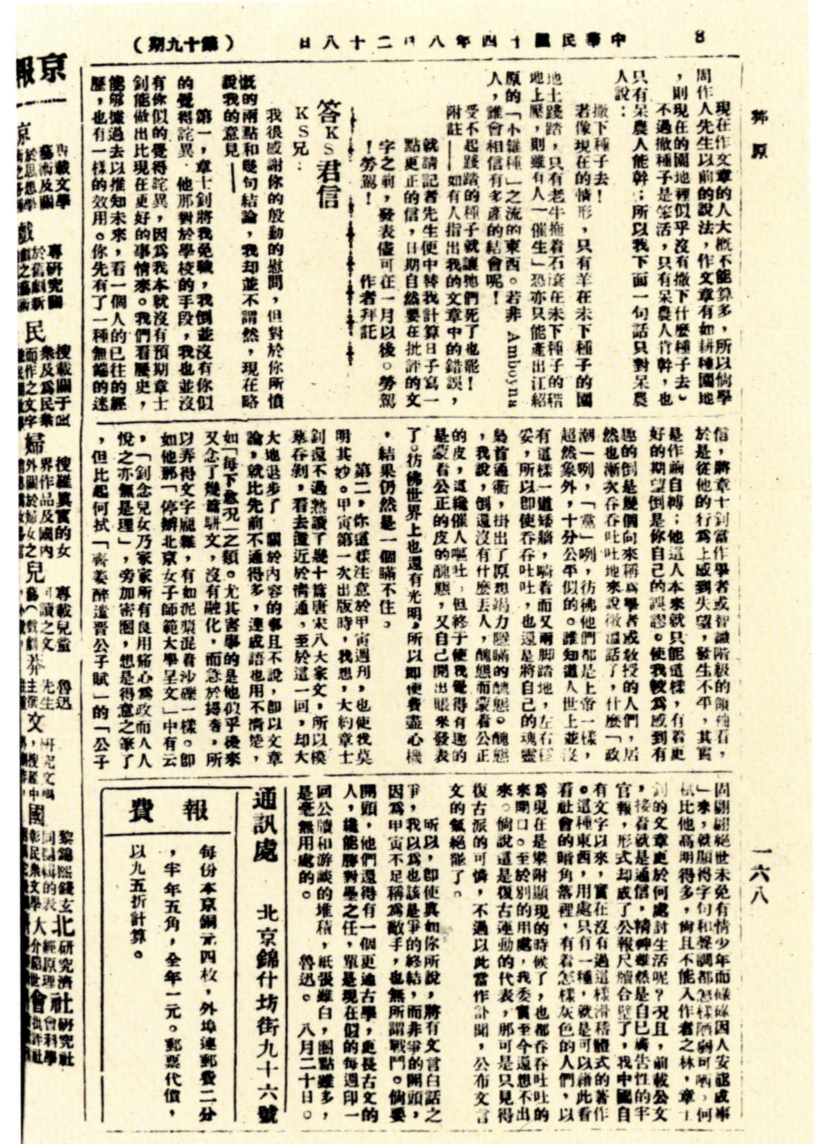

8 中華民國十四年八月二十八日 （第十九期）
莽原 一六八

現在作文章的人大概不能算多，所以倘學周作人先生以前的說法，作文章有如耕種園地，則現在的園地裏似乎沒有撒下什麼種子去，也不過撒種子是笨活，只有呆農人肯幹，也只有呆農人能幹；所以我下面一句話只對呆農人說：

撒下種子去！

若像現在的情形，只有羊在未下種子的園地上踐踏，只有老牛拖着石滾在未下種子的稽地上壓，則雖有人「催生」恐亦只能產出江紹原的「小雞種」之流的東西。若非 Amboyna 人，誰會相信有多產的結會呢！

受不起踐踏的種子就讓牠們死了也罷！

附註——如有人指出我的文章中的錯誤，就請記者先生便中替我計算日子寫一點更正的信，日期自然要在批評的文字之前，發表儘可在一月以後。勞駕！勞駕！

作者拜託

答KS君信

KS兄：

我很感謝你的殷勤的慰問，但對於你所憤慨的兩點和幾句結論，我卻並不謂然，現在略說我的意見——

第一，章士釗將我免職，我倒並沒有你似的覺得詫異，他那對於學校的手段，我也並沒有你似的覺得詫異，因爲我本就沒有預期章士釗能做出比現在更好的事情來。我們看歷史，能夠據過去以推知未來，看一個人的已往的經歷，也有一樣的效用。你先有了一種無端的迷信，將章士釗當作學者或智識階級的領袖看，於是從他的行爲上感到失望，發生不平，其實是作繭自縛；他這人本來就只能這樣，有着更好的期望倒是你自己的誤謬。使我較爲感到有趣的倒是幾個向來稱爲學者或教授的人們，居然也漸次吞吞吐吐地來說微溫話了，什麼「政潮」咧，「黨」咧，彷彿他們都是上帝一樣，超然象外，十分公平似的。誰知道人世上並沒有這樣一道矮牆，騎着而又兩腳踏地，左右穩妥，所以即使吞吞吐吐，也還是將自己的魂靈梟首通衢，掛出了原想竭力隱瞞的醜態。醜態，我說，倒還沒有什麼丟人，醜態而蒙着公正的皮，這纔催人嘔吐。但終於使我覺得有趣的是蒙着公正的皮的醜態，又自己開出帳來發表了。彷彿世界上也還有光明，所以即使費盡心機，結果仍然是一個瞞不住。

第二，你這樣注意於甲寅週刊，也使我莫明其妙。甲寅第一次出版時，我想，大約章士釗還不過熟讀了幾十篇唐宋八大家文，所以模仿吞剝，看去還近於清通，至於這一回，卻大大地退步了，關於內容的事且不說，即以文章論，就比先前不通得多，連成語也用不清楚，如「每下愈況」之類。尤其害事的是他似乎後來又念了幾篇駢文，沒有融化，而急於撏撦，所以弄得文字龐雜，有如泥漿混着沙礫一樣。即如他那「停辦北京女子師範大學呈文」中有云，「釗念兒女乃家家所有良用痛心爲政而人人悅之亦無是理」，旁加密圈，想是得意之筆了，但比起何拭「齊姜醉遣晉公子賦」的「公子固翩翩絕世，未免有情，少年而慊，因人成事」來，就顯得字句和聲調都怎樣陋弱可哂。何拭比他高明得多，尙且不能入作者之林，章士釗的文章更於何處討生活呢？況且，前載公文，接着就是通信，精神雖然是自己廣告性的半官報，形式卻成了公報尺牘合璧了，我中國自有文字以來，實在沒有過這樣滑稽體的著作。這種東西，用處只有一種，就是可以借此看看社會的暗角落裏，有着怎樣灰色的人們，以爲現在是攀附顯現的時候了，也都吞吞吐吐的來開口。至於別的用處，我委實至今還想不出來。倘說這是復古運動的代表，那可是只見得復古派的可憐，不過以此當作訃聞，公布文言文的氣絕罷了。

所以，即使真如你所說，將有文言白話之爭，我以爲也該是爭的終結，而非爭的開頭，因爲甲寅不足稱爲敵手，也無所謂戰鬥。倘要開頭，他們還得有一個更通古學，更長古文的人，纔能勝對壘之任，單是現在似的每週印一回公牘和游談的堆積，紙張雖白，圈點雖多，是毫無用處的。

魯迅。八月二十日。

通訊處 北京錦什坊街九十六號

報費 每份本京銅元四枚，外埠連郵費二分，半年五角，全年一元。郵票代價，以九五折計算。

○ 面对免职，鲁迅从容应对，继续支持女师大进步学生，撰文批评章士钊，并赴平政院对违法免职事提起行政诉讼。图为鲁迅发表在《莽原》周刊上的《答 KS 君信》，嘲讽了章士钊主办的《甲寅》和鼓吹的复古运动。

平政院批第壹柒贰号

原具狀人周樹人

狀一件因不服教育部免職之處分等情由

狀悉。據稱因不服教育部違法免職之處分提起行政訴訟等情，業經本院審查，與行政訴訟相符，堪予受理。仰候將訴狀副本咨送被告官署依法答辯。此批

中華民國十四年九月十二日

平政院用紙

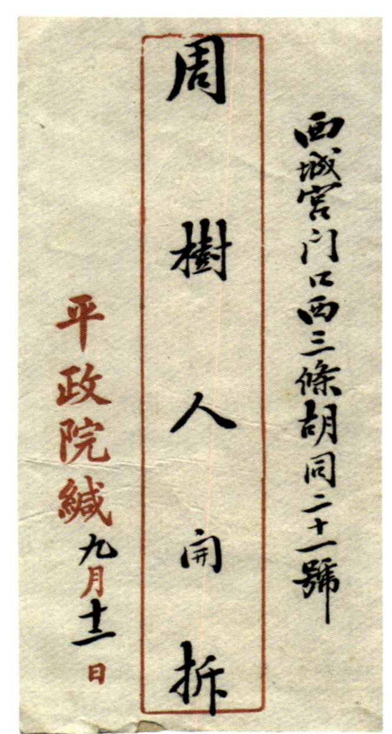

平政院受理行政诉讼通知

通知：纵 27 厘米，横 38.5 厘米

封：纵 22.3 厘米，横 11.1 厘米

1925 年 9 月 12 日，平政院开具的受理行政诉讼通知。

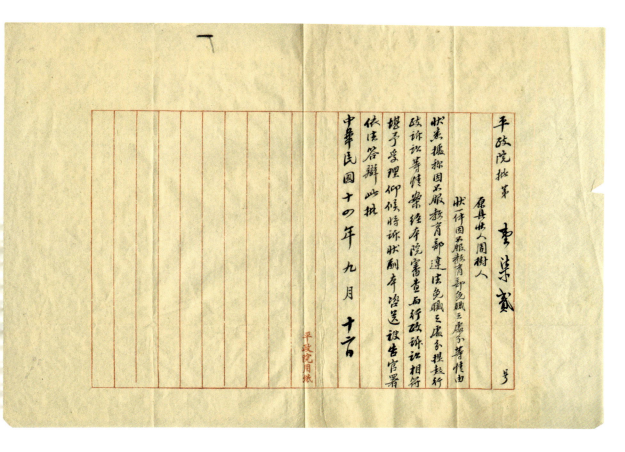

○ 1925年8月17日，教育部将女师大改为国立女子大学，女师大校务维持会另租校舍，维持校务。9月21日，女师大在宗帽胡同新校址开学，鲁迅义务授课并做了大量校务工作。图为女师大宗帽胡同临时校舍。

○ 1925年11月30日，女师大复校。1925年12月，章士钊辞去教育总长，易培基（1880—1937）接任。1926年1月13日，易培基到女师大任校长之职，全校师生开会欢迎。图为会后合影（前排左6为鲁迅，左25为易培基）。

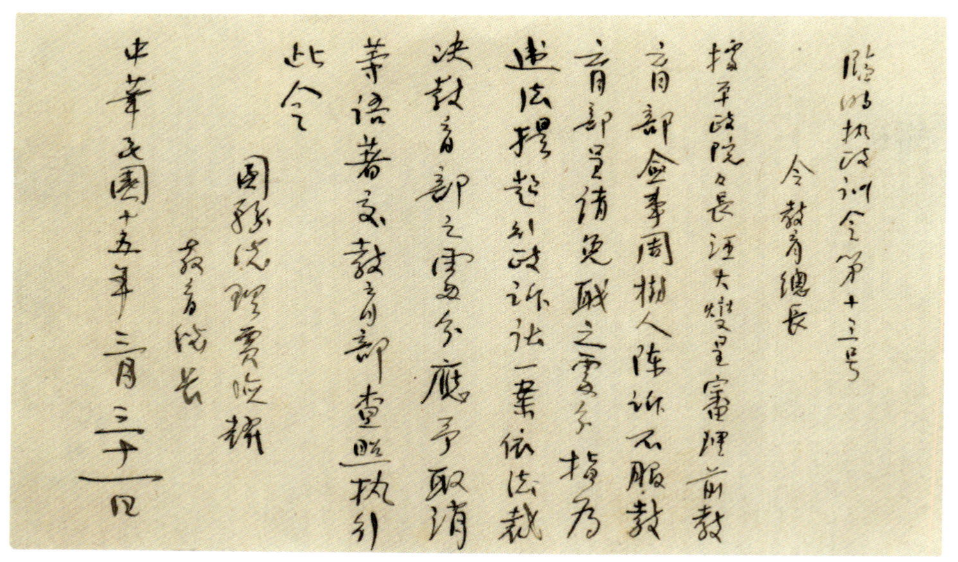

临时执政训令第十三号

令教育总长

据平政院长汪大燮呈审理前教育部佥事周树人陈诉不服教育部呈请免职之处分指为违法提起行政诉讼一案依法裁决教育部之处分应予取消等语着交教育部查照执行

此令

国务总理贾德耀

教育总长

中华民国十五年三月三十一日

取消鲁迅（周树人）免职处分训令抄件

纵 7.5 厘米，横 12.6 厘米

1926 年 1 月 16 日，易培基签发命令恢复鲁迅在教育部的职务。3 月 23 日，平政院下达裁决书，宣布鲁迅免职处分违法，应予取消。3 月 31 日，国务总理贾德耀（1880—1940）令教育总长取消对鲁迅的处分。这是鲁迅保存的训令抄件。

語絲
第六十五期
每星期一出版
地址 北京大學第一院語絲社
報費 每份本京銅元四枚外埠連郵費二分半年五角全年一元國外全年再加郵費八角
廣告費 每方寸每期五角十期以上七折二十期以上對折
（第六十五期） 一九二六年二月八日 （1）

不是信

魯迅

一個朋友忽然寄給我一張晨報副刊，我就覺得有些特別，因爲他是知道我懶得看這種東西的。但既然特別寄來了，姑且看題目罷：「關於下面一束通信告讀者們」。署名是：志摩。哈哈，這是寄來和我開玩笑的，我想。趕緊翻轉，便是通信，這寄那，那寄這，看了幾行，才知道似乎還是什麼「閒話……閒話」問題。這問題我僅知道一點兒，就是曾在新潮社看見陳源教授即西瀅先生的信，說及我「捏造的事實，傳佈的『流言』」，本來早已經說不勝說。」我便在[illegible]後面加了一些附記，就給語絲付印了。從此後一想，不禁好笑，人就苦於不能將自己的靈魂砍成醬，給人記信，也因此而有感慨或滑稽。記得首先根據了「流言」，來判決楊蔭榆事件中女師大風潮的，正是這位西瀅先生，那大文便登在去年五月三十日發行的現代評論上。我不該生長「某籍」，又在「某系」教書，所以也被歸入「暗中挑剔風潮」者之列，雖然他說還不相信，不過覺得可惜。在這裏聲明一句罷，以免讀者的誤解：「某系」云者，大約是指國文系，不是說研究系。那時我見了「流言」字樣，曾經很憤然，立刻加以駁正，雖然也很自愧沒有「十年讀書十年養氣」的工夫。不料過了半年，這些「流言」却變成由我傳佈的了，自造自己的「流言」，這眞是自己掘坑埋自己，不必說聰明人，便是傻子也想不通。倘說這回的所謂「流言」，並非關於「某籍某係」的，乃是關於不信「流言」的陳源教授的事，則我實在不知道陳教授有怎樣的被造的事實和流言在社會上傳佈。說起來慚愧得很，我不赴宴會，很少往來，也不奔走，也不結什麼文藝學術的社團，實在最不合式於做捏造事實和傳佈流言的樞紐。只是弄弄筆墨是在所不免的，但也不肯以流言爲根據，故意捏造事件傳佈開來，雖然偶有些「耳食之言」，又大抵是無關大體的事；要是錯了，即使月久年深，也決不惜追加訂正，例如對於汪源放先生「已作古人」一案，其間竟隔了幾乎有兩年，——但這自然是只對於看過熱風的讀者說的。

這幾天，我的「捏……言」罪案，彷彿只等於曇花一現了，一束通信的主要部分中，似乎也承情沒有將我「流」進去，不過在後屁股的西瀅致志摩是附帶的對我的專論，雖然並非一案，却因爲親屬關係而滅族，或文字獄的株連一般。滅族呀，株連呀，又有點「刑名師爺」口吻了，其實這是事實，法家不過給他起了一個名，所謂「正人君子」是不肯說的，雖然不妨這樣做。此外如甲對乙先用流言，後來却說乙製造流言這一類事，「刑名師爺」的筆下就簡括到只有兩個字：「反噬」。嗚呼，這實在形容得痛快淋漓。然而古語說，「察見淵魚者

本期目錄

三三

（第六十五期） 一九二六年二月八日 （2）

不祥」，所以「刑名師爺」總沒有好結果，這是我早經知道的。

我猜想那位寄給我晨報副刊的朋友的意思了：來刺激我，譏諷我，通知我的，還是要我也說幾句話呢？終於不得而知。好，好在現在正須還筆債，就用這一點事來搪塞一通罷，說話最方便的題目是魯迅致□□，既非根據學理和事實的論文，也不是「笑吟吟」的天才的諷刺，不過是私人通信而已，自己何嘗願意發表；無論怎麼說，茅坑也好，毛廁也好，決定與「人氣」無關。即不然，也是因爲生氣發熱，被別人逼成的，正如別的副刊將被晨報副刊「逼死」一樣。我的鏡子眞可恨，照出來的總是要使陳源教授嘔吐的東西，但看以趙子昂——「是不是他？」——畫馬爲例，自然恐怕正是我自己。自己是沒有什麼要緊的，不過總得替□□想一想。現在不是要談到西瀅致志摩麼，那可是極其危險的事，一不小心就要跌入「泥潭中」，遇到「悻悻的狗」，暫時再也看不見「笑吟吟」。至少，一関涉陳源兩個字，你總不免要被公理家認爲「某籍」，「某系」，「某黨」，「嘍囉」，「重女輕男」……等等；而且還得小心記住，倘有人說過他是文士，是法蘭斯，你便萬不可再用「文士」或「法蘭斯」字樣，否則，——自然，當然又有「某籍」……等等的嫌疑了，我何必如此陷害無辜，魯迅致□□決計不用，所以一直寫到這里，還沒有題目。且待寫下去看罷。

我先前不是剛說我沒有「捏造事實」麼？那封信裏舉的却有。說是我說他「同楊蔭榆女士有親戚朋友的關係，並且吃了她許多酒飯了」，其實都不對。楊蔭榆女士的善於請酒，我說過的，或者別人也說過，並且偶見於新聞上。現在的有些公論家，自以爲中立，其實却偏，或者和事主倒有親戚，朋友，同學，同鄉，……等等關係，甚至於叨光了酒飯，我也說過的。這不是明明白白的麼，報社收津貼，連同業中也互許過，但大家仍都自稱爲公論。至於陳教授和楊女士是親戚而且吃了酒飯，那是陳教授自己連結起來的，我沒有說曾經吃酒飯，也不能保證未曾吃酒飯，沒有說他們是親戚，也不能保證他們不是親戚，大概不過是同鄉罷，但只要不是「某籍」，同鄉有什麼要緊呢。紹興有「刑名師爺」，紹興人便都是「刑名師爺」的例，是只適用於紹興的人們的。

我有時泛論一般現狀，而無意中觸着了別人的傷疤，實在是非常抱歉的事。但這也是沒法補救，除非我眞去讀書養氣，一共廿年，被人們騙得老死牖下；或者自己甘心倒掉；或者遭了陰謀。即如上文雖然說明了他們是親戚並不是我說的話，但因爲列舉的名詞太多了，「同鄉」兩字，也足以招人「生氣」，只要看自己憤然于「流言」中的「某籍」兩字，就可想而知。照此看來，這一回的說「叭兒狗」（莽原半月刊第一期），怕又有人猜想我是指着他自己，在那里「悻悻」了。其實我不過是泛論，說社會上有神似這個東西的人，因此多說些牠的主人：闊人，太監，太太，小姐。本以爲這足見我是泛論了，名人們現在那里還有盲跟太監的呢，但是有些人怕仍要忽略了這一層，各各認定了其中的主人之一，而以「叭兒狗」自命。時勢實在艱難，我似乎只有專講上帝，纔可以免于危險，而這事又非我所長。但是，倘使所有的只是暴戾之氣，還是讓牠儘量發出來罷，「一羣悻悻的狗」，在後面也好，在對面也好。我也知道將什麼之氣都放在心裏，臉上筆下却全都「笑吟吟」，是極其好看的，可是掘不得，小小的挖一個洞，便什麼之氣都出來了。但其實還倒是眞面目。

第二種罪案是「近一些的一個例」，陳教授曾「泛論圖書館的重要」，「說孤桐先生在他未下台以前發表的兩篇文章裏，這一層『他似乎沒看到』」。「我却輕輕地改爲『聽說孤桐先生倒是想到了這一節，曾經發表過文章，然而下台了，很可惜』了。而且還問道：『你看見嗎，那刀筆吏的筆尖？』」「刀筆吏」是不會有漏洞的，我却與陳教授的原文不合，所以成了罪案，或者也就不成其爲「刀筆吏」了罷。現代評論

三四

○ 1926 年 1 月 30 日，陈源发表《致志摩》，指责鲁迅的《中国小说史略》抄袭日本盐谷温（1878—1962）的著作。面对诽谤，鲁迅在《语丝》发表《不是信》，进行了有理有据的驳斥。

三一八北京慘案特刊

民國十五年三月二十一日　　北京孔德學校旬刊臨時增刊

對于三一八慘案感言

合清

這不希奇！天安門前的國民大會，曾經三番五次的開。但是爲了反抗帝國主義者之無理的最後通牒而開會，而示威，而請願，確含有重大的意義。所謂"政府"雖然不懂得這是爲牠們外交後盾的一種羣衆運動，但至少表示中國民族裏還有幾個有血氣的活人。

這又不希奇！我們每次的羣衆運動，常是受"政府"無理的干涉，而至于動皮帶，動棍，動刺刀，以毆打無辜的民衆。但是這回，竟公然在所謂"政府"門前，開槍向民衆轟擊，不絕響的至半小時之久，中彈而死者三四十餘，負傷者凡數百人，嗚呼慘矣！

這些死于非命的青年，他們的肩上，都是負着些什麼責任？在家庭中的位置若何？在社會上的位置若何？現在和將來，究竟是些什麼關係在這些死者的身上？我們沒法回答。

這次執政府門前的大屠殺，究竟是何人主謀？何人主使？事前是否已有殺人的成算并截殺的預備？所謂負京師安治全責的軍警，何以袖手旁觀而不過問？我們也用不着回答。

唉！死者已經死了！我們對于殉難諸君，除惋惜悲憤并聯想到與死者有關係的人的哀痛外，更無話可說。

因爲徒說幾句話，喚不回死者的英靈，罵不死主使的國賊和主謀的走狗，更未必在軍政當局的心裏能激起絲微的反應。其所以還想說幾句者，也只是消解消解心中的悶氣與夫同此心者之恨罷了。

不過氣還是不消的好，恨還是不解的好。如果氣平白的消了，恨平白的解了，這些烈士的無名之冤，待何日才能洗雪呢？萬惡的政府，能保牠不再二再三的施其屠殺的伎倆嗎？

幸而死難的青年男女，已經在政府和民衆交綏的沙場上，血染出一條紅光大路了。我們還活着的青年，要保持住這點氣與恨，踏着血路前進啊！

目　錄

—1—

《三一八北京惨案特刊》

纵 27.2 厘米，横 20.2 厘米

1926 年 3 月 18 日，段祺瑞临时执政府卫队开枪屠杀参加反帝示威的徒手群众，酿成死伤二百余人的"三一八"惨案。这是鲁迅保存的《三一八北京惨案特刊》。

○ 在"三一八"惨案中，女师大学生刘和珍、杨德群（1902—1926）遇害，张静淑（1902—1978）身中四弹，重伤住院。鲁迅写下《记念刘和珍君》等文章，抗议段祺瑞临时执政府的暴行。

刘和珍（1904—1926）

中重要事實，尚有遺漏，或傳聞失眞，茲就調查所得眞確消息，逐條披露，藉供參考。

（一）民衆請願之動機●●●●● 此節詳情，知者甚夥，茲述其要，自郭松齡因日人妨碍其軍事行動，致遭失敗後，留日東省學生，羣起爲反日運動，推派代表譚季緘（案譚爲死難之一人）等歸國，力圖進行，迭在北大三院等處討論辦法，適八國通牒發表，譚等認爲外患逼迫，難再容忍，因極力聯絡各校學生及市民，遊行示威，並向政府爲大規模之請願，不意十七日請願代表，竟爲府衛刺傷，於是羣情益憤，遂與李鳴鐘接洽，請其援助，次日天安門大會，遂決定種種激烈議案，而慘殺之大禍，乃遂搆成矣。

（二）請願慘殺前政府之預定計劃●●●●●●● 自京師教育界先後對於章士釗馬君武之長教，表示反對，教次陳任中因係章氏死黨，並經馬氏許以聯任教次，故暗中獻策執政府，略謂近年學風囂張，均係少數共產分子鼓動，須一面藉故對學生加以懲創，一面設法使各共產分子不能在京立足，夫然後學風可望整頓，當局亦可安然行使職權，章馬復向段氏力主斯議，於是遂有指揮衛隊兜殺民衆之舉，

（三）通緝案羅織之眞相●●●●●● 章馬深惡教育界之迭次反對，早有大興黨獄之意，特託陳任中調查反對者之姓名，開單密告，原單計百餘人，由陳交馬，馬自留原稿，轉錄一份送章，十八日事變後，經章按單挑出五十人，提付討論，據某君曾在府中確曾親見五十人姓名名單，係一毛胎紙所寫，姓名上尚有圈點等符號，其意不明，某君特秘密抄出，倉卒間未錄符號，祇記憶徐李等五人名上各有三圈，吳稚暉雖列名第三，而僅一點，餘或兩圈一圈或一點，不記其詳，茲將五十人名單，轉錄如次，

徐謙，李大釗，吳稚暉，李煜瀛●易培基●顧兆熊，陳友仁，陳啓修●朱家驊●蔣夢麟●馬裕藻●許壽裳●沈兼士●陳垣，馬叙倫，邵振青，林玉堂，蕭子昇，李玄伯，徐炳昶，周樹人，周作人，張鳳舉．陳大齊，丁維汾，王法勤，劉清揚，潘廷幹，高魯，譚熙鴻，陳彬和，孫伏園，高一涵，李書華，徐寶璜，李林玉，成平，潘蘊巢，羅敦偉，鄧飛黃，彭齊羣，徐巽，高穰，梁鼎．張平江，姜紹謨，郭春濤，紀人慶，是日晚間開緊急會議，列席各員中除賈德耀章士釗陳任中外，大都不主羅織人數過多，嗣選出十六人，嗣又主張七人，最後僅留五人，屈映光尚云易培基李煜瀛顧兆熊不宜目爲共產黨，陳任中謂易培基與徐謙至好，且助徐攫得中俄大學，李顧把持法教俄欵，萬不可聽其逍遙，致碍政府整頓學風處理賠欵之進行，賈氏謂學閥學界，教次意見，自必不錯，章士釗言此五人，情節實在相等，不易軒輊，於是通緝案遂決定矣，

四，九，京报

K

鲁迅保存剪报《三一八惨案之内幕种种》

纵 10 厘米，横 45 厘米

“三一八”惨案后，传闻段祺瑞临时执政府列了一个反对者名单，密令通缉，鲁迅（周树人）名列其上。这是鲁迅保存的登载通缉事剪报，红字为鲁迅字迹。

北京學總會對慘案積極動作

函促檢廳逮捕要首犯
發表宣言反對通緝令

三一八慘案發生以來，北京學生總會力謀善後，迭誌各報，其對於公葬與起訴問題，已聯絡京中各團體，先後成立統一機關，專門辦理，茲又探得該會催促檢廳拘捕首犯之公函及反對通緝令之宣言，披露如左，

逕啓者三一八慘案發生●爲反抗八國無理通牒●而和平請願之徒手愛國同胞，竟被段祺瑞賈德耀章士釗等指揮衛隊橫施屠殺●死四十八人●傷無數，似此慘無人道，草菅民命，不獨法律所必誅，亦道德人心所不容，今事已證明，罪惡昭著，復經貴廳檢舉，有鐵証在，方謂段章諸殺人要犯，早就國刑，乃事隔多日，尙未見貴廳依法辦理，而諸要犯仍逍遙法外，敝會對此不勝疑惑，夫共和國家，司法獨立，殺人者死，律有明文，不容有官官相爲之弊，不容有等級地位之別，此次段祺瑞賈德耀章士釗等身居現政府要職，均非軍人，當不在軍事裁判之列，務希貴廳勿畏强權，勿徇私意，尊重國家大典，立即拘捕到案，庶幾法綱得伸，而人權得保，匪惟全國民衆之幸，司法精神，屹然獨立，亦廢除裁判權之大關鍵也，此致京師地方檢察廳，

▲北京學生總會否認政府通緝令宣言

賣國老賊段祺瑞賈德耀在勾結帝國主義屠殺愛國民衆以後，復欲斬草除根，以共產赤化罪名加在羣衆領袖身上，而下令通緝，

在日艦砲擊大沽，八國提出最後通牒，演成三一八大流血之後，發下這道荒謬絕倫的通緝令，本不足奇，這不過是帝國主義及其走狗進一步向民衆進攻罷了，

據說賣國政府尙擬捕拿一切革命的羣衆領袖，置之死地，我們認爲這是很有實現的可能的，但是這種屠殺政策不過促成媚外軍閥末日的來到，那兒有怕死的革命領袖呢？那兒有殺得完的革命民衆呢？

徐謙易培基等四人，明明是國民黨左派而非共產黨人，李守常誠然赤化，但是赤化就可格殺勿論嗎？當日到塲羣衆，無不出於自動，徐謙等縱有三頭六臂，煽惑羣衆，但是如此說法，將置當日到會的學生工人以及無業民衆於何地？

屠殺愛國民衆，又通緝我民衆的領袖，且不足，還要在言詞之間，施其挑撥陷害之陰謀，眞是國賊肺腑，豺狠不如，

我們不講什麼法統，可是我們對於這個媚外賣國的安福政府，始終反對，未曾承認牠是中國人民的代表，何況這種荒謬絕倫的命令，當然更是絕對的否認，

我們要用民衆的力量，爭得民衆的自由，爭得民衆領袖的自由，一切壓迫，都是鞏固幷擴大民衆革命勢力的外力，

竹网篮

长 73.5 厘米，宽 35.7 厘米，高 34.7 厘米

为躲避通缉，鲁迅不得不多次离家避难。这是平时置于床下、避难时携带随身用品的竹网篮。

秉中兄：

收到你的来信以后，的确使我「出乎意表之外」地喜欢。这一年来，不闻消息，我可是历来没有忘记，但常有两种推测，一是在东江负伤或战死了，一是你已经变了一个武人，不再写字，因为去年你从梅县给我的信，内中已很有几个空白及没有写全的字了。现在才知道你已经跑得如此之远。这事我确没有预先想到，但我希望你早些从休养室走出，「偷着到哪里去坐一坐」，我以为倒不妨，但多喝酒究竟不好。去年夏间我因为各处碰钉子，也很大喝了一通酒，结果是生病了，现在已愈，也不再喝酒了，这是医生禁止的。他又禁止我吸烟，但这一节我却没有听。

从去年以来，我因为喜欢在报上毫无忌讳地发些议论，就树敌很多，章士钊之来咬，乃是报应之一端，出面的虽是章士钊们，其实是幕中大有人在。不过他们的计划，仍然于我无损，我还是这样，因为我目下可以用印书所得之版税钱，维持生活。今年春间，又有一般人大用阴谋，想加谋害，但也没有什么效验。只是使我很觉得无聊，我虽然对于上等人向来并不十分尊敬，但尚不料其卑劣阴险至于如此也。

多谢你的梦。新房子尚不十分旧，但至今未加修葺，却是真的。我大约总该老了一些，这是自然的定律，无法可想，只好「就这样罢」。直到现在，文章还是做，与其说「文章」，倒不如说是「骂」罢。但是我实在困倦极了，很想休息休息，今年秋天，也许要到别的地方去，地方还未定，大约是南边。目的是：一，专门讲书，少问别事（但这也难说，恐怕仍然要说话），二，弄几文钱，以助家用，因为靠版税究竟还不够。家眷不动，自己一人去，期间是少则一年，多则两年，此后我还想仍到热闹地方，照例捣乱。

「指导青年」的话，那是报馆替我登的广告，其实呢，我自己尚且寻不着路，怎么指导别人。这些哲学式的事情，我现在不很想它了，近来想做的事，非常之小，仍然是发点议论，印点关于文学的书。酒也想喝的，可是不能。因为我近来忽然还想活下去了。为什么呢？说起来或者有些可笑，一，是世上还有几个人希望我活下去，二是自己还要发点议论，印点关于文学的书。

我现在仍在印《莽原》，以及印些自己和别人的翻译及创作。可惜没有钱，印不多。我今天另封寄给你三本书，一是翻译，两本是我的杂感集，但也无甚可观。

我的住址是「西城宫门口，西三条胡同，二十一号」，你信面上写的并不大错，只是门牌多了五号罢了。即使我已出京，信寄这里也可以，因为家眷在此，可以转寄的。

你什么时候可以毕业回国呢？我自憾我没有什么话可以寄给你，但以为使精神堕落下去，是不好的，因为这倒使自己受苦。而一面终天大嚼牛肉，将自己养胖，这就好做一切。我近来的思想，倒比先前要灰些，并不怎样积极。你如有工夫，还常给我消息。

迅

六月十七

1926 年 6 月 17 日鲁迅致李秉中信

一级文物

纵 24.2 厘米，横 12.7 厘米

1926 年 6 月 17 日，鲁迅在致李秉中（1905—1940）信中表示在京“树敌很多”“实在困倦”，秋天要到“南边”去。

爱情书写

○ 许广平，号景宋，广东番禺人。1922 年考入北京女子高等师范学校国文系，1923 年秋开始修鲁迅的中国小说史课程。

○ 鲁迅为《阿 Q 正传》英译本拍照，摄于 1925 年 7 月 4 日。

1925 年 3 月 11 日许广平致鲁迅信

一级文物

纵 22 厘米，横 14.8 厘米

1925 年 3 月 11 日，许广平首次致信鲁迅，以受教的一个小学生的名义向鲁迅请教学校事。

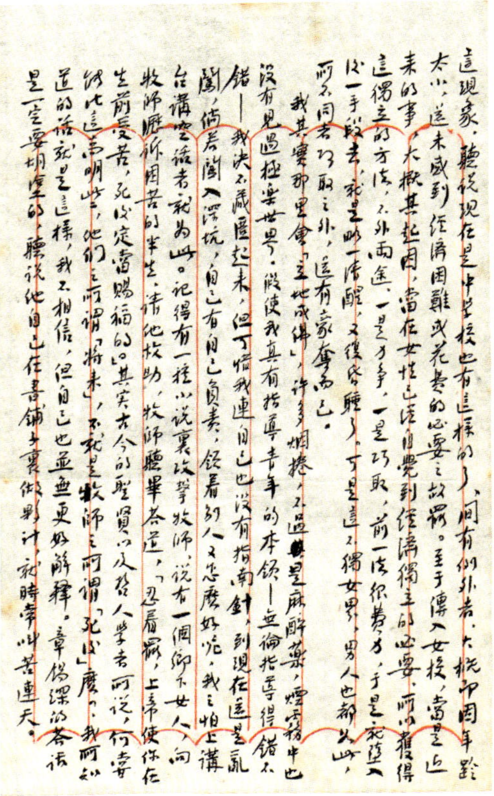

1925年3月11日鲁迅致许广平信

一级文物

纵25.1厘米，横15.1厘米

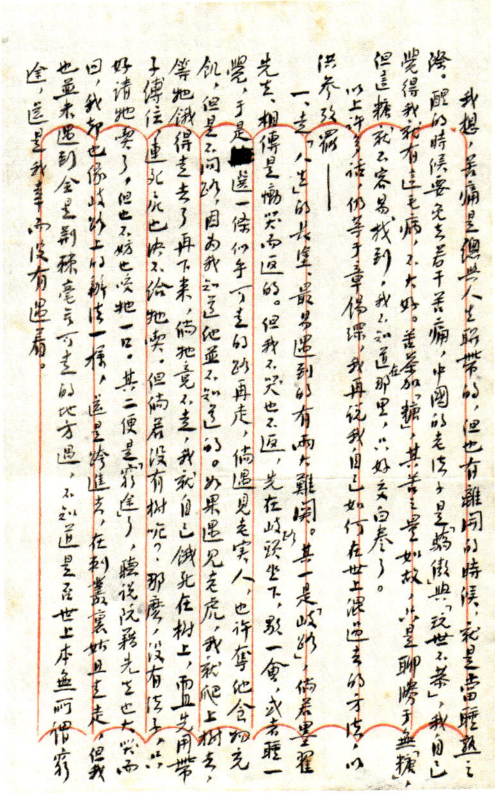

鲁迅收信当天即给许广平回信，称对方为"广平兄"，两人开始书信往来。

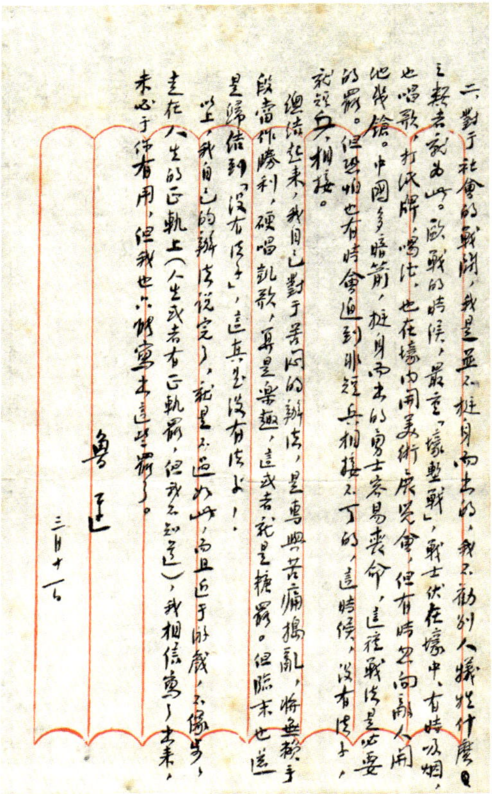

廣平兄：

今天收到來信，有些問題恐怕我答不出，姑且寫下去看。

學風如何，我以為和政治狀態及社會情形相關的。倘在山林中，該可以比城市好一點，只要辦事人員好。但若政治昏暗，好的人也不能做辦事人員，學生在學校中，只是少聽到一些可厭的新聞，待到出校和社會接觸，仍然要苦痛，仍然要墮落，無非略有遲早之分。所以我的意思，倒不如在都市中，要墮落的從速墮落罷，要苦痛的速速苦痛罷，否則從較為寧靜的地方突到鬧處，也須意外地吃驚受苦，其苦痛之總量，與本在都市者略同。

學校的情形，向來如此，但一二十年前，看去彷彿較好者，因為足以辦學資格的人們不很多，因而競爭也不猛烈的緣故。現在可多了，競爭也猛烈了，于是壞脾氣也就徹底顯出。教育界的清高，本是粉飾之談，其實和別的什麼界都一樣，人的氣質不大容易改變，進幾年大學是無甚效力的，況且又有這樣的環境，正如人身的血液一壞，體中的一部分決不能獨保健康一樣，教育界也不會在這樣的民國裏特別清高的。

所以，學校之不甚高明，其實由來已久，加以金錢的魔力，本是非常之大，而中國又是向來善於運用金錢誘惑法術的地方，于是自然就成了

1925 年 3 月 20 日许广平致鲁迅信

一级文物

纵 23.5 厘米，横 16.1 厘米

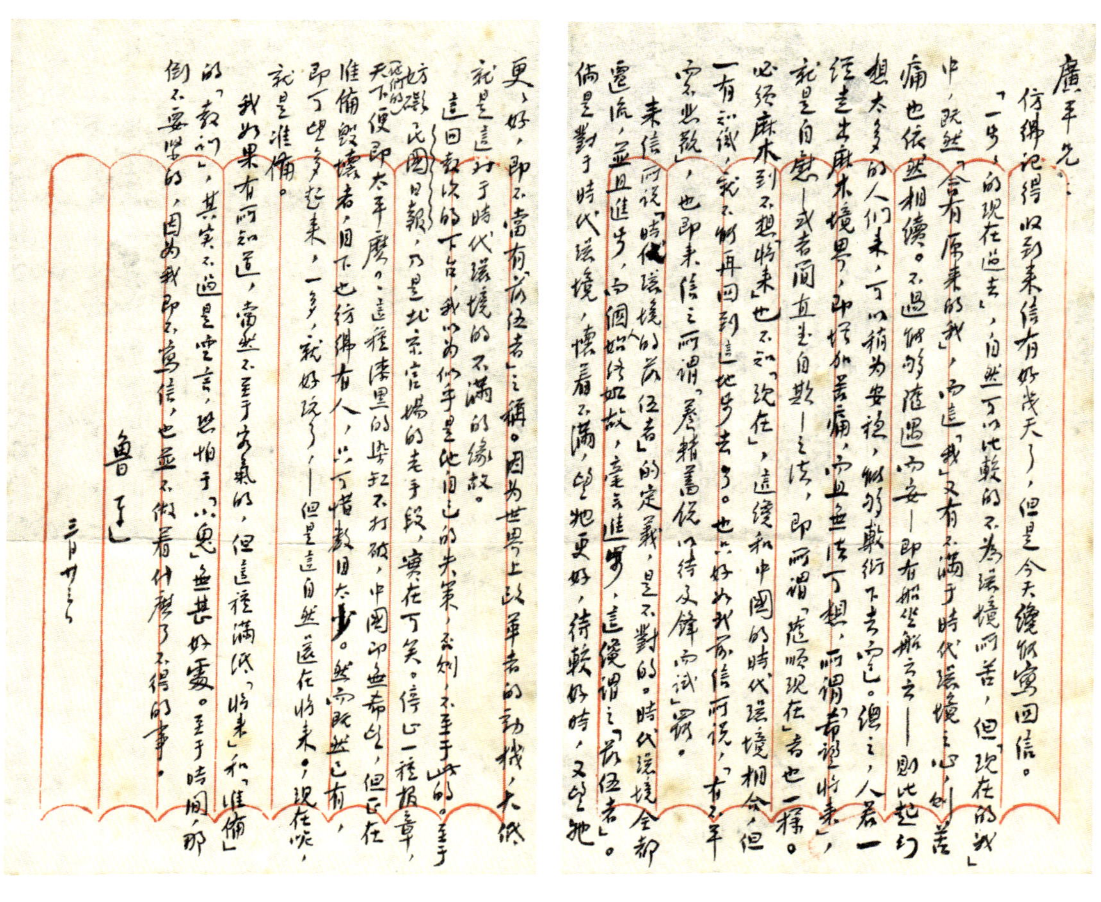

廣平兄：

彷彿記得以前來信有好幾天了，但是今天纔能寫回信。

"一步步的現在過去"，自然可以比較的不為環境所苦，但"現在的我"中，既然"含有原來的我"，而這"我"又有不滿於時代環境之心，則苦痛也依然相續。不過能夠隨遇而安——即有船坐船云云——則比起幻想太多的人們來，可以稍為安穩，能夠敷衍下去而已。總之，人若一經走出麻木境界，便增加苦痛，而且無法可想，所謂"希望將來"，就是自慰——或者簡直是自欺——之法，即所謂"隨順現在"者也一樣。必須麻木到不想"將來"也不知"現在"，這纔和中國的時代環境相合，但一有知識，就不能再回到這地步去了。也只好如我前信所說，"有不平而不悲觀"，也即來信之所謂"養精蓄銳以待及鋒而試"罷。

來信所說"時代環境的落伍者"的定義，是不對的。時代環境全都遷流，並且進步，而個人始終如故，毫無進境，這纔謂之"落伍者"。倘是對於時代環境，懷着不滿，望他更好，待較好時，又望他更好，即不當有"落伍者"之稱。因為世界上改革者的動機，大抵就是這對于時代環境的不滿的緣故。

這回教次的下台，我以為似乎是他自己的失策，否則，不至于此的。至于仿影民國日報，乃是北京官場的老手段，實在可笑。停止一種報章，他們的天下便即太平麼？這種漆黑的染缸不打破，中國即無希望，但正在準備毀壞者，目下也彷彿有人，只可惜數目太少。然而既然已有，即可望多起來，一多，就好玩了，——但是這自然還在將來，現在呢，就是準備。

我如果有所知道，當然不至于客氣的，但這種滿紙"將來"和"準備"的"教訓"，其實不過是空言，恐怕于"小鬼"無甚好處。至于時間，那倒不要緊的，因為我即不寫信，也並不做着什麼了不得的事。

魯迅

三月廿三

1925 年 3 月 23 日鲁迅致许广平信

一级文物

纵 25.1 厘米，横 15.1 厘米

1925 年 3 月 20 日，许广平致信鲁迅，自称"小鬼"。三日后鲁迅回信，亦以"小鬼"称呼许广平。

“秘密窝”居然探险（？）过了！归来的印象，觉得在熄灭了的红血的灯光，而默坐在那间全部的一面满镶玻璃的室中时；偶然出神地听听雨声的滴答；看看月光的幽寂；在枣树发叶结果的时候，领略它风动叶声的沙沙，和打下来熟枣的勃勃，再四时不绝的“个多个多！”“戈戈、戈戈戈”的鸡声，晨夕之间，或者负手在这小天地中徘徊俯仰，这其中定有一番趣味，是味为何？——在丝丝的浓烟卷中曲折的传入无穷的空际，升腾，分散，是消灭？！是存在？！（小鬼向来不善推想和描写，幸恕唐突！）

——1925 年 4 月 16 日许广平致鲁迅信

1925 年 6 月 29 日鲁迅致许广平信

一级文物

纵 25.2 厘米，横 16.2 厘米

1925 年 6 月 25 日端午节，鲁迅邀请许广平、许羡苏（1901—1986）等女生到西三条 21 号过节，鲁迅醉后“案小鬼之头”。这是 6 月 29 日鲁迅回顾饮酒场景致许广平信。此信写于“莽原社用笺”。

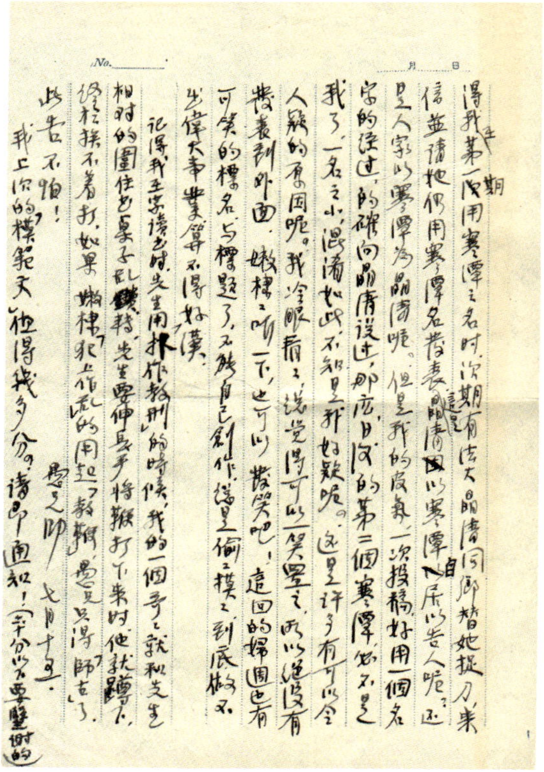

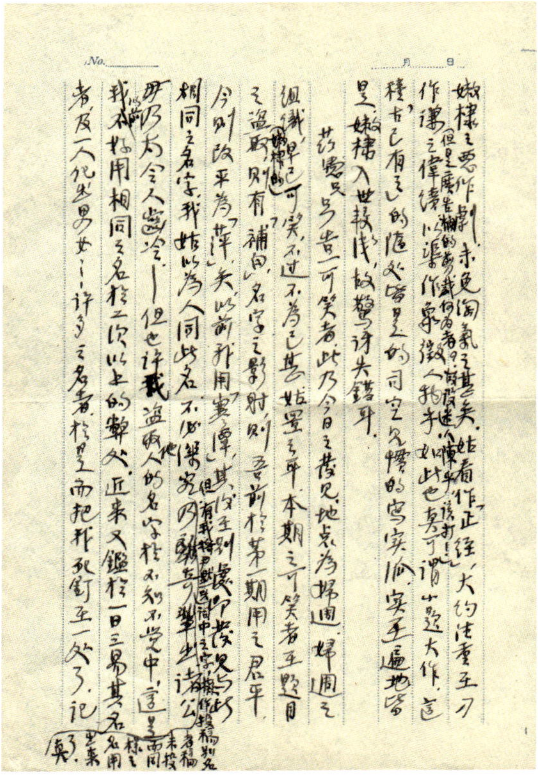

1925 年 7 月 15 日许广平致鲁迅信

一级文物

纵 22 厘米，横 14.8 厘米

1925 年 7 月，鲁迅与许广平情感加深，许广平在信中对鲁迅称呼由“鲁迅师”变成“嫩弟手足”“嫩棣棣”，自称“愚兄”。这是 1925 年 7 月 15 日许广平致鲁迅信。

一張紅行紙粘好又割開便左右都有紅行紙，是何道理呢？

No.

月　日

嫩棣棣：

你的信太令我发笑了，"今天是星期三—七，十五—"而你的信封上就大書特書的"七，一六"。小孩子是盼日子短的，好快地過完節，又過年，這一天的差误想是扯錯了月份牌罷，好在是寫給愚兄，若是和外國交涉，那可得小心些：這是為的应該警告的。還有，名駙馬大街至寫為，而寫作室外，尤其該打。

其次，"家报的话"，太叫我"莫明其妙"了，雖則小小的方塊，可是包含"書報"，"声明"，"招生，介绍"，"招租"，"古巴華僑界之大風潮"。背面有"证券市价"，"证券市况"，"昨日公债市价涨落之经过"，"上海纱价高涨不已"，"沪提運栈货会成立"，"華僑商会联合会成立"，"青島最近之煤油業"，"工大家外宣傳之近况"……！真可算包罗万象，五光十色了。慚愧，愚兄没有站立街头看路过的男男女女而用冷静的眼光抉擇出来的本領，那么，"家报的话"，已變成了"廢话"也就是紙

○ 1925 年 8 月，女师大风潮期间，许广平在西三条 21 号南房会客室西间小屋暂住避难，双方感情进一步升温。（摄于 2024 年 5 月）

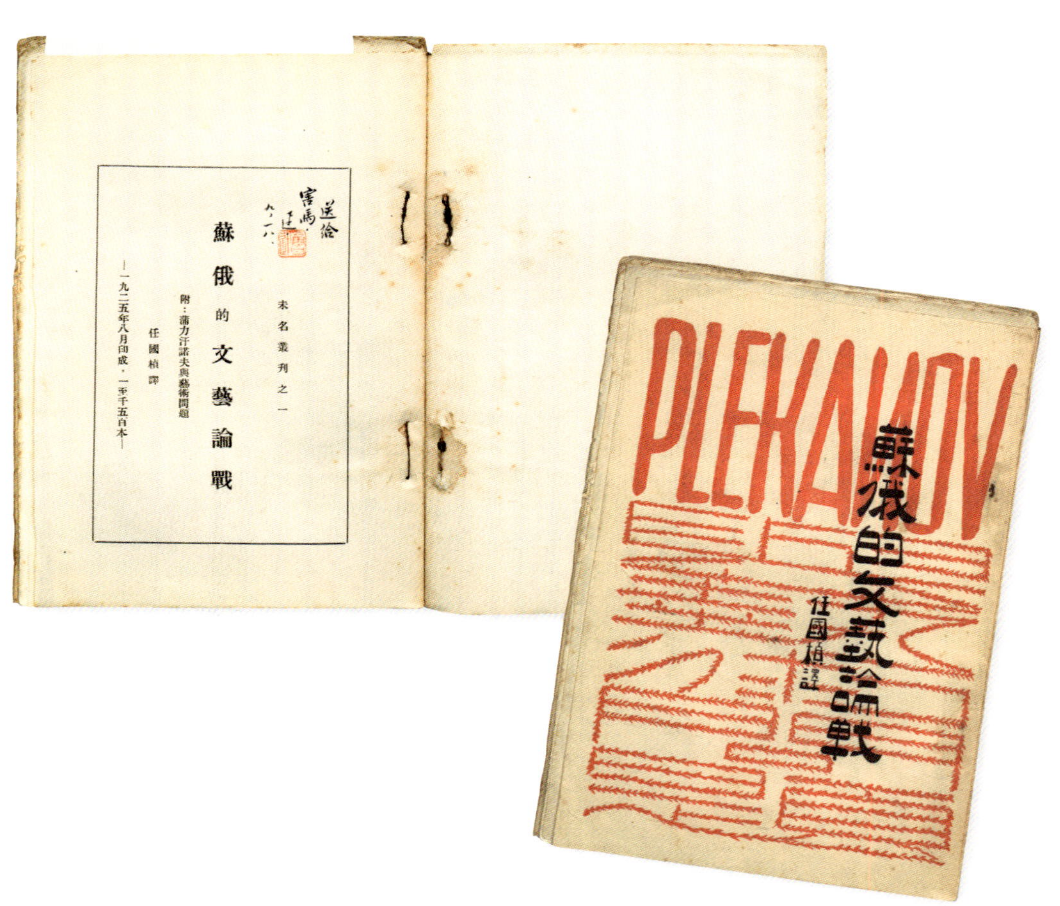

《苏俄的文艺论战》初版本

纵 20.2 厘米，横 14 厘米，厚 0.5 厘米

女师大风潮期间，许广平被学校当局称为“害群之马”，鲁迅遂以“害马”称呼许广平。这是 1925 年 9 月 18 日鲁迅题赠许广平的《苏俄的文艺论战》。

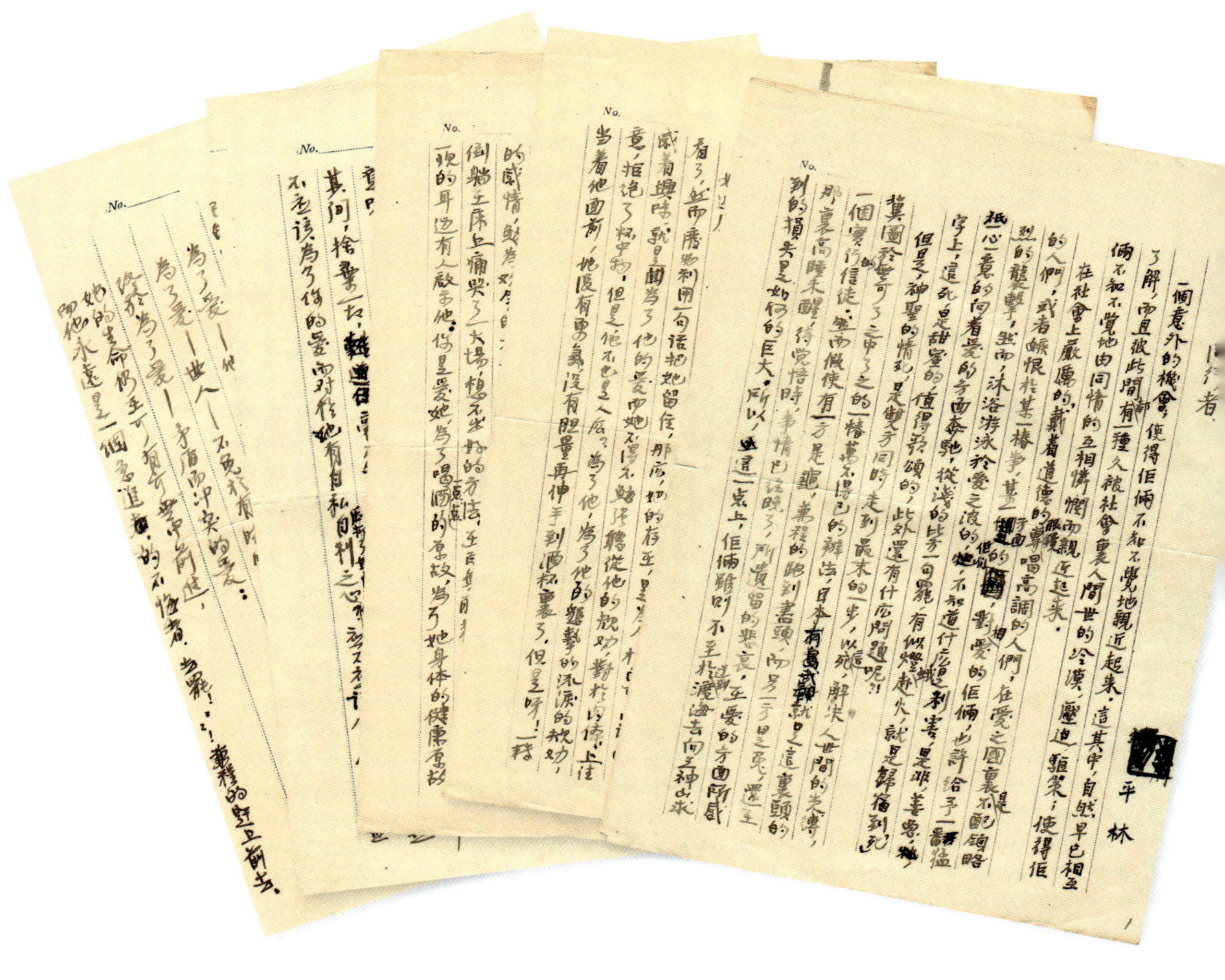

许广平《同行者》手稿

纵 23.5 厘米，横 16.1 厘米

许广平《风子是我的爱》手稿

纵 13.8 厘米，横 21.5 厘米

1925 年 10 月，鲁迅与许广平确认恋爱关系。许广平（署名“平林”）随后撰写《同行者》《风子是我的爱……》等文章，宣告与鲁迅的爱情。

许广平为鲁迅绣的枕套

安睡：纵 28 厘米，横 61 厘米

卧游：纵 29.1 厘米，横 58.5 厘米

许广平为鲁迅绣的枕套，上绣“安睡”“卧游”。

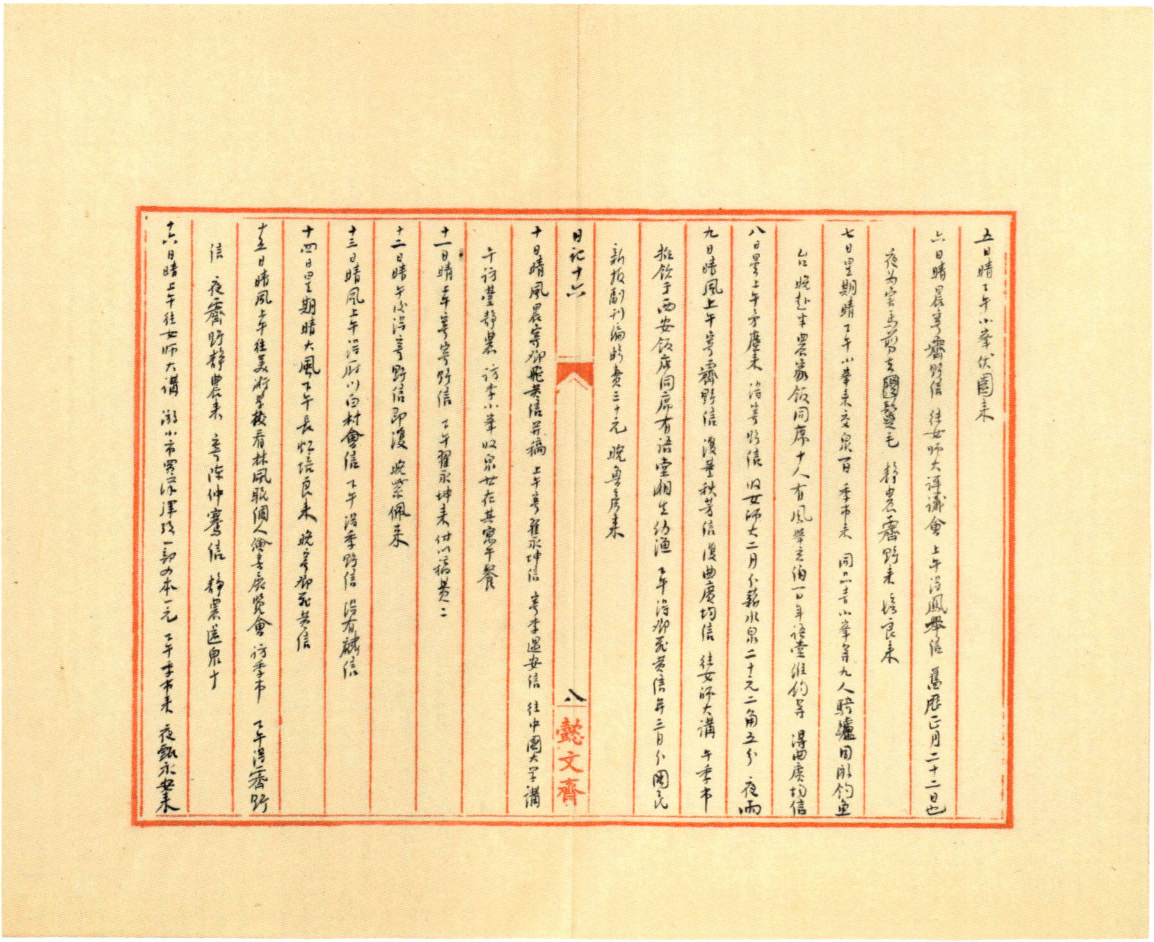

1926年鲁迅日记之一页

一级文物

纵26.2厘米，横31.2厘米

1926年3月6日鲁迅日记记载：“旧历正月二十二日也，夜为害马剪去鬃毛。”

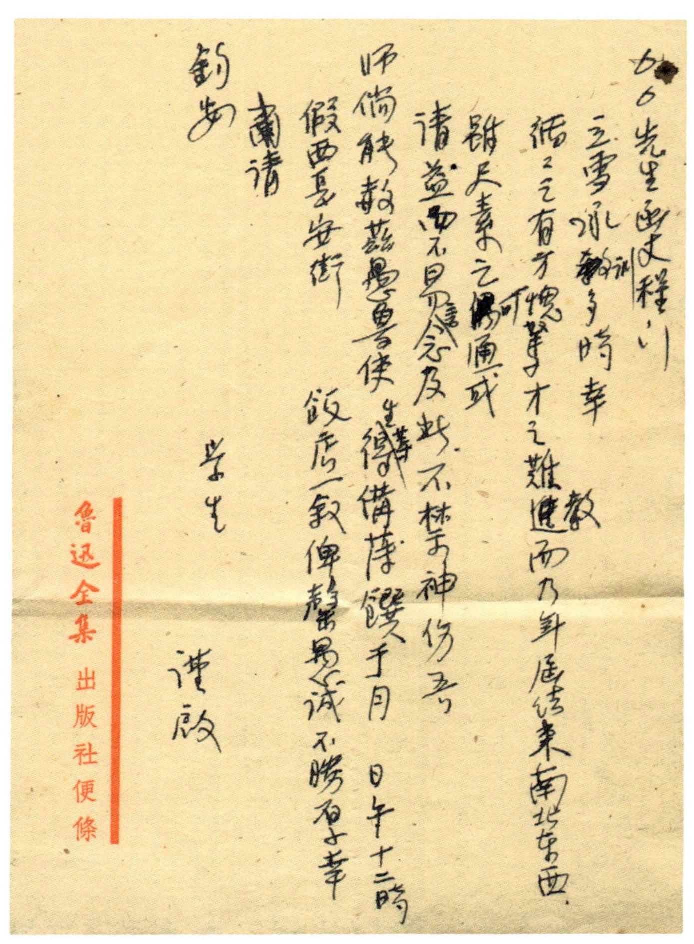

○○先生函丈程门
立雪亲训多时幸
循循之有方愧樗材之难造教而乃年届结束南北东西
别矣素之隅可偶或
请益而不易念及此不禁神伤吾
师备能教益愚鲁使生等备蒲馔于月　日午十二时
假西长安街　饭店一叙俾聆謦欬诚不胜幸
肃请
钧安
学生　谨启

许广平请柬稿

纵 17.3 厘米，横 12.3 厘米

1926 年 6 月，许广平从女师大毕业，准备回广州任教。1926 年 8 月 13 日与同学邀请鲁迅、徐炳昶、许寿裳等师长，举办谢师宴。这是多年后许广平凭记忆写出的谢师宴请柬稿。

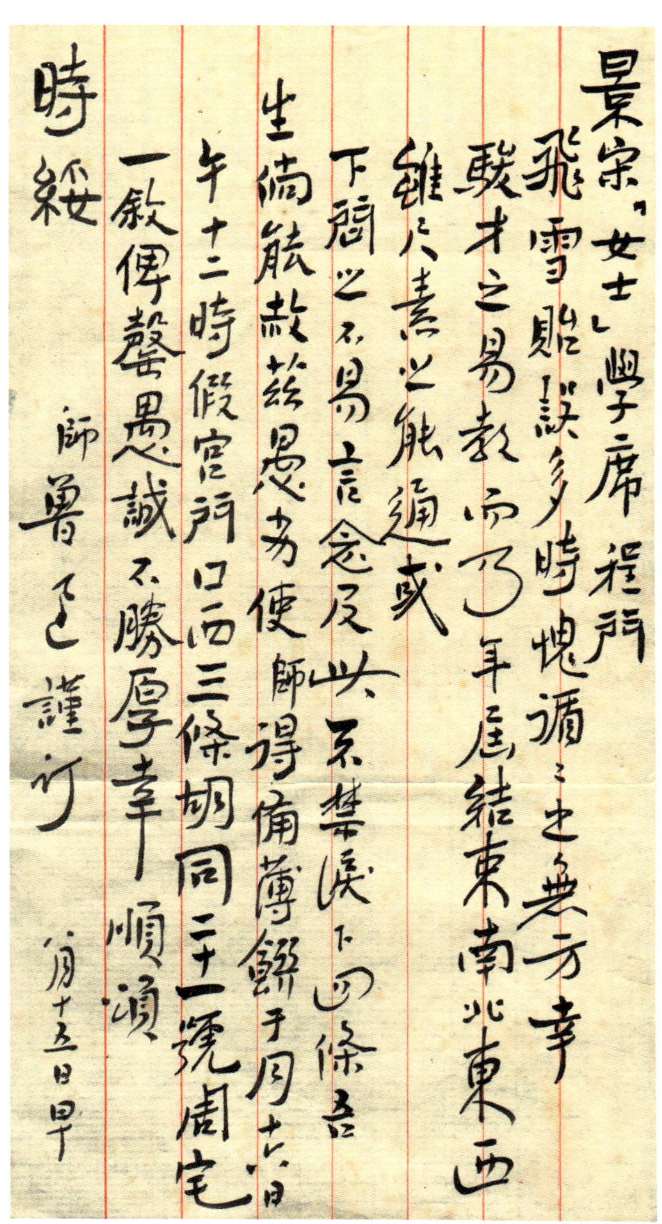

"景宋"女士"學席：程門飛雪，貽誤多時，愧循循之無方，幸駿才之易教。而乃年屆結束，南北東西，雖尺素之能通，或下問之不易。言念及此，不禁淚下四條。吾生倘能赦茲愚劣，使師得備薄餅，于月十六日午十二時假宮門口西三條胡同二十一號周宅一敘，俾罄愚誠，不勝厚幸。順頌
時綏
師魯迅謹訂
八月十五日早

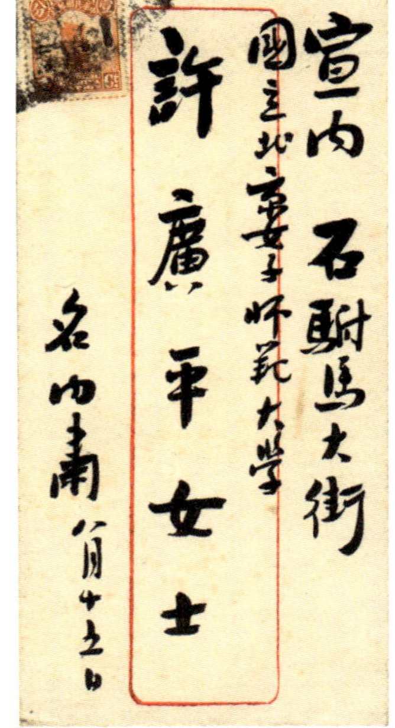

宣內石駙馬大街
國立北京女子師範大學
許廣平女士
名內肅
八月十五日

1926 年 8 月 15 日鲁迅致许广平信

一级文物

信：纵 24 厘米，横 12.6 厘米

封：纵 17 厘米，横 8.2 厘米

1926 年 8 月 15 日，鲁迅戏拟对方请柬格调，邀请许广平等三名学生次日到西三条寓所一叙。

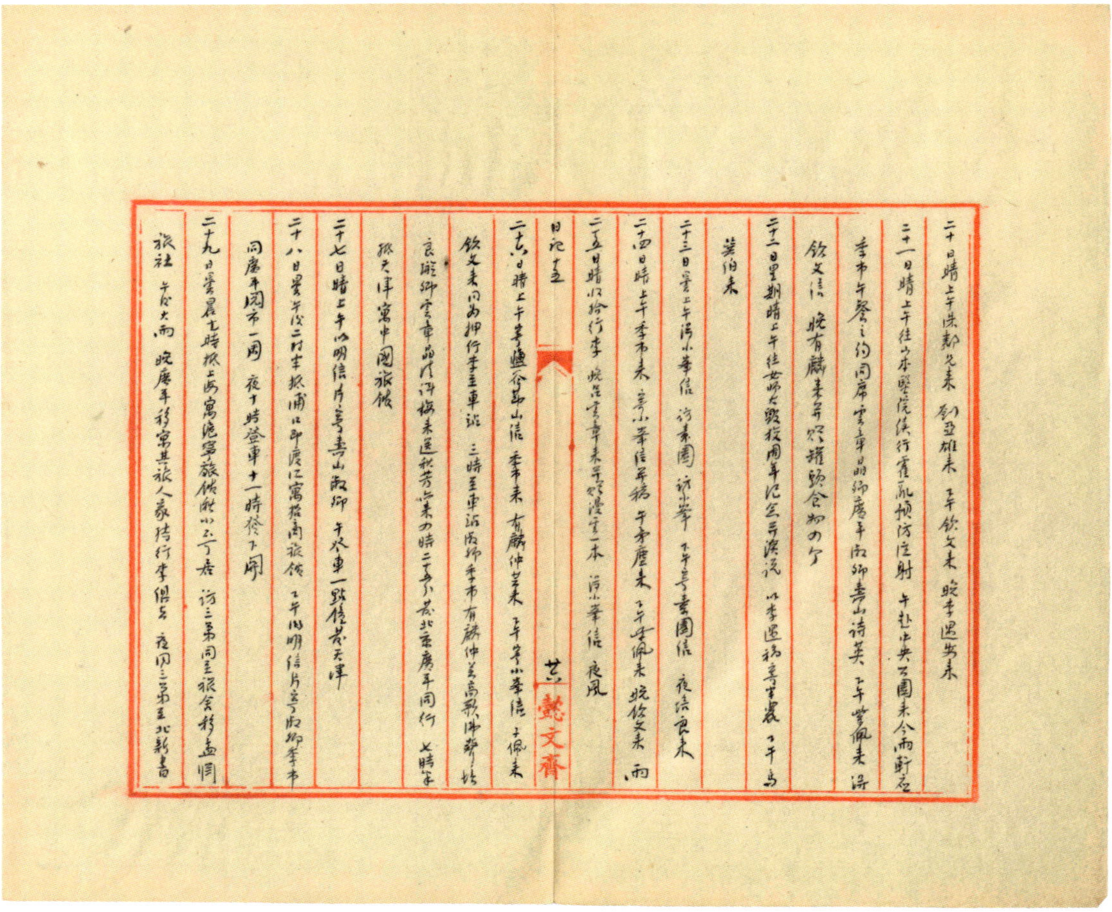

1926 年鲁迅日记之一页

一级文物

纵 26.2 厘米，横 31.2 厘米

1926 年 7 月底，鲁迅正式接受厦门大学国文系的聘请。8 月 26 日，与许广平一同乘火车南下，一众友朋前来送行。这是鲁迅日记中的记载。

离居足行吟

鲁迅南下后，鲁母与朱安相依为命，在此继续生活了二十年左右。鲁迅曾经两次回京探望母亲，做了著名的“北平五讲”，期间均居住于此。鲁迅去世后，朱安设灵堂，为其守灵，服侍鲁母，为其养老送终。鲁母去世后，朱安更是深居简出，孤身守护庭院与鲁迅遗物，直到 1947 年去世。靠鲁迅著作版税为经济来源的朱安，生活一度贫困无着，特别是北平沦陷时期，险些发生出售鲁迅藏书的风波，在许广平与进步文化人士的呼吁下，终于得以幸免。临终前，朱安将西三条 21 号房产过户给鲁迅与许广平之子周海婴。

○ 朱安（摄于西三条 21 号）

○ 鲁迅离开北京后，请许羡苏搬到西三条 21 号，帮助料理鲁瑞和朱安的生活。图为 1929 年春鲁瑞与俞家姐妹及许羡苏合影（左起：俞藻（1913－？）、俞芳（1911－2012）、鲁瑞、许羡苏）。

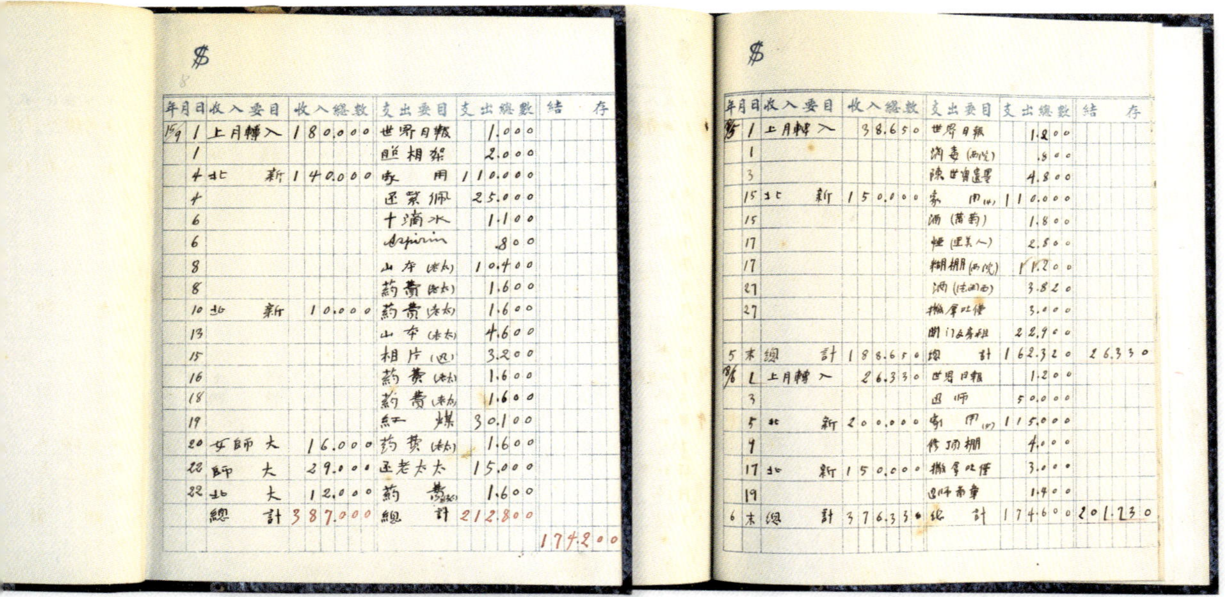

1926 年至 1930 年西三条寓所家用账（部分）

原件藏上海鲁迅纪念馆

纵 20.5 厘米，横 17 厘米，厚 0.8 厘米

1926 年夏至 1930 年春，许羡苏借住在“老虎尾巴”。这是许羡苏记录的 1926 年 9 月 1 日至 1930 年 2 月 18 日西三条寓所家用收支账。

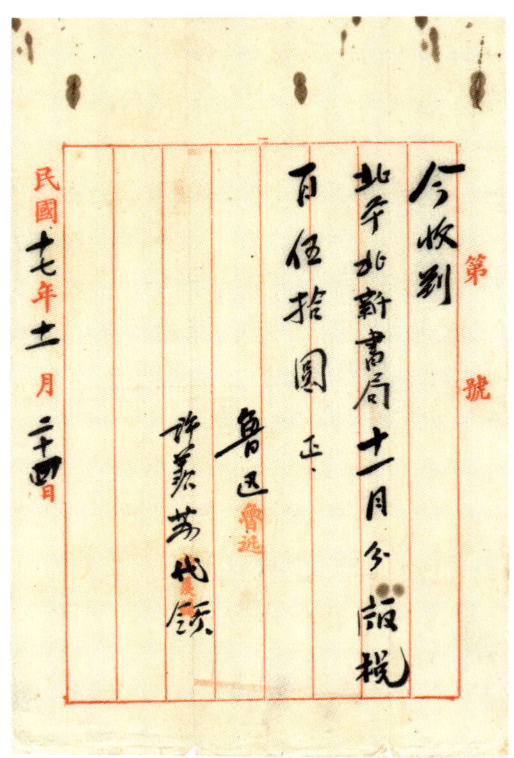

今收到
北平北新書局十一月分版税
百伍拾圓正
魯迅
許羨苏代領
第　號
民國十七年十一月二十四日

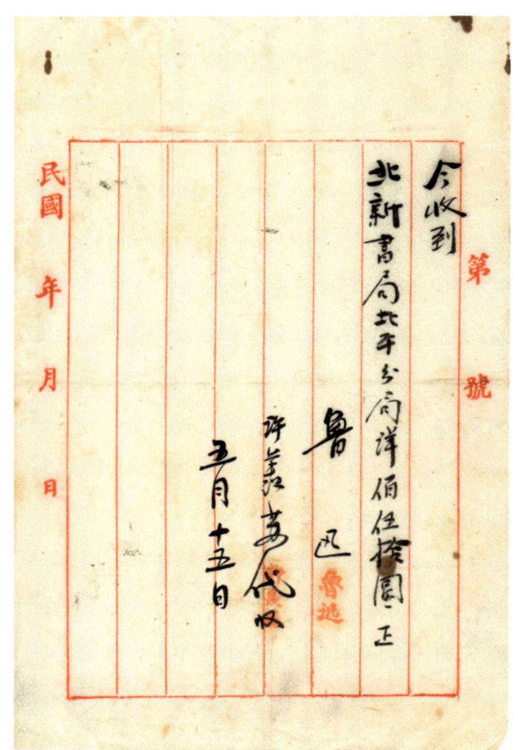

今收到
北新書局北平分局洋佰伍拾圓正
魯迅
許羨苏代收
第　號
民國　年五月十五日

许羡苏代收版税收据

原件藏上海鲁迅纪念馆

5 月 15 日：纵 26.9 厘米，横 17.4 厘米

11 月 24 日：纵 26.9 厘米，横 17.3 厘米

西三条寓所主要收入为鲁迅在北新书局的版税和教育部、北大等单位的欠薪以及鲁迅寄来的家用。这是 1928 年许羡苏代收的两张北新书局版税收据。

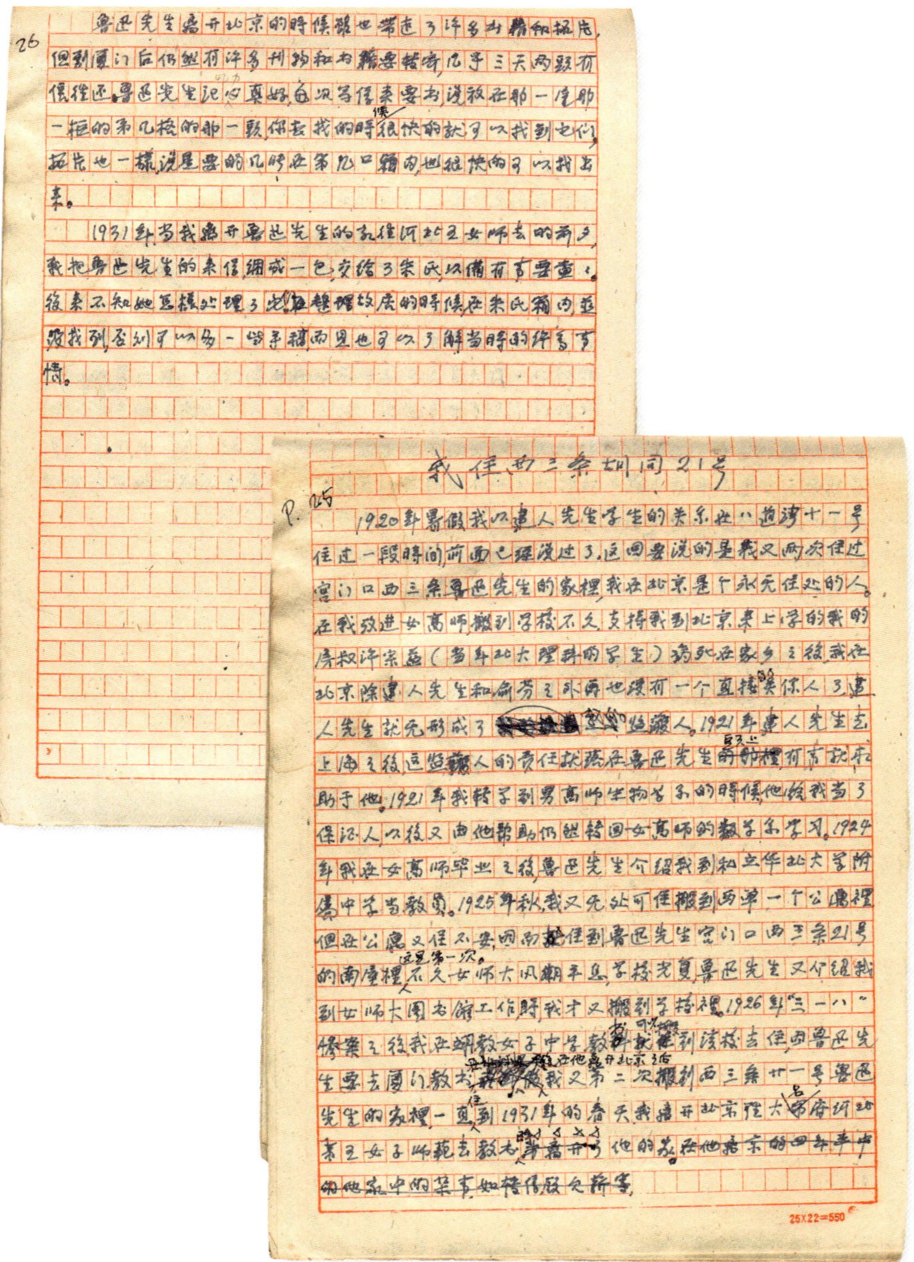

26

鲁迅先生离开北京的时候虽然带走了许多书籍和杂志，但到厦门后仍然有许多刊物和书籍要寄，几乎三天两头有信往还。鲁迅先生记忆真好，每次写信来要书说放在那一堂那一柜的第几格的那一头，你去找的时候很快就可以找到它们。杂志也一样，说是要的几号在第几口箱内，也很快的可以找出来。

1931年当我离开鲁迅先生的家往河北女师去的前夕，我把鲁迅先生的来信捆成一包，交给了朱氏，以备有事要查。后来不知她怎样处理了。此次整理故居的时候在朱氏箱内并没找到，否则可以多一些资料，而且也可以了解当时的许多事情。

我住西三条胡同21号

P. 25

1920年暑假我以建人先生学生的关系在八道湾十一号住过一段时间，前面已经谈过了。这回要说的是我又两次住过宫门口西三条鲁迅先生的家里。我在北京是个永无住处的人。在我考进女高师搬到学校不久，支持我到北京来上学的我的亲叔许宗益（当年北大理科的学生）[illegible]在家乡之后，我在北京除建人先生和俞芳之外再也没有一个直接的保人了。建人先生就无形成了我的监护人。1921年建人先生去上海之后，这监护人的责任就落在鲁迅先生的肩上，有事就求助于他。1921年我转学到男高师生物学系的时候他给我当了保证人，以后又由他帮助仍然转回女高师的数学系学习。1924年我在女高师毕业之后，鲁迅先生介绍我到私立华北大学附属中学当教员。1925年秋，我又先从公寓搬到西单一个公寓里，但在公寓又住不安，因而就住到鲁迅先生宫门口西三条21号的南屋里（这是第一次）。不久女师大风潮平息，学校光复，鲁迅先生又介绍我到女师大图书馆工作，我才又搬到学校里。1926年"三一八"惨案之后，我在[illegible]女子中学教书，[illegible]到该校去住。因鲁迅先生要去厦门教书，[illegible]我又第二次搬到西三条廿一号鲁迅先生的家里，一直住到1931年的春天我离开北京往太原河北省立女子师范去教书。[illegible]他的家在他离京的四年半中[illegible]他家中的杂事，如转信寄书等事。

25X22=550

许羡苏《我住西三条胡同 21 号》手稿

纵 27.5 厘米，横 19.5 厘米

鲁迅离京后，经常请许羡苏将西三条寓所藏刊物、书籍寄给他。这是许羡苏关于此事的回忆。

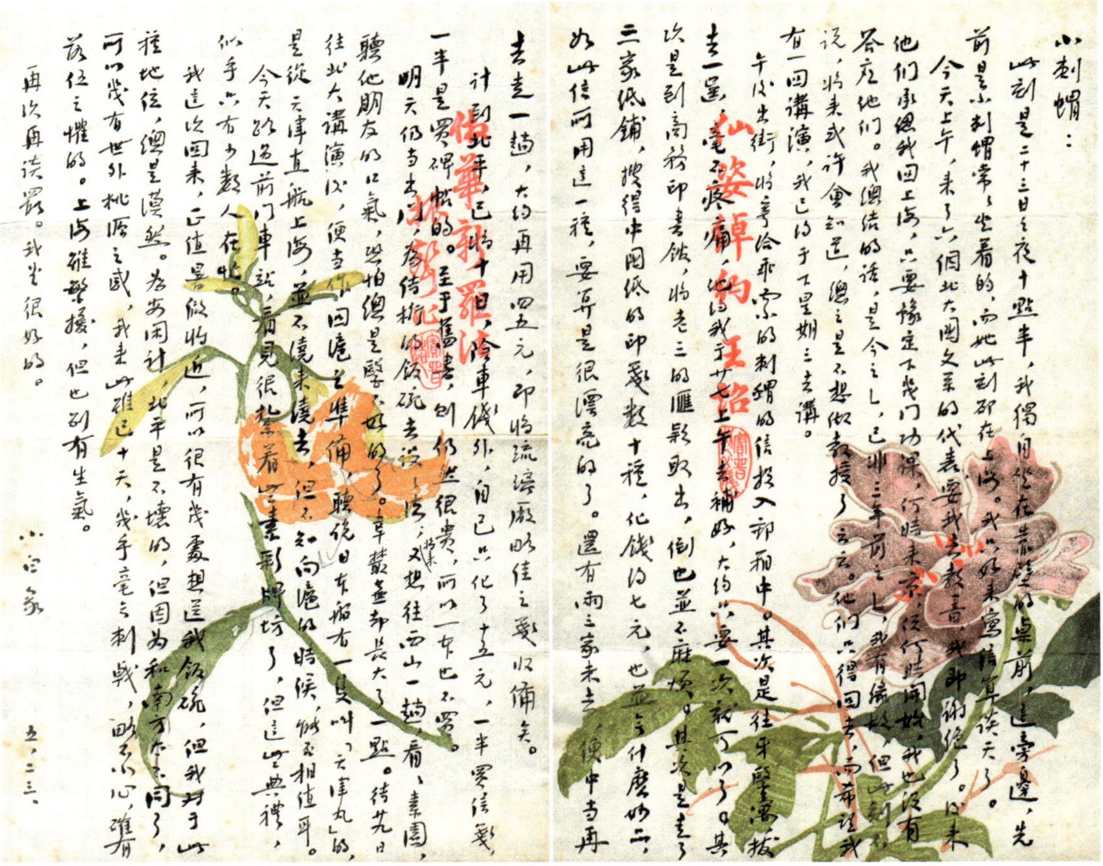

小刺猬：

此刻是二十三之夜十点半，我独自坐在靠壁的桌前，这旁边，先前是小刺猬常常坐着的，而她此刻却在上海。我只好来写信算谈天了。

今天上午，来了六个北大国文系的代表，要我去教书，我即谢绝了。后来他们承认我回上海，只要豫定下学期功课，仍时时来京，住几时便好，我也没有答应他们。我想信的话，是今之七，已非三年前之七，我有伴侣，但此刻不说，将来或许会知道，总之是不想做教授了云云。他们只得回去，而希望我有一回讲演，我已约于下星期三去讲。

午后出街，将寄给乖姑的刺猬的信投入邮箱中。其次是往牙医生寓拔去一齿，毫不疲痛，他约我于廿七上午去补好，大约只要一次就可以了。其次是到商务印书馆，将老三的汇款取出，倒也并不麻烦。其次是走了三家纸铺，搜得中国纸的印笺数十种，化钱约七元，也并无什么好的，但此信所用这一种，要算是很漂亮的了。还有两三家未去，便中当再去走一趟，大约再用四五元，即将琉璃厂的佳笺收备矣。

计到北平已将十日，除车钱外，自己只化了十五元，一半买信笺，一半是买碑帖的。至于旧书，则仍然很贵，所以一本也不买。

明天仍当出门，为侍桁的饭碗去设法；又想往西山一趟，看看素园，听他朋友的口气，恐怕总是医不好的了。韦丛芜却长大了一点。待先日往北大讲演以后，便当作回沪之准备，听说日本船有一只叫"天津丸"的，是从天津直航上海，并不绕来绕去，但不知开向沪的时候，能否相值耳。

今天路过前门车站，看见很挂着些彩牌坊了，但这些典礼，似乎只有少数人在忙。

我这次回来，正值暑假将近，所以很有几处想送我饭碗，但我对于此种地位，总是淡然。为安闲计，北平是不坏的，但因为和南方太不同了，所以几有世外桃源之感，我来此虽已十天，却毫无刺戟，略不小心，确有落伍之惧的。上海虽烦扰，但也别有生气。

再次再谈罢。我是很好的。

小白象

五，二三。

1929 年 5 月 23 日鲁迅致许广平信

一级文物

纵 25.1 厘米，横 15.5 厘米

1929 年 5 月 15 日至 6 月 3 日，鲁迅回北平探亲，居住在西三条 21 号。这是 1929 年 5 月 23 日，鲁迅用在琉璃厂购买的笺纸写给许广平的信，其中写道："我独自坐在靠壁的桌前，这旁边，先前是小刺猬常常坐着的，而她此刻却在上海。"

○ 1930 年春，许羡苏离开北平，曾与鲁迅一家在砖塔胡同共住过的俞芳承担了记账、代写信件等工作。图为朱安（左）与俞芳（中）、俞藻合影。

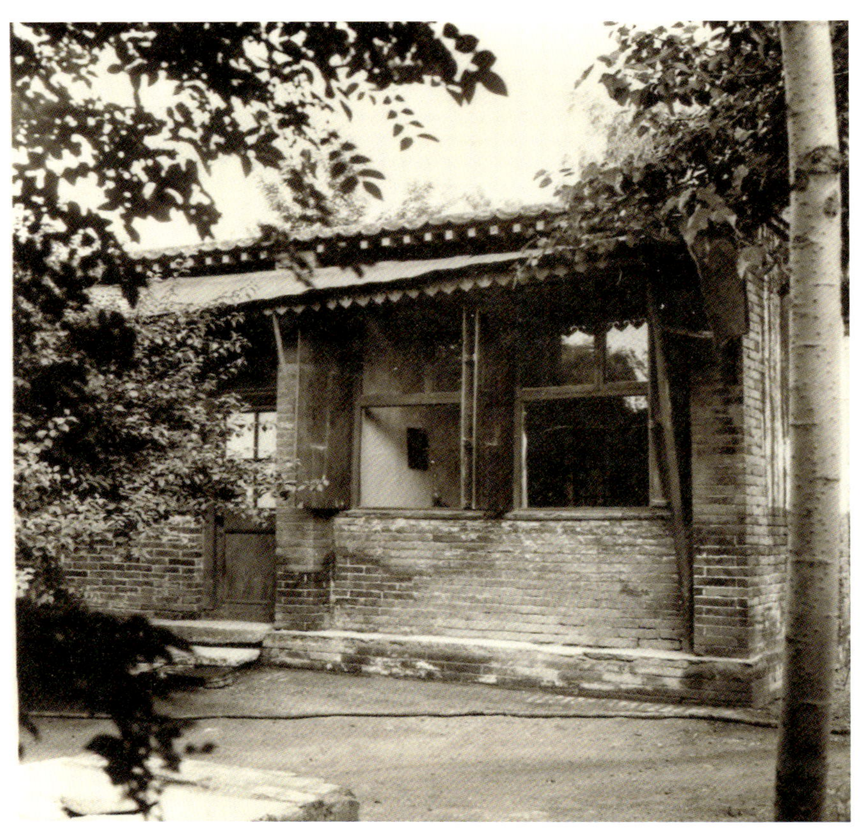

○ 1929 年 7 月，鲁瑞将自己的居室向北扩展，与“老虎尾巴”取齐，并在北墙开设一门。图为“老虎尾巴”与鲁迅母亲接出的北房。

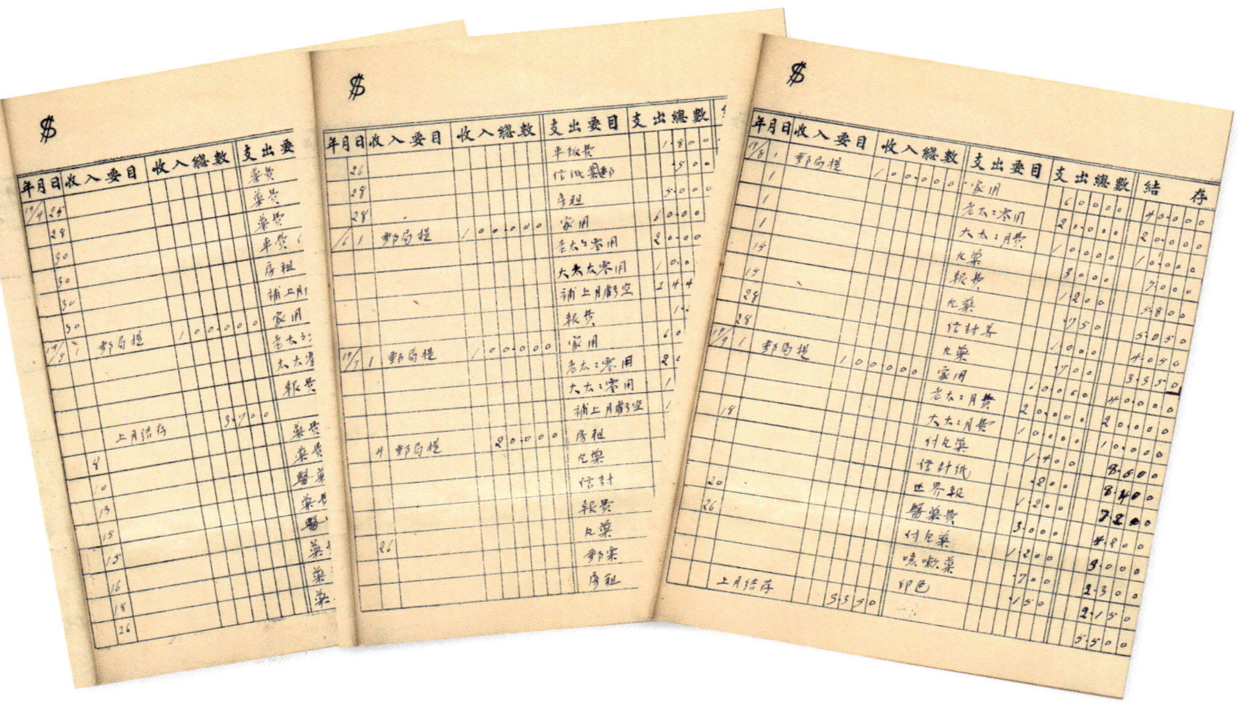

1930—1935 年西三条寓所家用账

纵 20 厘米，横 17 厘米，厚 0.6 厘米

1930 年 4 月至 1935 年 12 月俞芳等记录的西三条寓所家用账。

鲁迅“北平五讲”

时间	地点	题目
1932 年 11 月 22 日	北京大学	《帮忙文学与帮闲文学》
1932 年 11 月 22 日	辅仁大学	《今春的两种感想》
1932 年 11 月 24 日	北平女子文理学院	《革命文学与遵命文学》
1932 年 11 月 27 日	北平师范大学	《再论“第三种人”》
1932 年 11 月 28 日	中国大学	《文艺与武力》

○ 1932 年 11 月，鲁迅因母病回北平探望，居住在西三条。其间先后在北京大学、北平师范大学等五所大学演讲，有力推动了北方左翼文学的开展。图为鲁迅在北平师范大学大操场演讲。

○ 鲁迅在平期间，两次会见北平左翼团体代表。图为陪同鲁迅讲演及与左翼团体会面的台静农。

讲毕后多数群众争相紧随，情形狂热，为从来所未有。鲁迅着青布大褂，戴油垢呢帽，登青面胶皮运动鞋，面貌清癯，须发已苍白，而神采奕奕，被拥于人丛中，与一般皮鞋西服之男女青年，相映成趣。

——《实报》1932 年 11 月 28 日

母親大人膝下，敬禀者，紫佩已早到北平，當已經見過矣。昨聞三弟說，筍乾已買來，即可寄出。又，三日前曾買「金粉世家」一部十二本，又「美人恩」一部三本，皆張恨水所作，分二包，由世界書局寄上，想已到，但男自己未曾看過，不知內容如何也。上海已頗溫暖，一切平安，請勿念為要。專此布達，恭請
金安。
男 樹叩上，廣平及海嬰同叩，
五月十六日

0334

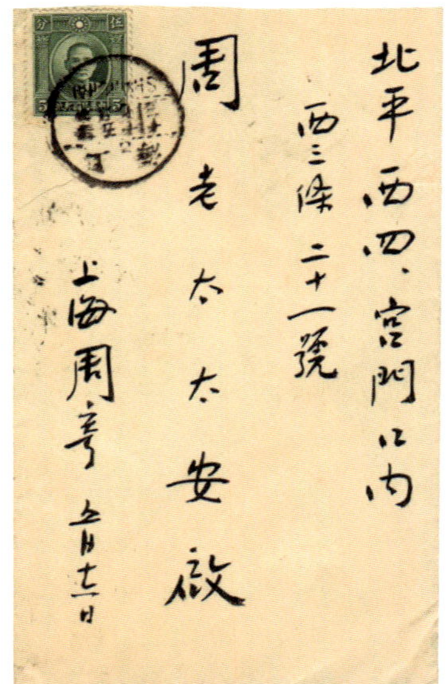
北平西四、宮門口內
西三條二十一號
周老太太安啟
上海周寄 五月十六日

1934 年 5 月 16 日鲁迅致母亲信

一级文物

信：纵 24 厘米，横 16.4 厘米

封：纵 15 厘米，横 9 厘米

鲁迅经常写信给母亲，汇报上海家人的近况，关心母亲的生活。这是 1934 年 5 月 16 日，鲁迅关于寄书等事致母亲信。

1931 年鲁迅全家福

纵 13.8 厘米，横 9.8 厘米

鲁迅经常给母亲寄照片，以慰母亲思念之苦。1931 年 7 月，因有谣传鲁迅被捕，鲁迅为解母忧，特意全家拍照，8 月 11 日寄给母亲，照片中间为鲁迅、许广平独子周海婴（1929—2011）。

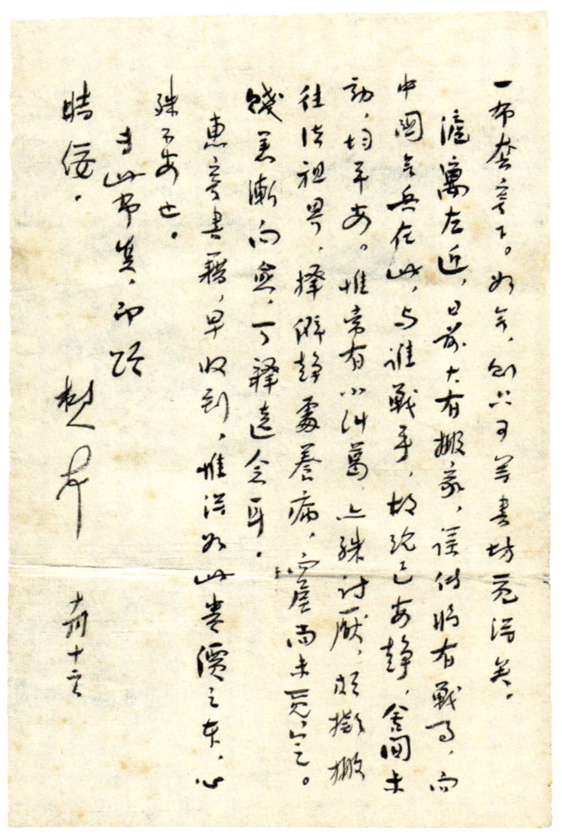

紫佩兄：

先后惠示，均读悉。农书係友托购，而我寓有一部在北平，今既如此难得，拟以所藏者与之，而藏在何处，已记不真切。所以请兄于便中往舍间一查，客厅中有大玻璃书橱二，上部分三层，其上二层皆中国书，农书或在其内；此书外观，係蓝布套的（大本）八本或十本，湖色绸包角，白纸印，一望可知大略。取出似去，抽来用之，或可得也。倘在，而书面已污旧，则请交饰人换较好之书面，作一部寄下。如无，则只可向书坊觅得矣。

沪寓左近，日前大有搬家，谣传将有战事，而中国无兵在此，与谁战乎，故现已安静，舍间未动，均平安。惟常有小纠葛，亦殊讨厌，颇拟搬往法租界，择僻静处养病，寓尚未觅定。饿不断炊，可释远念耳。

惠寄书籍，早收到，惟须如此费之东，心殊不安也。

专此布达，即颂

时绥。

树 顿首 十月十六

1936年10月16日鲁迅致宋琳信

一级文物

纵26.4厘米，横16.1厘米

1931年5月，鲁迅将8箱书由上海运到西三条21号。鲁迅对自己的藏书记忆犹新，去世前一周写信告知宋琳《农书》在客厅大玻璃书柜中，请其找到并寄到上海。

○ 宋琳，原字子培，改作子佩、紫佩。鲁迅离京后，一直协助处理西三条寓所家事。

○ 1936年10月19日，鲁迅在上海逝世。鲁瑞和朱安在西三条21号南屋设立灵堂，接待前来吊唁的亲友。图为刊登在1936年11月1日出版的《实报半月刊》第二卷第二期上的朱安守灵照。

三弟台览：

皓電遥贵骇悉汝大兄於皓晨竟卒而长逝，一生辛苦，如是作终，缅怀往事，痛不欲生。兹拟只身南下，一瞻遗容，然后从地下，而符唱随之训。乃承方责以大义，谓先夫虽殁，堂上健在，风烛之年，赖人扶持，倘以小节反致[illegible]之诚，然堂上垂老，横遭此祸，悲恸异常，持解大难，况嫂素拙言辞，益感无措。幸车姑太太及和森表伯在旁[illegible]，不干多方劝解，始能勉抑悲衷。然念五初七之期，又复痛哭不置。嫂进退维谷，乃思许妹及海婴为堂上素所钟爱，倘肯莅平，轻久随侍，庶可上慰慈怀，亦即[illegible]下安逝者。再四思维，乃挽同和森表伯商明，二弟即托我中代陈许妹，择期整装，早日归来，动身有日，先行示知，嫂当扫径相迎，决不能使稍受委曲。至若居处，拟添租东院（傅[illegible]之房）或西院（和森表伯所租之房）或住嫂之房，余再腾房也[illegible]，一切什物自必代为备置。许妹与余同一宗旨，同一境遇，自当同甘共苦，扶持堂上，教养遗孤，以慰在天之灵，是余肝膈之要，用特竭诚相告，倘许妹尚有踌躇，尽请提示条件，嫂无不接受。敢请三弟为我保证，申上之事，多称代劳照管，可免嫂[illegible]远顾之忧。特此顺颂

安康

嫂字

和森附笔请 [illegible]弟珍重，然不必过哀矣

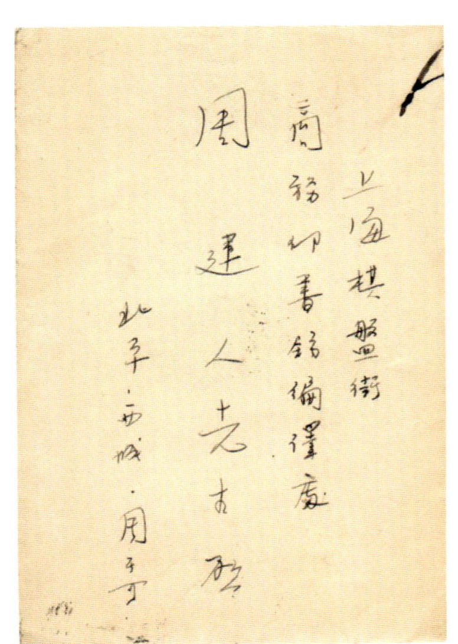

上海棋盘街

商务印书馆编译处

周建人先生 启

北平·西城·周寄

1936年10月朱安致周建人信

信：纵24厘米，横13.2厘米

封：纵14.8厘米，横9.9厘米

鲁迅去世后，朱安请他人代笔写信给鲁迅三弟周建人（1888—1984），请许广平、周海婴到北平，添租西三条21号东、西院居住，或者住在西三条21号，被许广平婉拒。

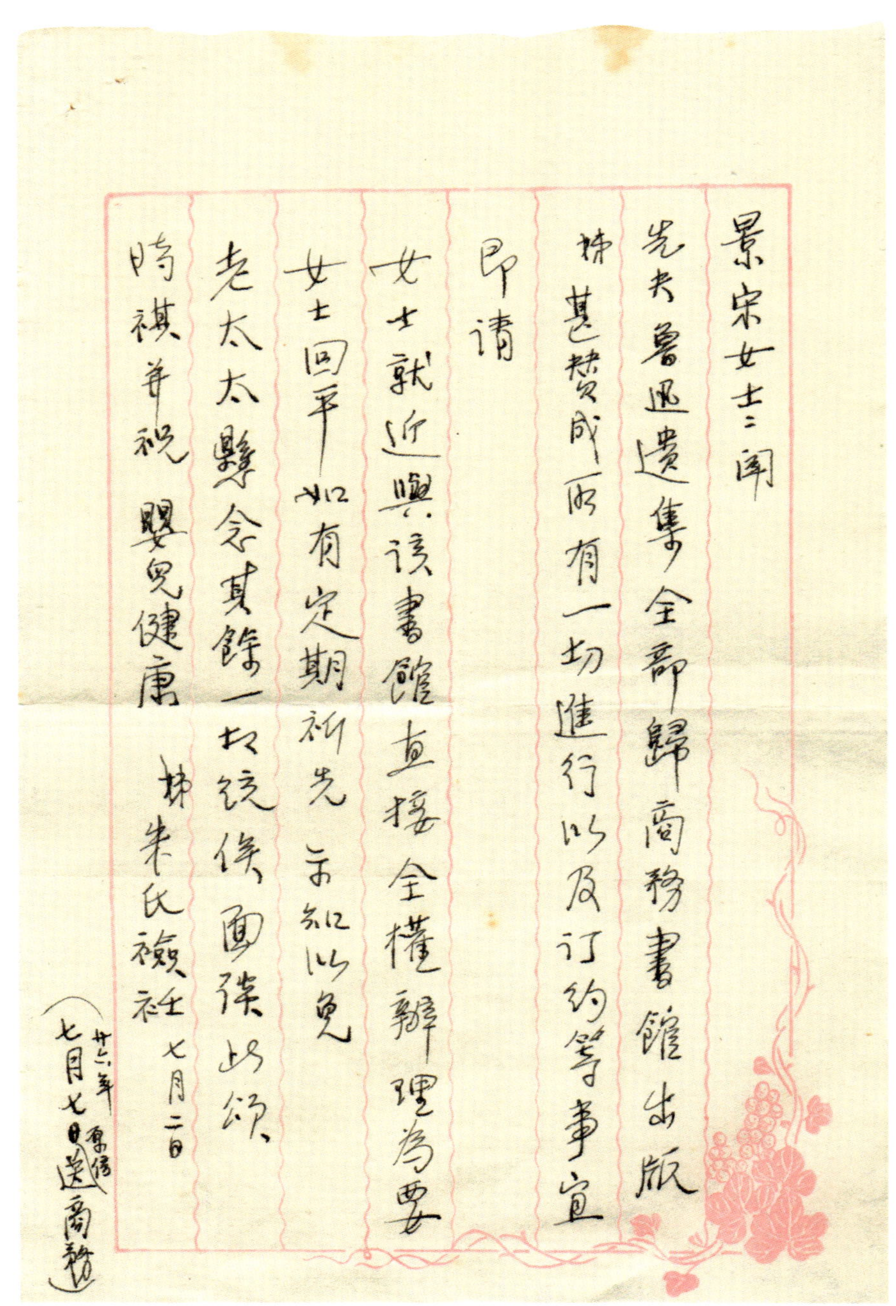
景宋女士：閱

先夫魯迅遺集全部歸商務書館出版

姊甚贊成，所有一切進行以及訂約等事宜

即請

女士就近與該書館直接全權辦理為要

女士回平如有定期祈先示知以免

老太太懸念其餘一切統俟面談此頌

時祺並祝嬰兒健康

姊朱氏襝衽 七月二日

（廿六年七月七日覆信 送商務）

1937 年 7 月 2 日朱安致许广平信

纵 24.5 厘米，横 16.2 厘米

许广平、许寿裳等筹划出版《鲁迅全集》，朱安甚为赞成，请许广平直接全权办理出版事宜。这是 1937 年 7 月 2 日朱安关于此事请宋琳代笔写给许广平的信。

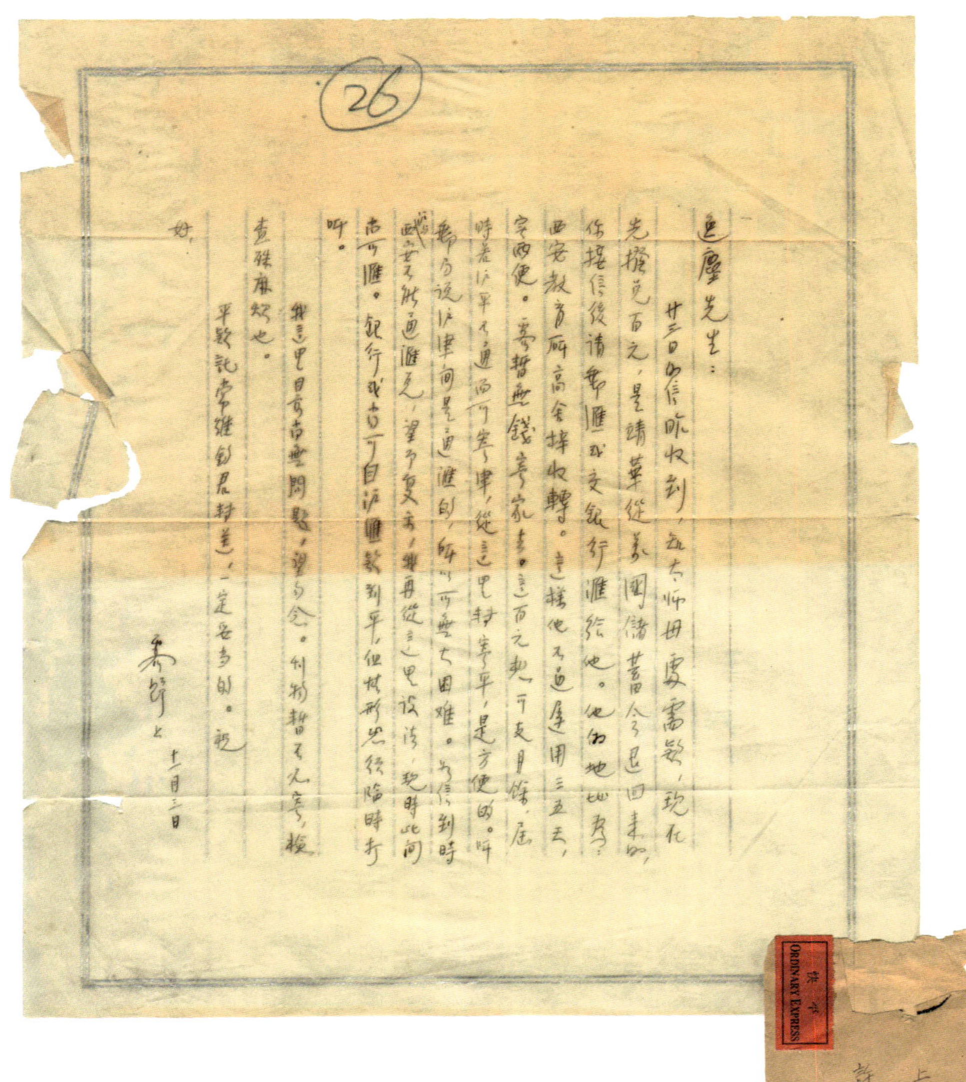

逸塵先生：

廿三日函信昨收到，知太师母處需款，現在先撥兌百元，是靖華從義國儲蓄金退回來的，你接信後請即匯或交銀行匯給他。他的地址是：西安教育所高金樑收轉。這樣他不過遲用三五天，寄西便。我暫無錢寄家去。這百元就可支月餘，屆時若滬平不通而可寄津，從這里轉寄平，是方便的。聽說可設滬津間是通匯的，所以可無大困難。我信到時或者已能通匯了，望即復我，我再從這里設法，現時此間尚可匯。銀行我亦可自滬匯款到平，但恐郵路有臨時打听。

我這里目前尚無問題，望勿念。刊物暫不見寄，様查孫麻煩也。

平款託常維鈞君轉送，一定妥當的。祝

好，

霽野上 十一月三日

1937 年 11 月 3 日李霁野致许广平信

信：纵 21.5 厘米，横 18.5 厘米

封：纵 21.3 厘米，横 8.2 厘米

鲁迅去世后，鲁瑞、朱安的生活来源，主要靠许广平寄来的鲁迅著作版税及积蓄。鲁迅生前友好也设法帮忙。这是 1937 年 11 月 3 日李霁野致许广平（别名“逸尘”）信，告知已向曹靖华借得百元，托常惠（1894–1985，字维钧）送到西三条。

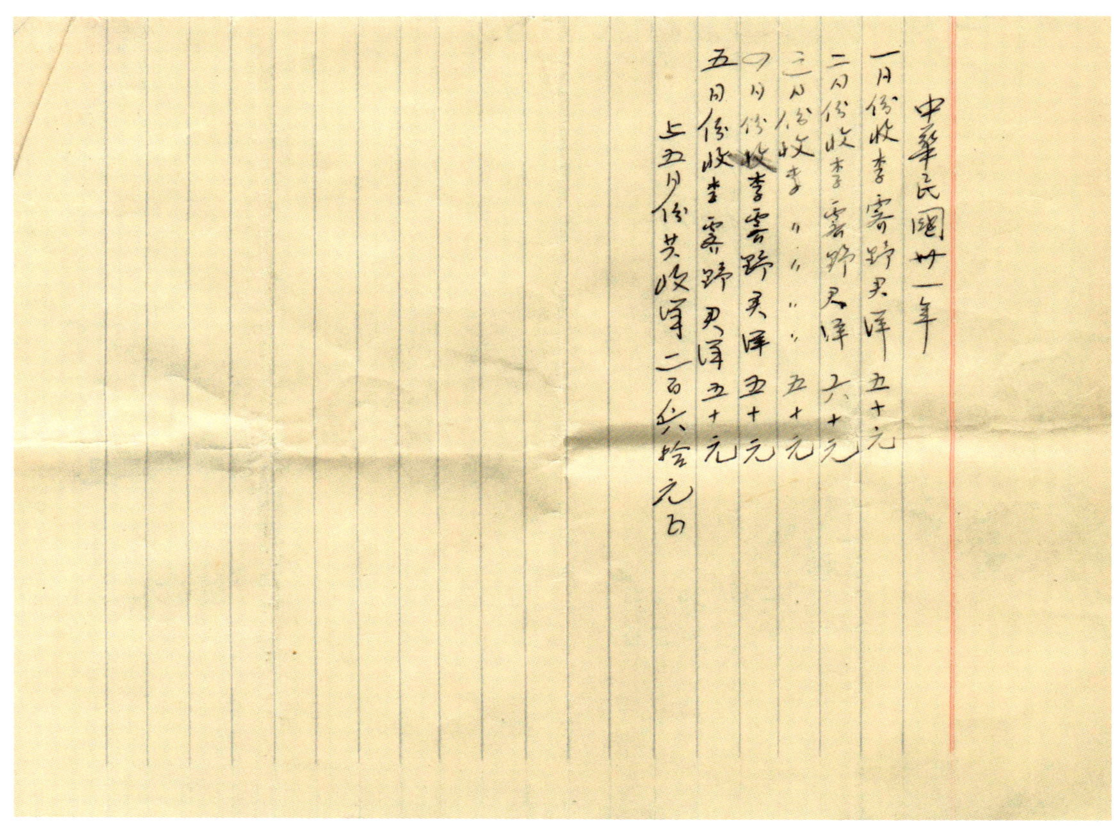

中華民國卅一年
一月份收李霽野大洋五十元
二月份收李霽野大洋六十元
三月份收李 〃 〃 〃 五十元
四月份收李霽野大洋五十元
五月份收李霽野大洋五十元
上五月份共收洋二百陸拾元正

李霁野送款清单

清单：纵 15.4 厘米，横 20.4 厘米

1938 年秋，李霁野见许广平负担太重，建议与周作人共同分担西三条寓所生活费用。1939 年 1 月起，许广平委托李霁野按需每月给西三条送上生活费。这是西三条寓所保存的 1939 年 1 月至 1942 年 5 月李霁野送款清单。

中華民國二十八年
一月份收李紀翁先生大洋四十元。
二月份收李紀翁先生大洋五十元。
三月份收李紀翁先生大洋四十元。
四月份收李紀翁先生大洋四十元。
五月份收李紀翁先生大洋六十元。
六月份收李紀翁先生大洋四十元。
七月份收李紀翁先生大洋四十元。
八月份收李紀翁先生大洋四十元。
九月份收李紀翁先生大洋六十元。
十月份收李紀翁先生大洋四十元。
十一月份收李紀翁先生大洋四十元。
十二月份收李紀翁先生大洋四十元。
二十八年份全年共收李紀翁君大洋五百三十元。

中華民國二十九年
一月收李紀翁君洋五十元。
二月收李紀翁君洋四十元。
三月收李紀翁君洋四十元。
四月收李紀翁君洋四十元。
五月收李紀翁君洋四十元。
六月份收李紀翁君，洋五十元。
七月份收李紀翁君，洋四十元。
八月份收李紀翁君，洋四十元。
九月份收李紀翁君，洋五十元。
十月份收李紀翁居，洋四十元。
十一月份收李紀翁君，洋五十元。
十二月份收李紀翁君洋五十元。
中華民國二十九年全年共收李紀翁先生大洋五百三十元。

中華民國三十年
一月收李紀翁君洋五十元。
二月收李紀翁君洋六十元。
三月收李紀翁君洋五十元。
四月收李紀翁君洋五十元。
五月收李紀翁君洋五十元。
六月收李紀翁君洋六十元。
七月收李紀翁君洋五十元。
八月收李紀翁君洋五十元。
九月收李紀翁君洋五十元。
十月收李紀翁君洋六十元。
十一月收李紀翁君洋五十元。
十二月收李紀翁君洋五十元。
中華民國三十年全年共收李先生洋六百三十元。

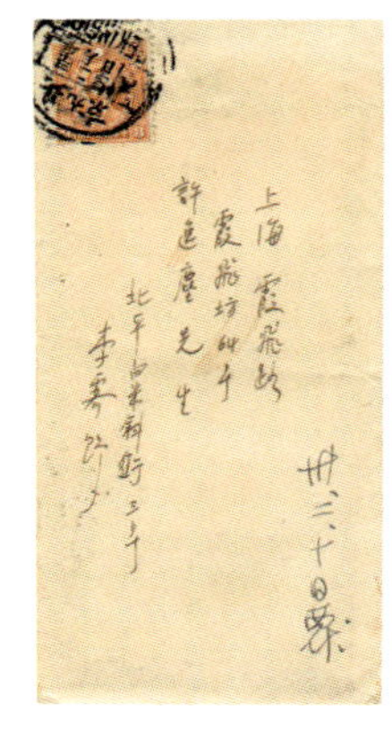

1941 年 2 月 1 日李霁野致许广平信

信：纵 14 厘米，横 19.8 厘米

账单：纵 26.8 厘米，横 19.9 厘米

封：纵 14.9 厘米，横 7.2 厘米

1941 年 2 月 1 日，李霁野关于为西三条送款账目等事致许广平信。

○ 1943 年 4 月 22 日，鲁瑞在西三条 21 号去世。图为鲁瑞晚年摄于西三条 21 号东厢房前。

○ 鲁瑞去世后，朱安等在西三条 21 号留影。左 1 为朱安，右 2 为宋琳。

○ 1942 年春，由于时局动荡，许广平与西三条寓所断了联系，不能按时寄上生活费。鲁瑞去世后，朱安贫困至极。图为朱安摄于西三条 21 号。

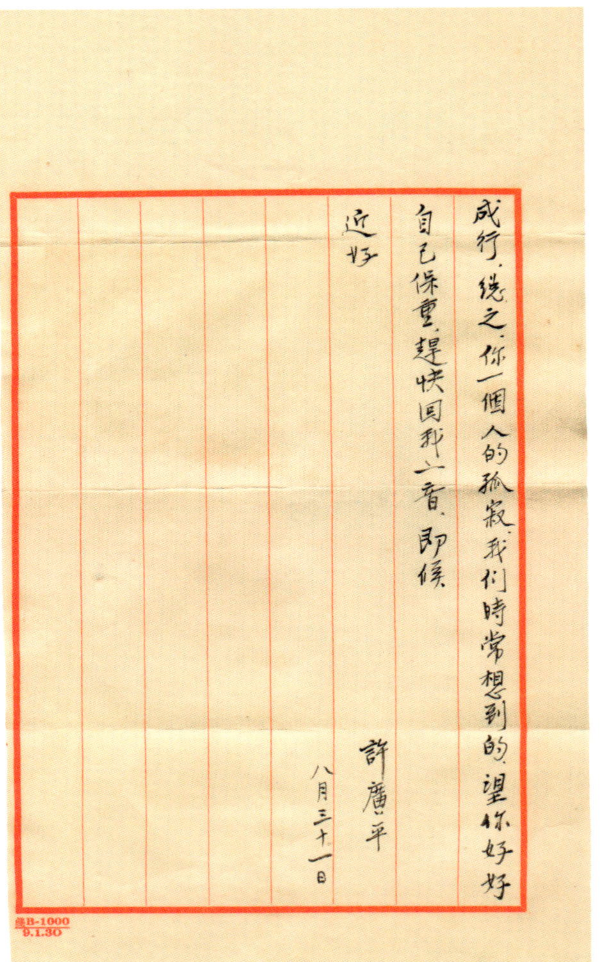

經濟了，現在我想也可以請求他先借助一下，以後我们再設法籌还，我也已經有信給他了，就望你千萬不要賣書，好好保存他的東西給大家做個紀念，也是我们对魯迅先生死後應尽的責任，请你收到此信快回音，詳細告訴我你的意見和生活最低限度所需，我要尽我最大的力量照料你，请你相信我的诚意，海嬰今年十五歲了（算足），人很诚實忠厚，時常问起你，祗要交通再便利些，我们總想来看望你的，其实想北上的心是總有的，魯迅先生生前不用说了，死了不久，母親八十歲做壽，我们都預備好了，臨時因海嬰生病了取消，去年母親逝世，自然也應當去，就因事出意外，馬上籌不出旅費，所以没有成行，總之，你一個人的孤寂，我们時常想到的，望你好好自己保重，趕快回我一音，即候

近好

許廣平

八月三十一日

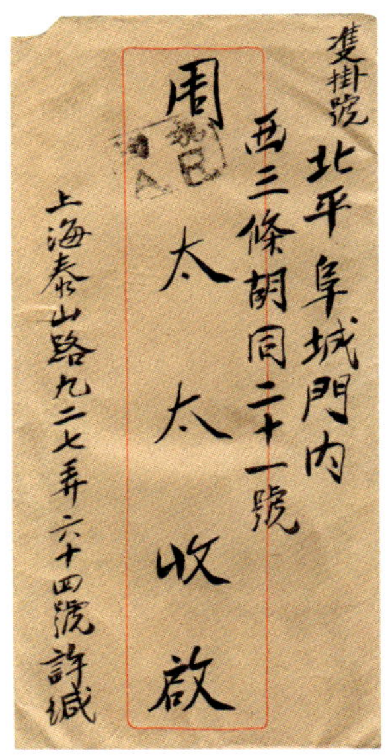

雙掛號

北平阜城門内西三條胡同二十一號

周太太收啟

上海泰山路九二七弄六十四號許緘

1944 年 8 月 31 日许广平致朱安信

信：纵 27.7 厘米，横 16 厘米

封：纵 20 厘米，横 9.6 厘米

1944 年夏，朱安不得已准备出售鲁迅藏书，许广平及鲁迅友人听闻此事积极劝阻。这是 1944 年 8 月 31 日许广平致朱安信，请朱安“好好保存”鲁迅的东西，并承诺尽“最大的力量照料”她。

朱女士：

日前看到報紙，登載「魯迅先生在平家屬擬將其藏書出售，且有攜帶目錄，向人接洽」的消息，此事究竟詳細情形如何，料想起來，如果確實，一定是因為你生活困难，不得已纔如此做，魯迅先生生前努力教育文化工作，他死了之後，中外人士都可惜他，紀念他，所以他在上海留下來的書籍、衣服、什物，我總極力保存，不願有些微損失，我想你也一定贊成這意思。至于你的生活，魯迅先生死後六七年间，我已经照他生前一樣設法維持，從沒有一天间斷，直至前年（卅年）春天之後，我因為自已生了一场大病，後來又匯

B-1000
9.1.30

兌不便，商店、銀行、郵局都不能匯款，熟託的朋友又不在平，因此一時斷了接濟，但是並未忘記你，時常向三先生打听，後來說收到你信、知道你近况，我自己並託三先生到處設法匯款，也做不到，這真是沒奈何的事，魯迅先生直系親屬沒有幾人，你年紀又那么大了，我还比較年輕，可以多挨些苦，我願意自己更苦些，盡可能辦到的照顧你，一定設盡方法籌款匯寄，你一個月最省要多少錢纔能維持呢？請實在告訴我，雖則我這里生活負担比你重得多，你祇自己，我們是二人，你住的是自己房子，我們要租賃，你旁边有作人二叔々，他有地位、有財力，也

大嫂台鑒 數月前曾收到二信，接到第一信時曾寫了回信。第二信内容与第一信相同，且回信寄出不久，故未寫回信。前日許女士來寓，示我報上所載北平出售魯迅藏書消息。並囑弟即寫一信寄嫂，請嫂保存書籍，勿賣予他人，至於家中用度，她自籌寄云云。又，謂款子近知郵局可滙。不知嫂一月需用多少聯鈔，亦請告她知道。因此即為寫此一信，將許女士之意思告知。其實此事並非報上登出始有人知道，數禮拜前，早有一本書目流行於上海，上面寫明魯迅先生藏，並有日文之部四冊。留心書籍之人皆往取書目借觀。因上述魯迅藏書字樣，故鬨動一時。以後遂有數報登載其事。弟近身体尚好。上海生活程度雖高，但尚能敷衍，請勿念。弟回所說袍子，近無便人，祇好日後再說了。匆匆，順頌

安好。

弟 建人啟 九月四日

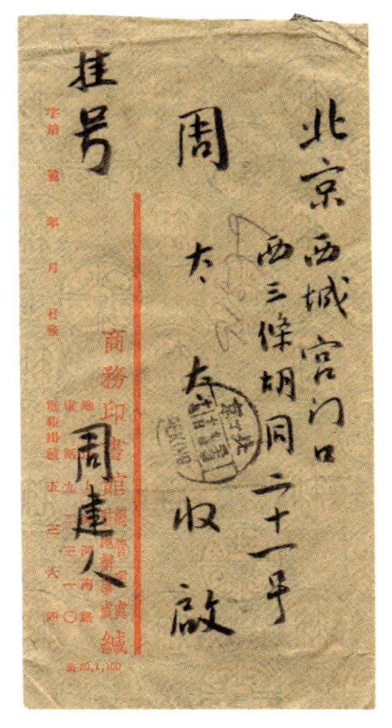

1944 年 9 月 4 日周建人致朱安信

信：纵 27.5 厘米，横 17 厘米

封：纵 19.5 厘米，横 9.8 厘米

1944 年 9 月 4 日，周建人致信朱安，转达许广平嘱托，请朱安“保存书籍，勿卖与他人”。

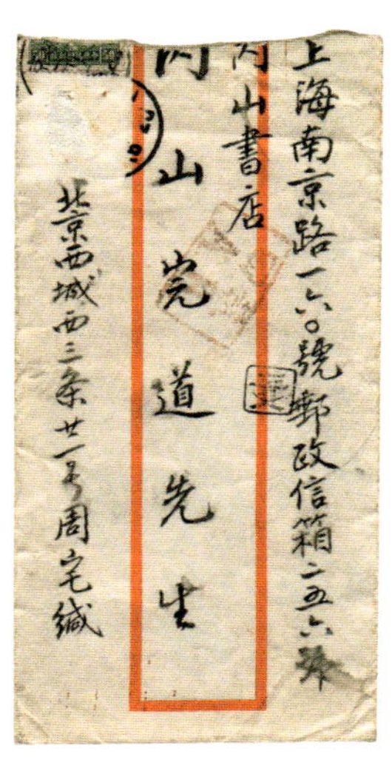

1944 年 9 月 23 日朱安致内山完造信

信：纵 26.8 厘米，横 38 厘米

封：纵 16.8 厘米，横 8.2 厘米

鲁迅的日本友人内山完造（1885—1959）致信朱安劝阻卖书，1944 年 9 月 23 日，朱安请他人代笔复信，说明自己生活困苦的境况。

内山先生：

我們雖未見過，從前聽魯迅先生時常稱道先生的道德學問，所以在我的意識上似乎一向對於先生是很懇慈而欽佩的，現承先生不惜下教，是徵道義精神，尤為可感！我個人的身世狀況，本來不值得一談，但為尋求殘年養生活命之計，又不能不率直而摘要地向先生說一說，希望先生用最公正的友誼，來同情我的一切。

魯迅生前，我和我婆母周老太太的生活費，每月夠提前寄到，過年過節總是格外從豐，並且另有存儲一千餘元，以備不時之需，我也克盡我的天職，處處節省，自魯迅逝世之後，我秉承婆婆的意思，把儲存之款分月撥作家內的日用，當時有一位許壽裳先生，來代許女士索要魯迅先生全集的出版權，担保許女士嗣後寄回京寓的生活費，不使缺少，同時許女士也有信來索取版權，並表示函端的好意，我自愧無能，慨然允諾，當將委托手續全部寄去以後，許女士如何辦理，迄未通告，我亦未曾問過，到廿八年冬季，因家用不足，我婆婆周老太太函商許女士，請每月酌加二十元，未能辦到，以後婆婆的花費，都由周作人先生担任，銀錢之外，米麵煤炭，常有送來，盡有，房屋亦未修過。卅一年五月，併我每月四五十元之零費也沒有了着落，只好典賣釵裙，貼自彌補，卅二年三月，我婆母周老太太逝世，一切喪葬之費，全由作人先生担任，並仍每月送我一百五十元，實在可感！雖然這點錢仍是斫水車薪，但我也不便得寸進尺，計較盈絀。

生活是飛也似的高漲，我的債務也一天天的加高到四千餘元，這真使我無法周轉！

我侍候婆婆三十八年，送老歸山，我今年也已經六十六歲了，生平但求布衣暖菜飯飽，一點不敢有其他的奢望，就是到了日暮途窮的現在，我也仍舊知道名譽和信用是很可寶貴的，無奈一天一天的生活壓迫，比信用名譽更要嚴重，迫不得已，才急其所急，賣書還債，維持生命，倘有一籌可展，自然是求之不得，又何苦出這種下策呢！

現在北京的生活，恐怕不在上海之下，前月華北新報曾有一段記載，每人每月最低生活費用即需六百元，我又老而兼病弱，燒飯洒掃種種雜事，又不能不僱用一个女僕，因此每月最低限度也要支出在千元左右，像我這毫無收入的人，實在是「不知所措」啊！

先生如肯仗義執言，使我債務得以清理，生活不致斷絕，那時不但我感激您的心不是筆墨可以形容的，就是魯迅先生在天有靈，也要感激老朋友的愛護呢，拉雜的寫了這些話來答復 先生給我的關心，希望 先生有了具體辦法以後，再給我一个答復，感謝感謝！祝您

康健！

周朱氏 九月廿三日

周太太赐鉴：违别以来，于廿九日抵申，已与诸友好及许先生晤谈，许先生表示力所能及定当设法汇奉，并于晚抵申前（十月廿六日）由邮局汇出储币五千元合联票九百元，此为邮局限汇之最高额。北平经济情形，业经详细奉告许先生，许先生深为关切，表示愿设法按月汇奉此数，设有收到时，请来函通知晚为荷。许先生另拟早日汇出此款，惟因误于受托人，致稽延时日，并此奉闻。三先生于十九日另有一函奉上，想可与汇款同时收到矣。沪上寓所，原系一律，过去因道路遥远，不免有隔膜之处，但愿早日太平，大先生遗物，能毫不散失，此不特周氏家属之幸，亦许多朋友所盼望者也。专此顺颂

大安。

晚 唐弢上 十月卅日

如许先生经济困难，万一不能续汇时，当由在沪友人设法汇上，诸祈释念。又及

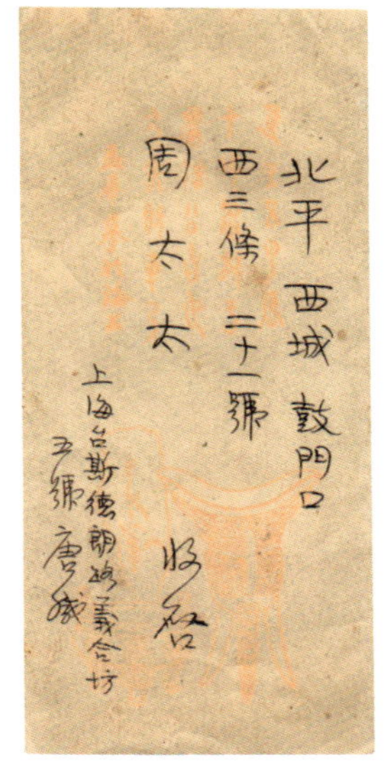

北平西城 数門口

西三條 二十一號

周太太 收启

上海吕斯德朗路義合坊五號 唐緘

唐弢（1913—1992）

1944 年 10 月 30 日唐弢致朱安信

信：纵 25.4 厘米，横 17.5 厘米

封：纵 20.5 厘米，横 9.3 厘米

1944 年 10 月中旬，鲁迅友人唐弢在宋琳陪同下，到西三条拜访朱安，成功消除朱安对许广平的误解，打消其出售鲁迅藏书的念头。1944 年 10 月 30 日，唐弢致信朱安，告知许广平已汇款给她，后将按月汇寄生活费。如许广平经济困难不能续汇，在沪友人会设法汇款。

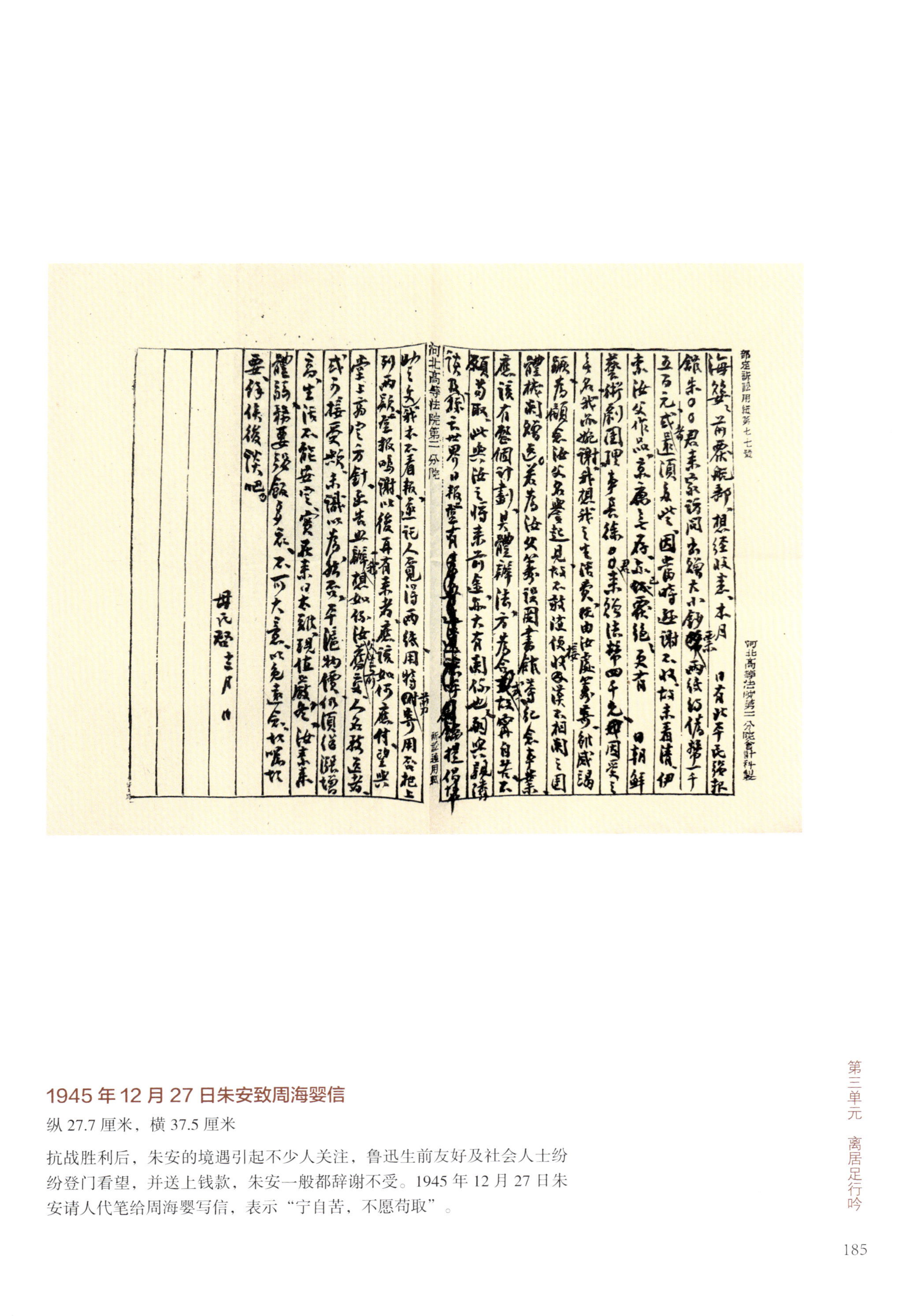

1945 年 12 月 27 日朱安致周海婴信

纵 27.7 厘米，横 37.5 厘米

抗战胜利后，朱安的境遇引起不少人关注，鲁迅生前友好及社会人士纷纷登门看望，并送上钱款，朱安一般都辞谢不受。1945 年 12 月 27 日朱安请人代笔给周海婴写信，表示“宁自苦，不愿苟取”。

朱女士：

前后给海婴信，都已收到。你的生活为难，我们是知道的，而且祇要筹得到，有方法汇寄，总想尽方法的，以前知道寄款不易，在胜利前先托人带上钜款，也是此意。上星期曾托朱董陶陈先生转上法币两万元，今天又托上海银行汇出法币两万元，共四万元，顷又托人汇出拾五万元，（上款筹备不易，望省用数月）共拾九万元，来信说不肯随便接收外界捐助，你能够如此顾全大局「宁自苦，不愿苟取」，深感钦佩，我近些年来一切生活，不肯随便，亦是如此，总之你的生活，我当尽力设法，望自坚定，社会要救助的人很多，我们不应叫人费心，至于报上说有人想捐一笔款买下藏书，仿照任公办法放图书馆内，我们不赞成的，大先生作品，藏书，什物送人，也不赞成，想你也不会赞成的，如有人说及，谢绝好了，我们都好，勿念。

祝好

许广平　一月十八

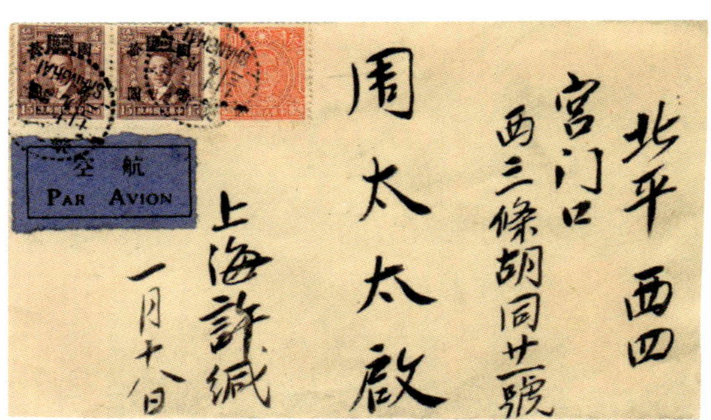

北平西四
宫门口
西三条胡同廿一号
周太太启
上海许缄
一月十八日
航空
PAR AVION

1946 年 1 月 18 日许广平致朱安信

信：纵 21.1 厘米，横 23 厘米

封：纵 9.6 厘米，横 15.8 厘米

1946 年 1 月 18 日，许广平致信朱安，对朱安“宁自苦，不愿苟取”的态度表示钦佩，并嘱咐朱安不要将鲁迅“作品、藏书、什物”出售或送人。

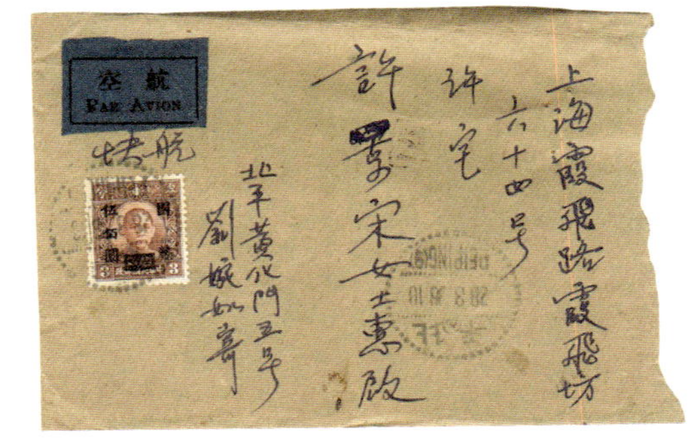

1947 年 3 月 27 日刘清扬致许广平信

信：纵 21 厘米，横 16.7 厘米

封：纵 9.6 厘米，横 13.9 厘米

1947 年 3 月，朱安病重，将西三条 21 号房产过户给周海婴。这是 1947 年 3 月 27 日刘清扬（1894—1977，字婉如）关于此事致许广平信。刘清扬，许广平在天津直隶第一女子师范读书时的校友，时任中国民主同盟中央委员。

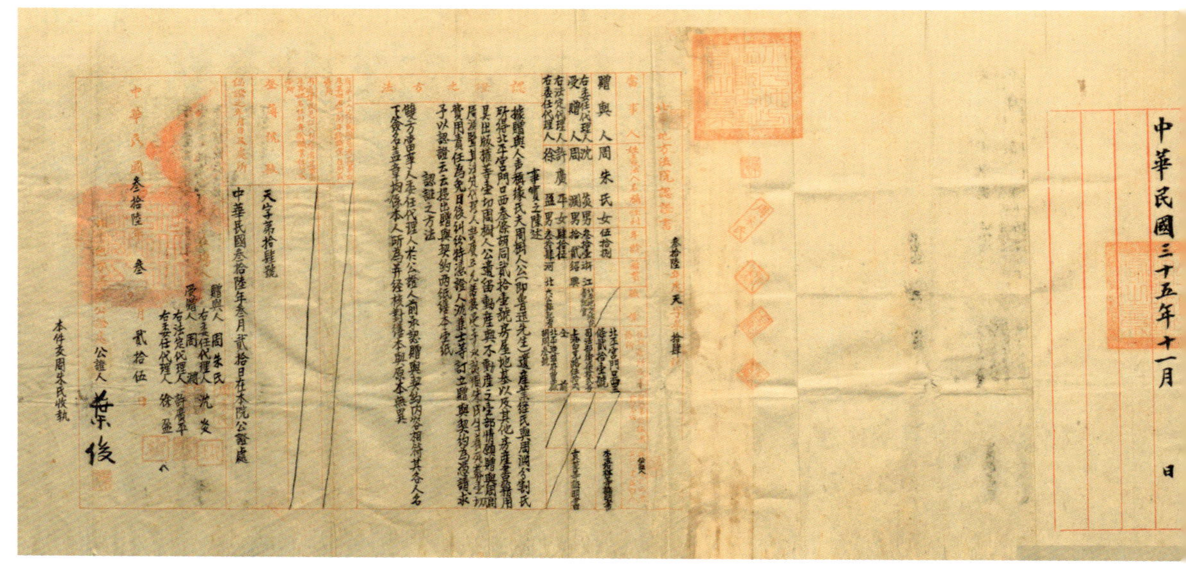

北平地方法院認證書

叁拾陸年度天字第拾肆號

贈與人 周朱氏 女 伍拾捌

右委任代理人 沈兼士

受贈人 周淵 男 拾貳

右法定代理人 許廣平 女

右委任代理人 徐盈

事實之陳述

據贈與人周朱氏稱緣氏夫周樹人公（即魯迅先生）遺產業經氏與周淵分割氏所得北平宮門口西三條胡同貳拾壹號房屋地基以及其他房產書籍用具出版權等一切周樹人公遺留動產與不動產之全部情願贈與周淵[illegible]予以認證云云提出贈與契約兩紙請求[illegible]

認證之方法

雙方當事人委任代理人於公證人前承認贈與契約內容相符其各人名下簽名蓋章均係本人所為并經核對繕本與原本無異

天字第拾肆號

中華民國叁拾陸年叁月貳拾日在本院公證處

贈與人 周朱氏

右委任代理人 沈兼士

受贈人 周淵

右法定代理人 許廣平

右委任代理人 徐盈

中華民國叁拾陸年叁月貳拾伍日

公證人 [illegible]俊

本件交周朱氏收執

中華民國三十五年十一月 日

赠予契约

纵 29.1 厘米，横 102 厘米

朱安将西三条 21 号房产及书籍用具等赠予周海婴（周渊）的契约。

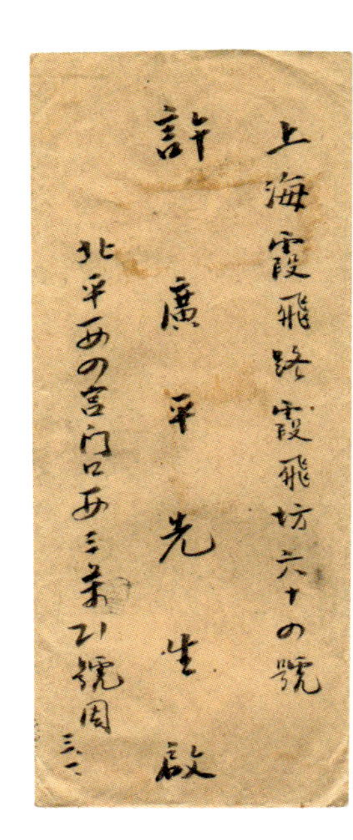

1947 年 3 月 1 日朱安致许广平信

信：纵 25.7 厘米，横 18.3 厘米

封：纵 20.6 厘米，横 8.2 厘米

1947 年 3 月 1 日，朱安请人代笔写信给许广平，安排身后事，要求至上海与鲁迅合葬。

贈與契約

周樹人公（即魯迅先生）遺產業經周朱氏與周淵分割無異周朱氏所得北平宮門口西三條胡同式拾壹號房產地基以及其他房產書籍用具出版權等一切周樹人公遺留動產與不動產之一部情願贈與周淵周淵暨其法定代理人許廣平允諾接受并承認周朱氏生養死葬之一切費用責任為免日後糾紛特立此約為據

贈與人周朱氏

受贈人周淵

法定代理人許廣平

証人沈兼士

張榮乾

吳昱恆

徐盈

阮文同

宋紫佩

許先生 我病已有三個月病勢與日俱進西醫看過終未見好改由中醫診治云係心臟衰弱年老病深不易醫治自想若不能好亦不欲住醫院身後所用壽材須好亦無須在北平長留至上海須與大先生合葬衣服着白小衫褲一套、藍棉襖褲一套須小腳短襖一件小常青夾襖褲一套褲袍一件淡藍綢衫一件紅青外套一件藍裙一條大紅被一幅開領

黃被一幅粉被一幅長青圓帽一頂靚一個（[illegible]一個）須供至七期海嬰不在身邊兩位姪男亦不擬找他們此事請您與三先生酌量辦理我若病重此地應託何人照料並去電報通知老太太及老太爺的事亦須按時以金錢接濟之

中華民國三十六年三月一日

周朱氏字

第三单元　离居足行吟

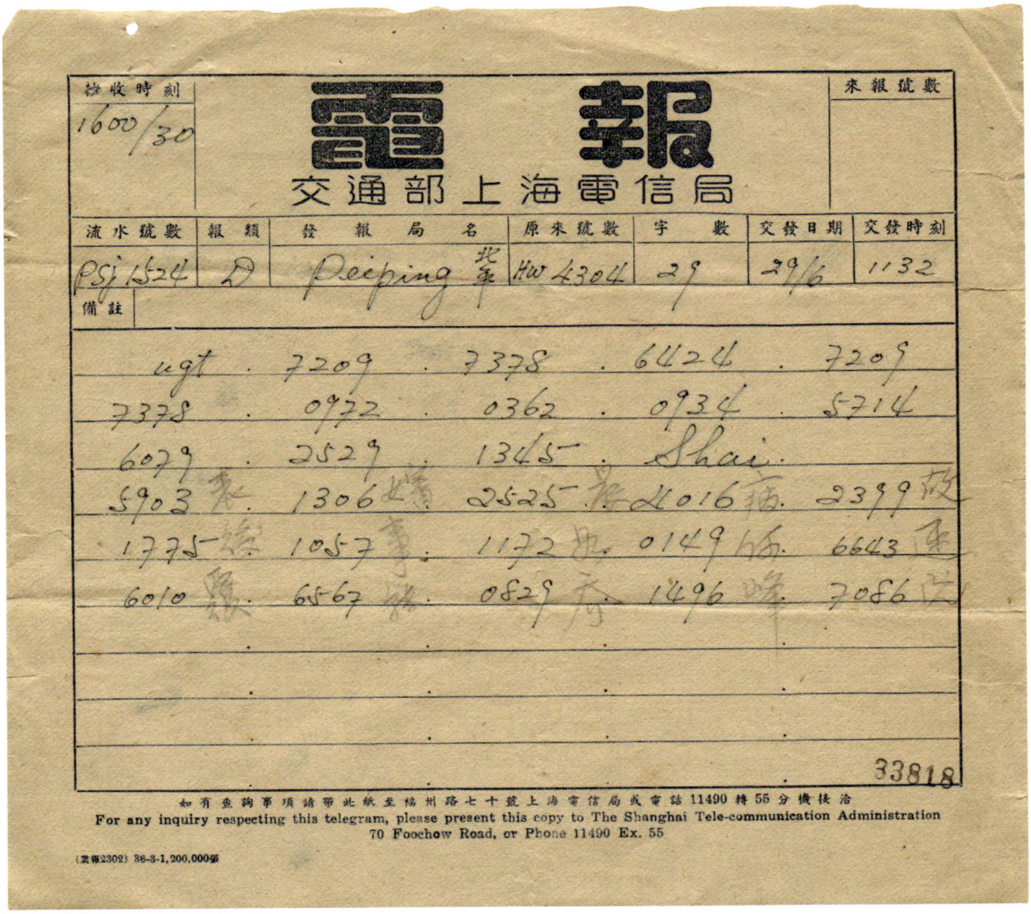

收報時刻	電報 交通部上海電信局	來報號數
1600/30		

流水號數	報類	發報局名	原來號數	字數	交發日期	交發時刻
PSJ1524	D	Peeping 北平	HW4304	29	29/6	1132

備註

ugt . 7209 . 7378 . 6424 . 7209
7378 . 0972 . 0362 . 0934 . 5714
6079 . 2529 . 1345 . Shai .
5903 . 1306 . 2525 . 4016 . 2399
1775 . 1057 . 1172 . 0149 . 6643
6010 . 6567 . 0829 . 1496 . 7086

33818

如有查詢事項請帶此紙至福州路七十號上海電信局或電話11490轉55分機接洽
For any inquiry respecting this telegram, please present this copy to The Shanghai Tele-communication Administration 70 Foochow Road, or Phone 11490 Ex. 55

(業務2302) 36-3-1,200,000張

封正面

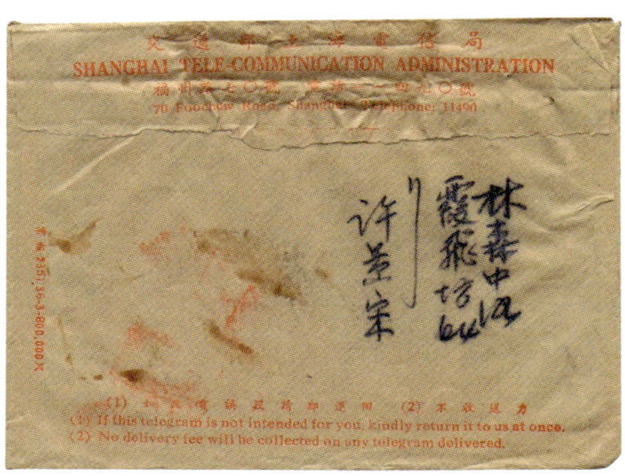

封背面

关于朱安去世的电报

电报：纵 18.8 厘米，横 20.8 厘米

封：纵 9.8 厘米，横 12.8 厘米

1947 年 6 月 29 日，朱安在西三条寓所去世。这是当天居住在西三条的阮绍先（鲁迅姨表兄阮和孙之子，生卒年不详）给许广平拍发的电报。

遗居人宛在

自 1925 年 4 月 12 日第一次踏进西三条 21 号，到 1946 年 10 月回到阔别已久的新文学圣地，20 年倏忽而过，“小鬼”许广平已年近半百，先生也已去世 10 年。经许广平、王冶秋等人尽心竭力地多方奔走，西三条 21 号得以有效保护。郭沫若题字“鲁迅故居”，周恩来评价“价值不小”。1949 年 10 月 19 日第一次对外开放，1950 年 3 月捐赠国家；2006 年公布为全国重点文物保护单位，纳入国家一级博物馆管理体系，成为名人故居保护的典范。承载着鲁迅风骨的西三条小院生机勃勃，每年春天，鲁迅亲手种植的丁香、黄刺玫烂漫怒放，仿佛先生灿烂的笑容。

○ 1946 年 10 月下旬，许广平由上海回到阔别已久的西三条 21 号，用两周时间清点和整理了鲁迅藏书。图为许广平在西三条 21 号。

王冶秋（1909—1987）

○ 1946 年秋，许广平委托鲁迅晚年挚友王冶秋保护西三条寓所。王冶秋与《大公报》记者徐盈（1912—1996）联系，将西三条寓所列为军队征用的民房，使其免遭破坏。

1947 年 4 月 1 日许广平致吴昱恒、徐盈信

纵 21.5 厘米，横 22.8 厘米

朱安病重后，1947 年 4 月 1 日，许广平致信北平地方法院院长吴昱恒（1884—1964）和徐盈，请求阮绍先、宋琳、吴昱恒、徐盈等共同保管西三条寓所鲁迅遗物，并将北屋五间及东屋锁起。

吴院长
徐先生台鉴：顷奉到婉如姊惠函，得悉朱女士赠与屋物契约已签，先生等劳神办妥，古谊高风，匪言可谢。比者复闻朱女士抱恙不轻，年高体弱，婉如姊甚表关切，各位视我们如手足，推及鲁迅的屋与人之爱，代劳任怨，大德何言可表寸臆？关于婉姊赐询万一朱女士不讳应如何善后，即从俭略陈鄙意，予酌裁：一、丧事从简，以符鲁迅先生埋掉拉倒之旨，其佛事烧纸供七等迷信之举可省则省。死后即入殓，如老太太能购地（不必太大）下葬，即行下葬，但因病人沉重，恐难理解"鲁迅精神"，如若不必先向其说明，求其意见。二、寓中遗物，能逐一登记，请阮、宋、吴、徐四位先生公同保管，更请院府在邻居就近上多负安全照料之责。三、房屋（北屋五间及东屋全间）由阮、宋、吴、徐四位先生会同于出殡后锁起，待有家人北上再行处理善后。至于医药身后之需，除先后寄去三百五十万元外，自当尽力筹款续寄，惟以生活高涨，病儿在旁，须加医理，书业凋零，筹款不易，还乞礼谅之。有无即有人批评，亦请诸位先生多予解释，说明我们力所能及者，于生死两尽其道，达当能谅其不得已也。肃此敬候先生等明台绥

四月一日

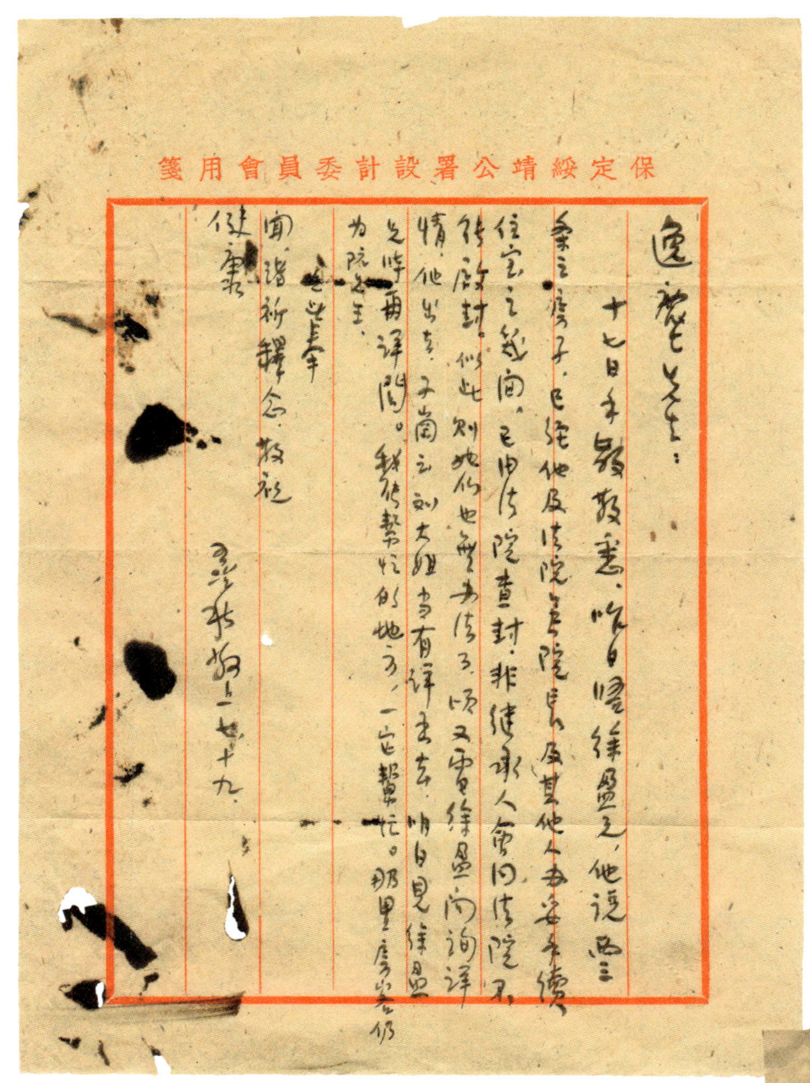

保定綏靖公署設計委員會用箋

遐壽先生：

十七日手翰敬悉，昨日晤徐盈兄，他說西三条之房子，已經他及法院院長及其他人去[illegible]手續住宅之後面，已由法院查封，非继承人会同法院不能啟封。似此則她们也無办法了。頃又電徐盈問詢詳情，他出去了。子岡之刘大姐当有詳[illegible]，明日見徐盈兄時再詳問。我能幫忙的地方，一定帮忙。那里房客仍为[illegible]。

匆此奉

闻，并祈释念。敬祝

健康

王冶秋 七月十九

上海霞飛路霞飛坊64号

許遐壽先生啟

北平王寄

八月廿一复

航空 PAR AVION

PEIPING

1947 年 7 月 19 日王冶秋致许广平信

信：纵 26.8 厘米，横 19.2 厘米

封：纵 21.5 厘米，横 10 厘米

为保护鲁迅遗物，刘清扬、徐盈、王冶秋、吴昱恒等人以周海婴名义向地方法院提出申诉，法院裁决查封西三条寓所，非继承人会同法院不能启封。这是 1947 年 7 月 19 日王冶秋关于此事致许广平的信。

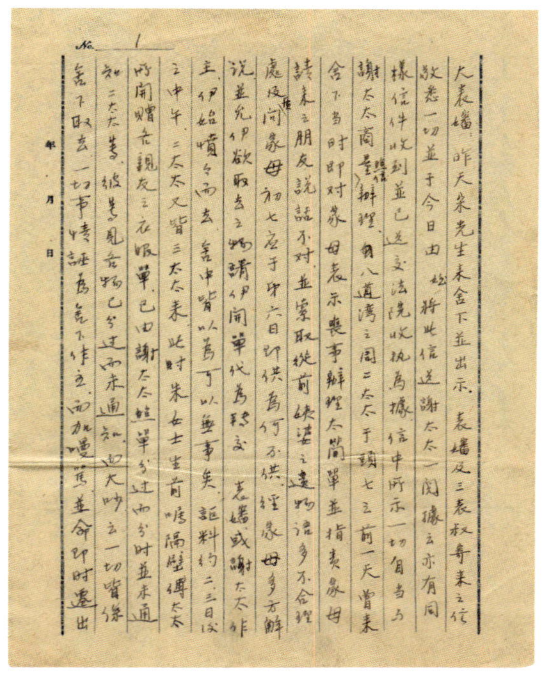

No. 1

大表嫂：昨天朱先生来舍下并出示表嫂及三表叔寄来之信款，悉一切。并于今日由[illegible]将此信送谢太太一阅，据云亦有同样信件收到并已送交法院收执为据。信中所示一切自当与谢太太商量办理。自八道湾之周二太太于头七之前一天曾来舍下，当时即对家母表示丧事办理太简单，并指责家母请来之朋友说话不对，并索取从前姨婆之遗物，语多不合理处，后经问家母初七应于第六日即供，为何不供。经家母多方解说，并允伊欲取去之物请伊开单代为移交。表嫂或谢太太作主，伊始愤愤而去，舍中皆以为可以无事矣。讵料约二、三日后之中午，二太太又偕三太太来，此时朱女士生前嘱隔壁傅太太所开赠各亲友之衣服单，已由谢太太按单分送，而分时并未通知二太太等。彼等见各物已分送而未通知，即大吵，云一切皆係舍下取去，一切事情诬为舍下作主，而加谩骂，并命即时迁出

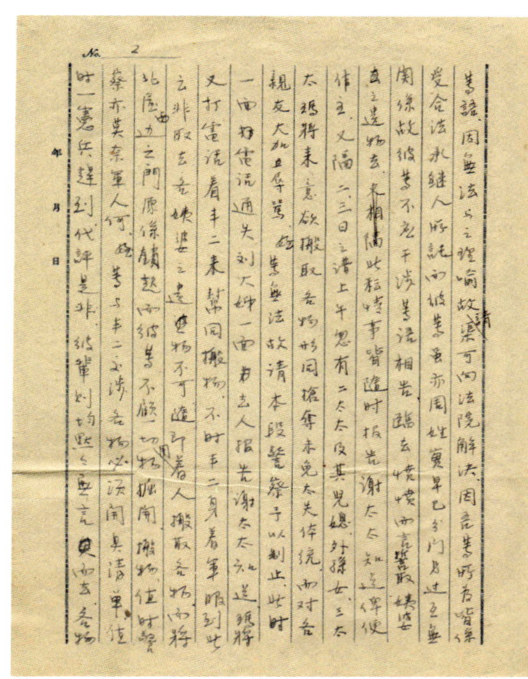

No. 2

等语，因无法与之理喻，故请可向法院解决，因舍等所为皆係受合法承继人所託，而彼等虽亦周姓，实早已分门另过，且无关係，故彼等不应干涉等语相告，临去愤愤而言誓取姨婆之遗物去。此稍時事皆随时报告谢太太知道，俾使作主。又隔二、三日之晨上午，忽有二太太及其儿媳、外孙女、三太太妈将来，意欲搬取各物，形同抢夺，未免太失体统，而对舍亲友大加辱骂。舍等无法，故请本段警察予以制止。此时一面打电话通知大姊，一面由去人报告谢太太知道。彼将又打电话着其二来帮同搬物，不时其二男着笔账到此云非取去舍姨婆之遗物不可，随即着人搬取各物，而将北屋西边之门原係锁起，而彼等不顾一切物品开，搬物，值时警察亦莫奈军人何。彼等与其二人涉各物必须开具清单，值时一宪兵达到代评是非，彼辈则均默默无言，负而去。各物

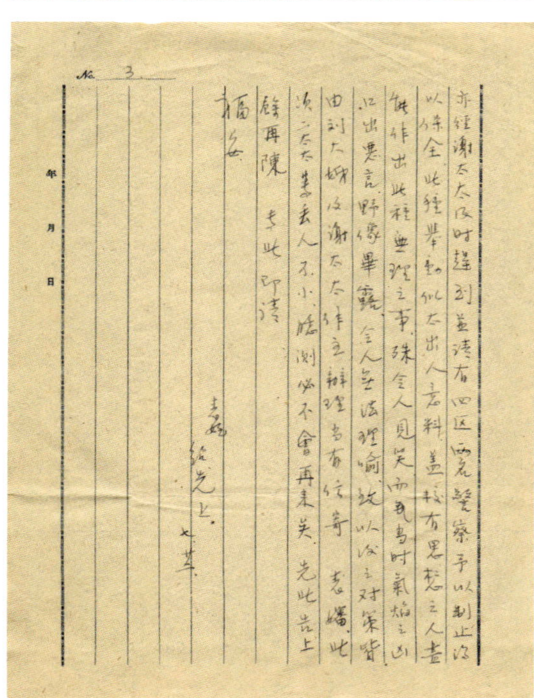

No. 3

亦经谢太太及时赶到并请本区西城警察予以制止。以上係全此种举动似太出人意料，盖彼有思想之人岂能作出此种无理之事，殊令人见笑而当时气焰之凶，口出恶言，野蛮毕露，令人无法理喻，故以后之对策皆由到大姊及谢太太作主办理。当有信寄 表嫂，此次二太太等去人不少，臆测必不会再来矣。先此告上，余再陈。专此 即请

福安

表姪 绍先上。七.廿二

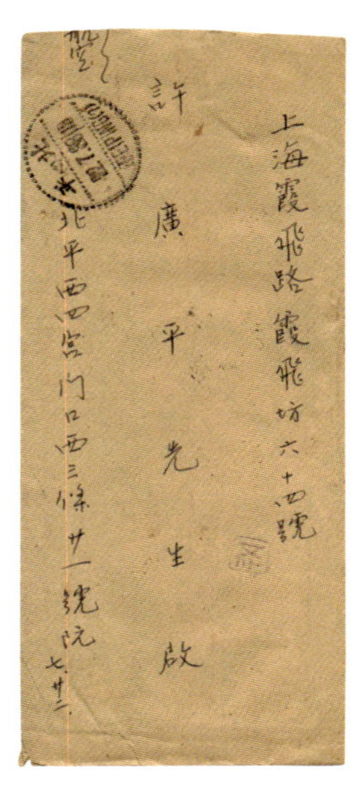

1947 年 7 月 22 日阮绍先致许广平信

信：纵 23.5 厘米，横 17.8 厘米

封：纵 19.8 厘米，横 8.5 厘米

朱安去世后，住八道湾的鲁迅亲属几次到西三条寓所索取物品，被阮绍先等人制止。这是 1947 年 7 月 22 日阮绍先关于此事致许广平的信。

大嫂：您寄来的信及由谢太太转交的信都收到了。诉讼念八送达来闹的事情大概也算完了。至于封锁房屋的事，那是一定要办的，因为谢太太及刘先生呈请法院代为查封保管，所以在没有查封之前，叫我暂住内看管一俟查点完毕即可查封。现已将各东西收于北屋西边之一间内，由谢太太加锁，大概谢太太或有信告诉您。至于二太太他们虽然来闹着搬东西，结果什么也没有拿去，这对他们也够好看的了。五七已办过，一切与谢太太商议办理，总计七个和尚念经及纸花等，共用去二十余万元之谱，清单交由谢太太，只存宋先生来过，二太太他们则一位未到。舍下所住房屋曾有一细摺，自洮至每月按六万元计算，此印未记于摺上，此与谢太太未能寻得，俟与谢太太商议后再去信详告。北平近几日来凉爽如秋。您们都好吧。别不多述，余再陈。专此即请

暑安

书姪

绍先上

八、七、

航空

上海

霞飛路霞飛坊六十四號

許廣平先生 啟

北平西四宫门口西三條廿一號

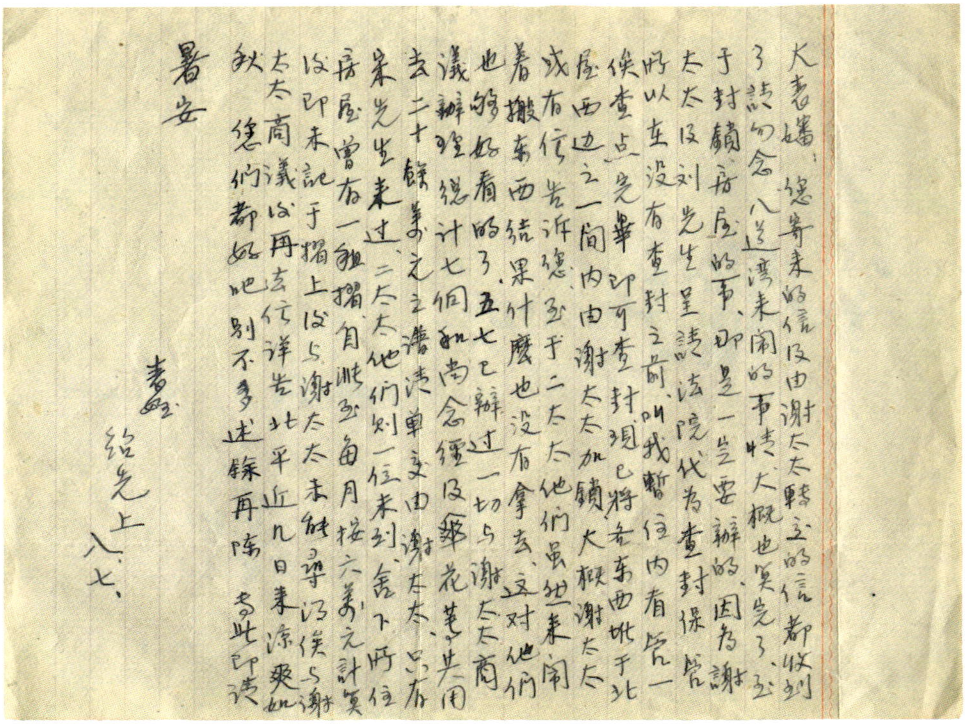

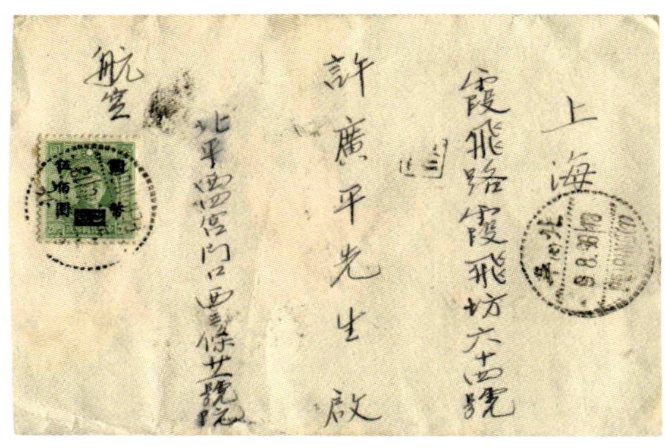

1947 年 8 月 7 日阮绍先致许广平信

信：纵 15.5 厘米，横 20 厘米

封：纵 10 厘米，横 14.5 厘米

1947 年 8 月 7 日阮绍先致信许广平，告知西三条寓所情况，并附上西三条物品清单。

三屉长桌一张
大木椅二把
茶几一個
长架一個
桌灯一個
三角架一
藤椅六
方桌一
红木椅四
菜櫃一
带镜双屉桌一
圆椅一
藤圆桌一
洋炉两
双屉桌三
竹床一
书架壹
三屉櫃一
六屉櫃一
茶几四
大櫃两層一份
床板四份

缸一口
脸盆架一
圆櫈两
红方櫈
帽衣架一
木箱十（带锁）
长箱八（带锁）
白皮箱四（带锁）
黄皮箱一（带锁）
双屉櫃一
三屉长櫈两（带锁）
长櫃一（带锁）
衣箱六
上供用铁盒两份
茶具一份（一盒一壶一杯）
小大兰边碗七
小大花边碗四
小饭碗十九
十碟子八
彩色碟八
兰边碟五
汤碗两

小花盘带底两份
小茶杯六
茶壶一
长碗一
饭汤勺八
铁汤勺四
小汤勺六
瓷汤勺九
玻璃杯二
酱油壶一
带盖酱油碟两
酒杯十三
带盖磁盆一
开水壶一
带盖茶暖壶四
铜暖壶一
兰磁澡盆一
洋灰盆一
桌围二
水壶大小共三
牛奶锅一個
掸帚一

正面

木箱一
高凳一
双屉櫃一
烟筒四节
水缸三
煤球炉二
铁锅六
砂锅三
案板一
书屉一
泡菜罈一
以上各物皆经 谢太太查点后将记下者

背面

以谢少爷所带来的劳苦之，我已完全领受 妹的厚情，而璧还了这份厚重物质的礼品。千万请 妹不必过意！我们实在不在乎礼之轻重，对诸知友，未曾领受过分毫，故不能由 妹而破例。当此诸般艰苦，大家均在患难之际，为了保重我们艰苦的生存，应该彼此互加瞭解体谅才是。 妹既经此次来氏一大[illegible]，负担之重，实属不易，我除尽微力协助而外，也绝未有任何礼谊的表示，深知 妹既知我必能谅我也，尤其是 妹在冷静坚忍之时，渊侄尚患微恙，应加保重，适逢此处都在需款，何须作此不必要之靡费呢，望 妹能以此劳之增加滋补的健康，实更有意义，而使我心安也。

关于五三侄请求假执行事，一切手续，均已办好。此事吴院长自始从暗中帮忙，而减免了应付之款；其中最热心负责协助者乃是那位魏女士，她是最热情可爱的青年，一切出于患难的至意，但这些知友，都无须以酬劳的形式有所表示，尤其他们也都不愿在形式上向外张扬，所以谢太太曾两次主张要以请客酬劳，我均认为无须此举，但我见到他们都一一说过了： 妹对他们深情厚意的帮助，是非常感谢的，大家都认为相知友谊的互助，本是应该的，无须如此挂怀也。对于此事出力最大，而能切实任劳任怨帮助者，谢太太是主要使人敬佩的，她虽是费力不小，而始终如一。据谢少爷云，凡一切有关重要文件，均须寄 妹收存，故凡存我处的图章和[illegible]证件等，均已交其代存代寄来。未尽意！即祝

夏祺！

娥 八月十三日午夜

再者此间给致询君写信而未见覆，不知何故，甚念念，望代一问其近况。

1947年8月13日刘清扬致许广平信

信：纵16.5厘米，横42.5厘米

封：纵9.7厘米，横16.8厘米

1947年8月13日，刘清扬关于法院“假执行”等事致许广平信。

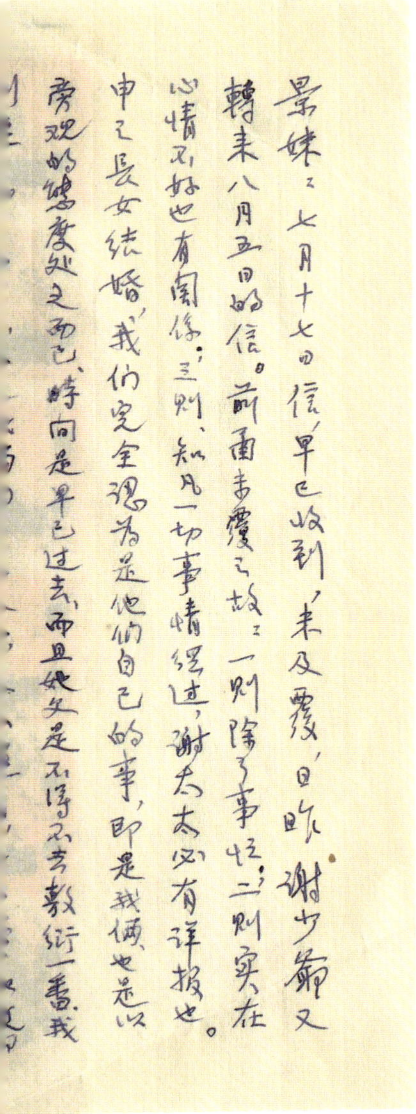

景妹：七月十七日信，早已收到，未及覆，日昨谢少翁又
轉来八月五日的信。前面未覆之故：一则除了事忙，二则实在
心情不好也有関係；三则，知凡一切事情經过，謝太太必有详报也。
申之長女结婚，我们完全認为是他们自己的事，即是我俩，也是以
旁观的態度處之而已。時間是早已过去，而且她又是不得不去敷衍一番。我

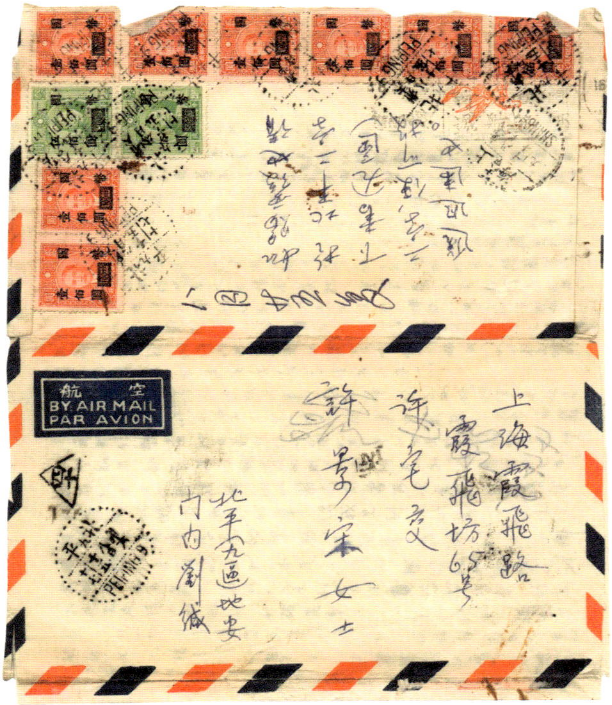

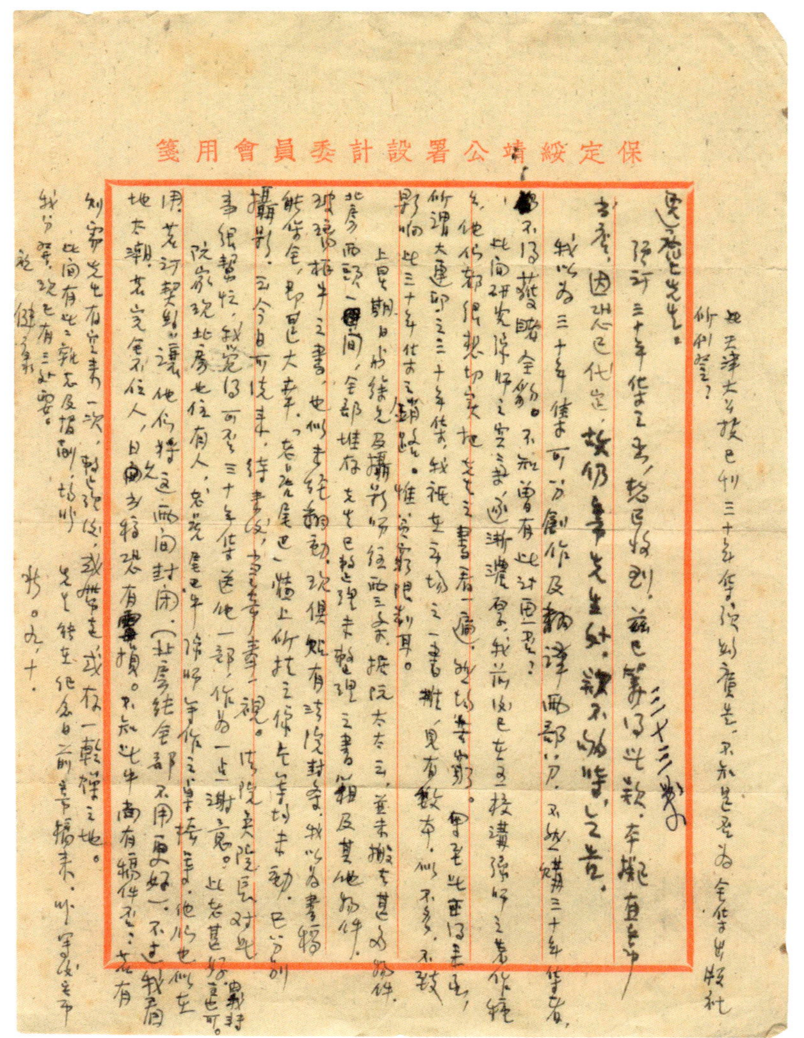

保定綏靖公署設計委員會用箋

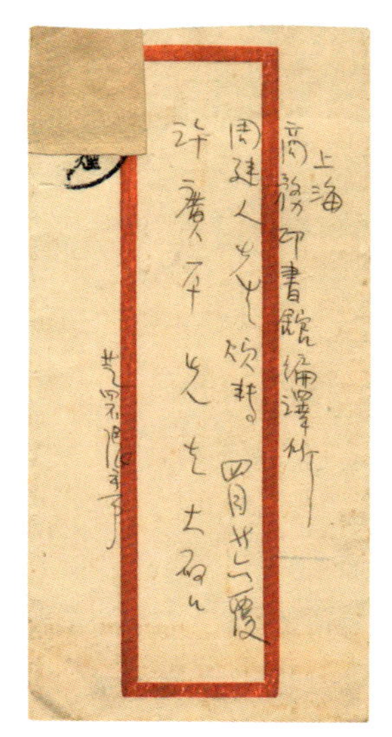

1947 年 9 月 10 日王冶秋致许广平信

信：纵 26.5 厘米，横 19.3 厘米

封：纵 18.8 厘米，横 9.4 厘米

1947 年 9 月初，王冶秋、徐盈带摄影师赴西三条 21 号拍摄照片一套。1947 年 9 月 10 日，王冶秋致信许广平告知此事及西三条 21 号现状。

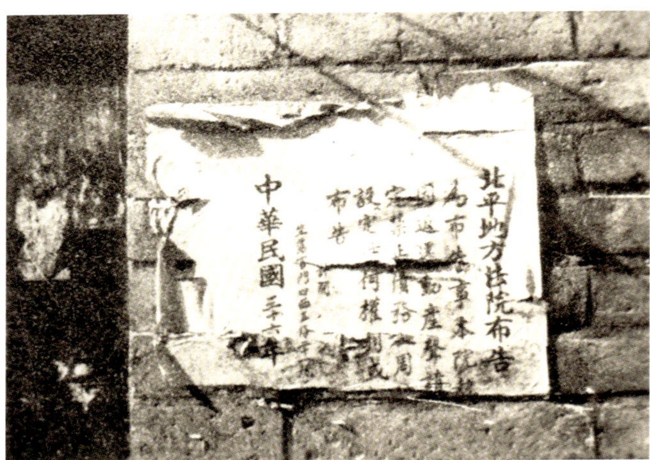

○ 贴有北平地方法院封条的西三条 21 号。

○ 1949 年 1 月北平解放，任职于军管会文物部的王冶秋派人查看和接管西三条 21 号，约于此时开始称之为“鲁迅故居”。图为故居门口。

○ 1949 年 6—7 月，华北人民政府拨款修缮了“鲁迅故居”。1949 年 10 月 1 日，许广平将故居按鲁迅生前原样进行布置，并于 10 月 19 日开放，接纳观众参观一天。图为许广平摄于“鲁迅故居”门前。

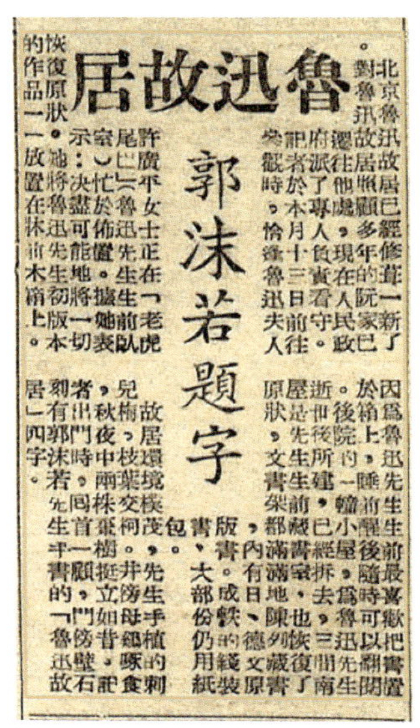

魯迅故居

郭沫若題字

○ 1949 年 10 月 21 日《南京人报》关于郭沫若（1892—1978）为“鲁迅故居”题字的报道。

有的人活着
他已经死了；
有的人死了
他还活着。

有的人
骑在人民头上："呵，我多伟大！"
有的人
俯下身子给人民当牛马。

有的人
把名字刻入石头想"不朽"；
有的人
情愿作野草，等着地下的火烧。

有的人
他活着别人就不能活；
有的人
他活着为了多数人更好地活。

骑在人民头上的，
人民把他摔垮；
给人民作牛马的，
人民永远记住他！

把名字刻入石头的，
名字比尸首烂得更早；
只要春风吹到的地方，
到处是青青的野草。

他活着别人就不能活的人，
他的下场可以看到；
他活着为了多数人更好地活着的人，
群众把他抬举得很高，很高。

1949年10月19日，诗人臧克家（1905—2004）参观"鲁迅故居"，随之写下著名诗篇《有的人》。

褒獎狀

許廣平先生暨其子周海嬰君以魯迅先生故居全部捐獻人民政府計土地五分六釐瓦房七間灰頂房七間樹木九株圖書五千一百九十五冊又二百七十四件（包括張、包、份）金石拓本四千零三十張家具文物等三百九十三件魯迅先生是我國偉大的人民文學家思想家和革命家該許先生暨其子周君把他的故居和生前的文物公諸人民使人民得以永遠地參謁紀念追懷愛護魯迅愛護人民的精神足資矜式特予褒揚此狀

中央人民政府文化部
部長
副部長

一九五零年六月十二日

中央人民政府文化部印

○ 1950 年 2 月 25 日，许广平与周海婴将西三条 21 号“鲁迅故居”及其内所有遗物捐献给国家。图为当年 6 月文化部颁发的褒奖状。

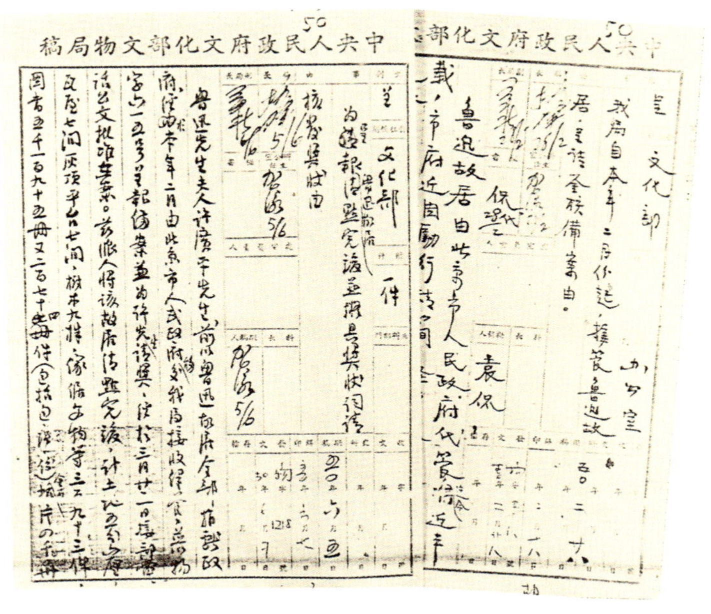
中央人民政府文化部文物局稿

○ 1950 年 5 月，文化部文物局派人将“鲁迅故居”及故居内所有遗物清点完毕。图为上报文化部的文件。

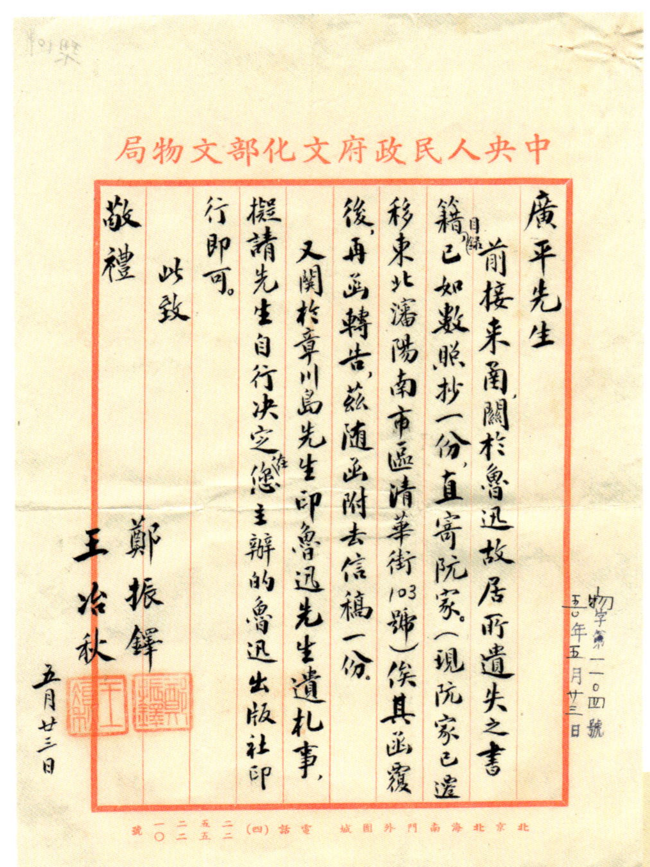

中央人民政府文化部文物局

廣平先生：

前接来函，關於魯迅故居所遺失之書籍目錄，已如數照抄一份，直寄阮家。（現阮家已遷移東北瀋陽南市區清華街103號）俟其函覆後，再函轉告，茲隨函附去信稿一份。

又關於章川島先生印魯迅先生遺札事，擬請先生自行決定，您主辦的魯迅出版社印行即可。

此致

敬禮

鄭振鐸
王冶秋
五月廿三日

物字第一一〇四號
五〇年五月廿三日

北京北海南門外團城　電話（四）二五二一、二五二〇號

信稿

阮先生：

魯迅故居北房西屋內，所存魯迅先生遺物及書籍等，曾由許廣平先生將其全部捐獻政府，今經我局照冊清點，發現缺少圖書數十種，府上一向在魯迅故居住，直至政府派人前往看守時為止，對於此項圖書定知之甚悉，今將所缺各書之書單隨函附上一份，如其中尚有在尊處者，請即交還，萬一更有轉借情事，亦請設法追還或將其所在地告知本局，您是魯迅先生的親戚，對魯迅先生的愛護，定不後人，希望幫助政府完成此項任務，請即函覆，此致

敬禮！

中央人民政府文化部文物局

五月廿三日

地址：北京北海南門外團城　電話（四）二五二一、二五二〇號

1950 年 5 月 23 日郑振铎、王冶秋致许广平信（附致阮家信稿）

纵 26.2 厘米，横 18 厘米

致阮家信稿：纵 25.8 厘米，横 19 厘米

文化部在“鲁迅故居”遗物清点过程中，发现缺少图书数十种，遂致信阮家寻找。这是 1950 年 5 月 23 日文化部文物局局长郑振铎（1898—1958）、副局长王冶秋关于此事致许广平信（附致阮家信稿）。

○ 1950 年 9 月，文化部文物局在“保持原状”的原则下，对“鲁迅故居”进行了较彻底的修缮。1950 年 10 月 19 日对外开放，当天参观者近千人。图为章廷谦带领北京大学师生参观。

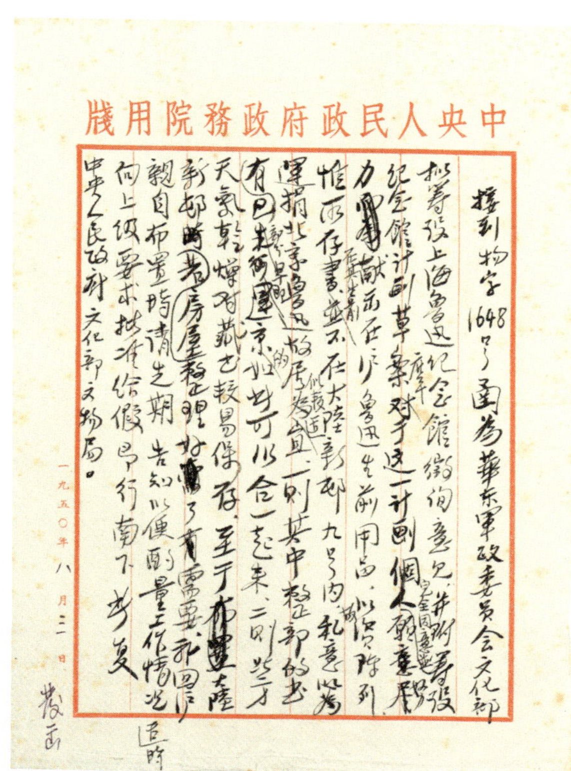

中央人民政府政务院用笺

接到物字1648号函，为华东军政委员会文化部拟筹设上海鲁迅纪念馆，征询意见，并将筹设纪念馆计划草案（原件）。对于这一计划，个人完全同意，颇表赞[illegible]，[illegible]献出在沪鲁迅生前用品，以资陈列。惟所存书籍，并不在大陆新邨九号内，私意以为运捐北京鲁迅故居，似较适宜。一则其中整部的书有同北京故居[illegible]，可以合一起来，二则北方天气干燥，对书籍也较易保存。至于大陆新邨[illegible]房屋整理好，[illegible]有需要，我回沪亲自布置，届时请先期告知，以便酌量工作情况向上级要求批准给假，即行南下。此复

中央人民政府文化部文物局。

许广平

一九五〇年八月二日

1950 年 8 月 3 日许广平致文化部文物局信

纵 28 厘米，横 20.5 厘米

1950 年 8 月 3 日，许广平致信文化部文物局，提请将鲁迅在上海的藏书运捐北京“鲁迅故居”。当年 11 月，保存在上海的藏书 2691 种分装 41 箱运往北京，交北京“鲁迅故居”保存。

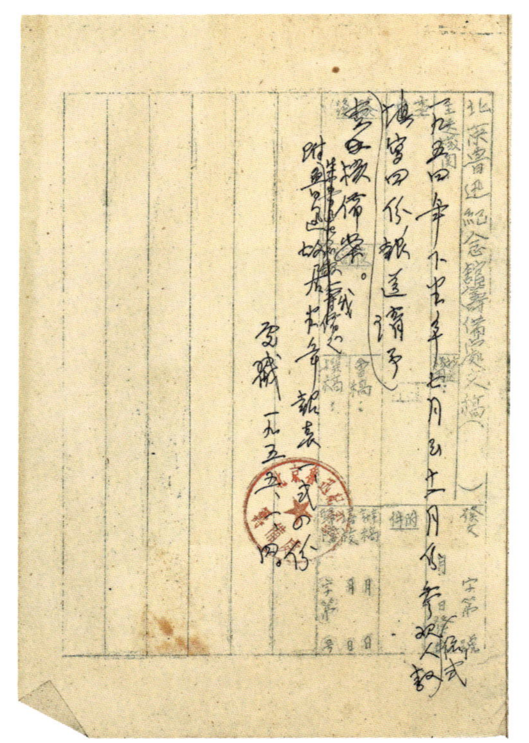

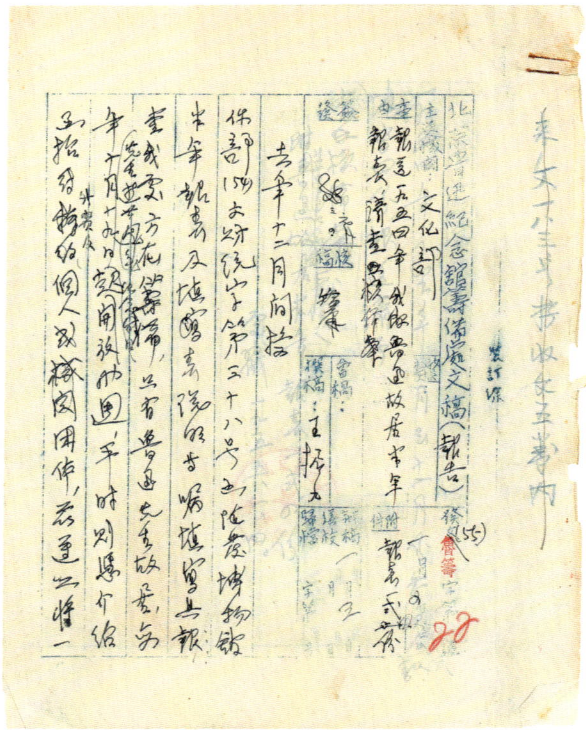

○ 1954 年 1 月，文化部决定依托“鲁迅故居”筹建博物馆。9 月，北京鲁迅纪念馆筹备处正式成立。这是筹备处关于报送 1954 年下半年“鲁迅故居”报表的报告，当时故居每年 10 月 19 日起开放两周，平时个人及团体凭介绍信参观。

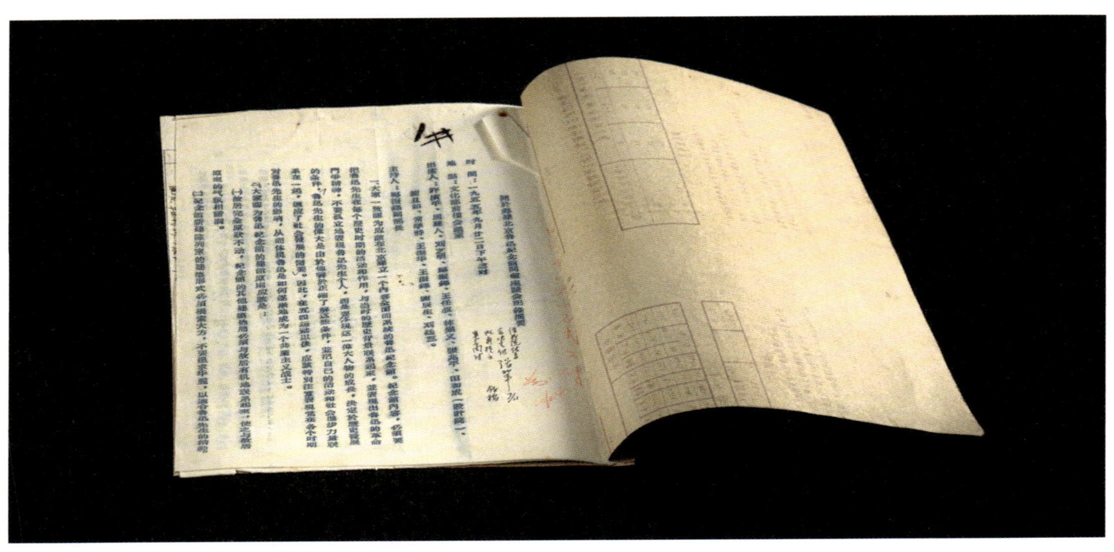

《关于筹建北京鲁迅纪念馆问题座谈会记录摘要》

纵 38.4 厘米，横 26.5 厘米

1955 年 9 月 21 日，文化部召开座谈会，讨论北京鲁迅纪念馆建馆原则，认为故居应坚持“完全原状不动”，纪念馆其他建筑的布局必须与故居有机地联系起来，使之与故居原来的气氛相协调。

○ 1955 年 5 月 22 日，周恩来（1898—1976）总理参观“鲁迅故居”，评价故居虽小，但“价值不小”。这是同时期周恩来照片。

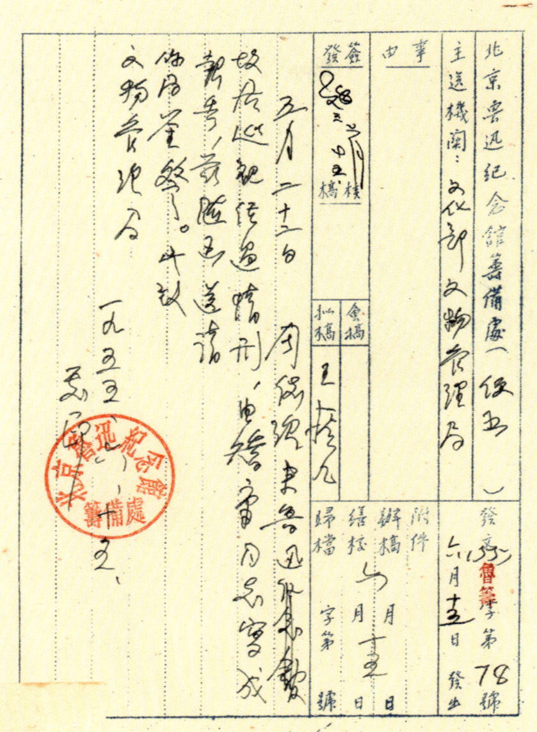

北京魯迅紀念館籌備處（發文）

主送機關：文化部文物管理局

事由

發簽

會稿

擬稿 王

附件

辦稿 六月 日

繕校 六月 日

歸檔 字第 號

發文 魯籌字第78號 六月 日發出

五月二十二日周總理來魯迅故居參觀，由矯庸同志寫成故居巡視經過情形，兹將原報告送請備用查參。此致

文物管理局

一九五二年六月

五月二十二日星期日，我處由李育华同志值日，十二点前，有全国人民代表大会沈同副科長来联系，説有人家人来参观，先去看看好作準備，矯庸向报告上级并通知公安機関，沈同志说不用，

下午二時七分来了三部卧車、第二車下来第二人是周總理，首由沈同志介绍矯庸李育华，共同引進故居魯迅先生工作室又看東屋西屋後园西院西房南房东房各室都看了。

總理在此房東屋看書十餘種如此本書譜白话詩色等及南屋坐凳时间很長，三点十分走的。

陪同有保衛同志二人隨七攝影者一人，曾攝影三四張。

我處幹部沈伟光同志在院保衛，總理曾问它是什么人，李育华同志答是紀念館同志，總理问有多少人，矯庸答八个人，總理说要什么这些人。矯庸説要建紀念館要不建將来四週都建楼房，这顯太小了，總理説小價值不小，這不満好的，矯庸説建不建，總理一句話，總理笑了就走了。

以上为周總理到故居、經過情形，报請你局查核

總理問您是作什么的，矯庸说規備綜合化，總理没说什么後到正房

中央人民政府文化部

○ 北京鲁迅纪念馆筹备处工作人员矫庸（1890—1971）撰写的周恩来参观“鲁迅故居”报告。

○ 1956 年 9 月，博物馆筹建工作基本完成，文化部文物管理局确定馆名为鲁迅博物馆。1958 年 7 月，更名为北京鲁迅博物馆。图为 1956 年 10 月 18 日，鲁迅博物馆举行预展时前来参观的观众。

○ 1956 年 10 月 19 日，鲁迅博物馆正式开馆，自此故居常年开放。图为建馆初期的鲁迅博物馆。

○ 1957 年 12 月 10 日，苏联作家西蒙诺夫（1915—1979，右二）来馆参观、座谈。

○ 1959 年 9 月，北京鲁迅博物馆将鲁迅所有藏书从“鲁迅故居”移往陈列厅西侧厅内保存。图为 1959 年 10 月 19 日鲁迅日本友人来馆参观留影（左起：内山完造夫人内山真野（生卒年不详）、胞弟内山嘉吉（1900—1984）、许广平、弟媳内山松藻（1906—？）。

○“文革”期间，故居门牌被砸破一角，在工作人员的劝阻下，故居没被进一步破坏。1967 年春，北京鲁迅博物馆被迫闭馆，“鲁迅故居”停止对外开放，直到 1974 年 9 月 24 日重新对外开放。

“北京市重点文物保护单位”立牌

纵 40 厘米，横 60 厘米

1979 年 8 月 21 日，“鲁迅故居”被公布为北京市重点文物保护单位。1981 年 7 月，北京市文物事业管理局立牌于“鲁迅故居”大门东侧墙上。

○ 1981 年，北京鲁迅博物馆进行大规模扩建，将博物馆大门南移，“鲁迅故居”被括入院内。扩建工程于 1981 年 8 月初竣工，图为扩建后的北京鲁迅博物馆全景。

00152　12

北京市文物事业管理局（复函）

（86）京文物　字082号

关于恢复鲁迅故居“老虎尾巴”来文的复函

北京鲁迅博物馆：

你馆来文已悉。我局同意恢复鲁迅故居“老虎尾巴”。并请你馆在施工中切实注意按原貌恢复。

北京市文物事业管理局

一九八六年四月十五日

○ 1986 年 4 月 15 日，北京市文物事业管理局批准恢复“鲁迅故居‘老虎尾巴’”，要求“切实注意按原貌恢复”。

00153

北京鲁迅故居修复报告

北京阜成门内西三条胡同二十一号的鲁迅故居，初建于1924年。1923年10月30日，鲁迅花八百元钱买下了这座有六间房的小四合院。第二天他亲手绘制了翻建设计图（见鲁迅日记1923年10月31日："夜绘屋图三枚"）。于1924年1月2日正式接收了这座房屋，用了近半年时间进行翻建。1924年5月25日到1926年8月26日，鲁迅住在这里。

鲁迅故居有北屋三间并带"老虎尾巴"一间，南屋三间、东西厢房各一间（见故居平面图）。南屋是会客室兼书室，西厢房是厨房、东厢房是女工住处。北屋的东间是鲁迅母亲卧房，西间是前夫人朱安卧房，明间是穿堂，兼作起居室和餐室。穿堂后面凸出一小间，就是鲁迅的卧室兼工作室，称为"老虎尾巴"。

1950年2月，文化部文物局从北京市人民政府接管了鲁迅故居，当年10月正式开放。

解放前西三条胡同一带是贫民居住的地方，房屋大多破旧。1924年翻修的鲁迅故居，大多采用旧料，墙体用碎砖泥土砌成。解放后，维修过几次，未能解决房屋坚固的问题。近几年房屋损坏程度愈烈，漏雨情况严重。南房后墙向外倾斜，局部基础下沉，屋面坍塌，顶棚脱落。东西房除山墙断裂外，后墙均向外倾斜。西房

~1~

后墙有趴牛一个。东房东大墙向外倾斜，北房东山墙向外倾斜（下端有趴牛墙），室内墙面潮湿。根据这种状况，馆内认为作为北京市重点文物保护单位的鲁迅故居，如不及时进行修葺，很难确保安全与对外开放。故请示文化部文物局，北京市文物局批准，于1986年5月1日，由西城区房管局第二建筑公司古建队正式动工修缮。

施工前，馆内征求上级机关及故宫博物院傅连兴工程师意见，制定了维修方案，施工要求，对故居作出测绘图、拍了大量的细部局部建筑做法照片，要求建筑单位严格按原状修复。

这次大修，是将旧房落架，使用一切可能采用的原有材料构件忠实恢复原貌，替换更新了所有腐朽材料及碎砖墙体等。

根据房屋损坏程度，决定先修南房和东西房。后经请示文物局及北京市文物局批准，增修了北房并拆掉了鲁迅母亲后来接出的半间房，恢复了当年鲁迅亲自设计、居住的"老虎尾巴"原状，平整了院内地面花池等。修复工程到1986年9月12日竣工。

9月12日鲁迅博物馆邀请傅连兴工程师、北京市文物局文物处刘明信等同志参加"鲁迅故居修复工程验收会"。验收时用原状局部细部照片一一核对。会上对故居修复质量一致给予肯定，认为西城区房管局第二建筑公司古建队在施工质量上达到了要求、较忠实地恢复了故居原状，如期完成修复工作，保证了纪念鲁迅逝世五十周年的开放展览，为这项文物保护工作做出了贡献。

鲁迅博物馆

1987年1月

附：《维修鲁迅故居情况记载》

~2~

维修鲁迅故居情况记载

基建科

一、房屋概况及施工程序

略，详见《修复报告》

二、建筑构件及用料情况

工人们拆故居旧房时小心翼翼，避免损坏构件和原材料，但对木料等材料的鉴定十分严格，绝不凑合使用原材料。

1、南房（包括耳房）

①换前西明檩　1根

②换明间前　今　1根

③换明间后　今　1根

④换明间脊檩　1根

⑤换门道后　今　1根（原明间后今）

⑥换门道后　檩　1根（原后今）

⑦换耳房后　檩　1根

⑧除门道西墙排山柱和明间前檐柱（2根）

⑨未换新料，其它所有明土、排山柱均已新换。

⑨换檐椽　37根

⑩换花架椽　192根

~1~

⑪换南房门下坎　1个

⑫街门下坎　1个

⑬房顶以望板（15cm）代替原苇箔

2、西房

①换平台柱　2架

②换明土柱　5根

③北山墙原来的排山柱改为平台柱

3、东房

①换北山平台柱　1架

②换后檐檩　2根

③换土明柱　5根

④北山墙原来的排山柱改为平台柱

4、北房

拆除鲁瑞（母亲）接出房半间，恢复"老虎尾巴"原貌。室内地面做成二毡三油。

①换明间东明檩　1根

②换明间后　檩　1根

③换老虎尾巴檩　2根

④换东山排山柱　1根

⑤换明土　柱　9根（其一为土柱旧料）

~2~

⑥换檐　椽　36根

⑦换　花架椽　37根

⑧换大小椽子　5根

⑨换西后檩　1根

三、墙体和室内地面结构

为防震抗震，墙基除夯三合土外，打钢筋水泥地梁一道（50×40）。墙体内原为"核桃酥"，现全部改为整砖砌墙，满打砂、灰浆，使墙体成为一整体。墙厚度为40cm，东房后墙为50cm。

室内地面除夯三合土外，均铺5厘米厚毒砼一层，再一毡二油，垫水泥砂浆，方砖墁地面。

1987年1月

~3~

○ 1986年9月12日，“鲁迅故居”修缮完毕。这是完成于1987年1月的《北京鲁迅故居修复报告》。

○"老虎尾巴"恢复前（上图）后（下图）对比图

淑穗同志：您好！来信收到，遵嘱画出朱安夫人卧室和"南屋"当年的布置草图两张，并加说明寄上，请查收赐复。因为这是五十多年前的事，记忆模糊，准确性是很没有把握的。两张图比较起来，朱安夫人卧室的布置把握大些。南屋我去得较少，这张草图更没有把握。因此这两张草图只能供参考。我想还是托家兄妹记得清楚些，因为他们年纪比我轻，和鲁老夫人、朱夫人住在一起的时间也较长。您说是吗？

这图本应早寄，您的信是国庆前（9月30号）收到的，觉得自己画的草图没有把握，又写信给俞藻征求她的意见，待来信来回一转，拖到现在才画好，迟复有因，请您原谅。致

礼！

俞芳 1986.10.9.

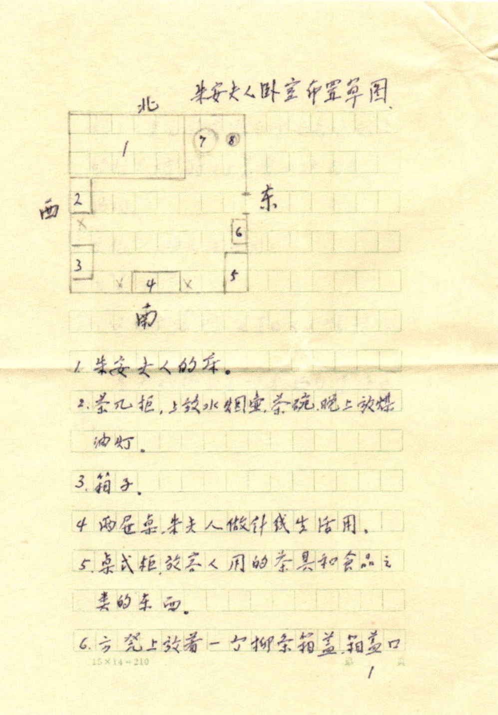

1. 朱安夫人的床。

2. 茶几柜，上放水烟壶、茶碗，晚上放煤油灯。

3. 箱子。

4 两屉桌，朱夫人做针线生活用。

5. 桌式柜，放客人用的茶具和食品之类的东西。

6. 方凳上放着一个柳条箱盖，箱盖口朝上，里面放着洗干净的鲁迅先生的衬衣裤，箱口上盖着一块白布。

7. 马桶。

8 木杓子（便后洗手用）。

9. "X"表示椅子。

注：这是示意图，没有比例，不按比例画。

屋内的椅子有时要搬动变换位置。

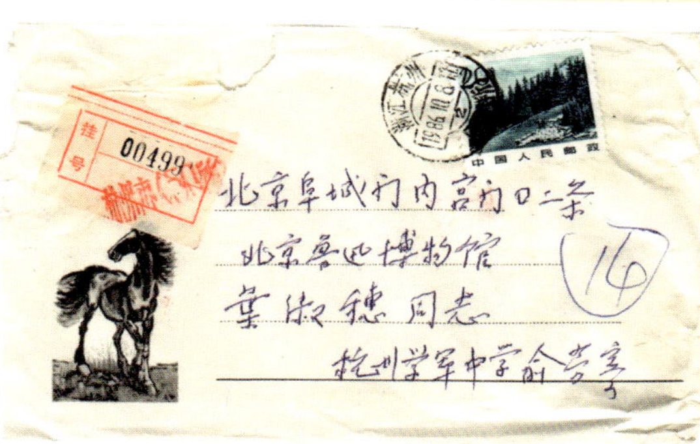

挂号
00499
中国人民邮政
北京阜城门内宫门口二条
北京鲁迅博物馆
叶淑穗同志
杭州学军中学俞芳寄
(14)

俞芳致叶淑穗信

信：纵 26.8 厘米，横 19 厘米
封：纵 9.2 厘米，横 14.4 厘米
朱安夫人卧室布置草图、"南屋"布置草图：
纵 26.5 厘米，横 18.8 厘米

1986 年 10 月 9 日，俞芳关于画朱安卧室、南屋草图事致北京鲁迅博物馆工作人员叶淑穗（1931— ）信。

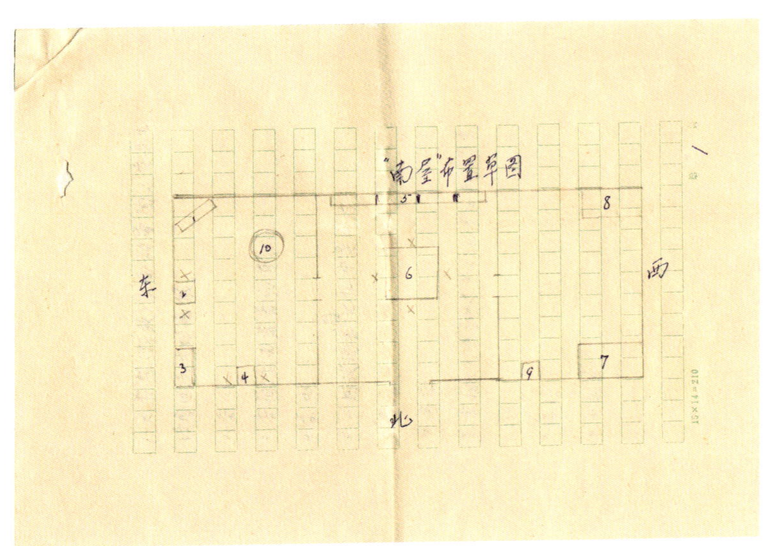

1. 大书架（斜放），上面放着陶元庆先生给鲁迅先生的画像。

2. 茶几

3. 书箱，上面盖着白布。

4. 茶几

5 一排玻璃书橱，记忆中是四个。

6. 方桌

7. 客床

8. 书箱（1931年鲁迅先生从上海寄回的八只书箱。

9. 藤椅

10. 小圆桌

15×14=210　第2页

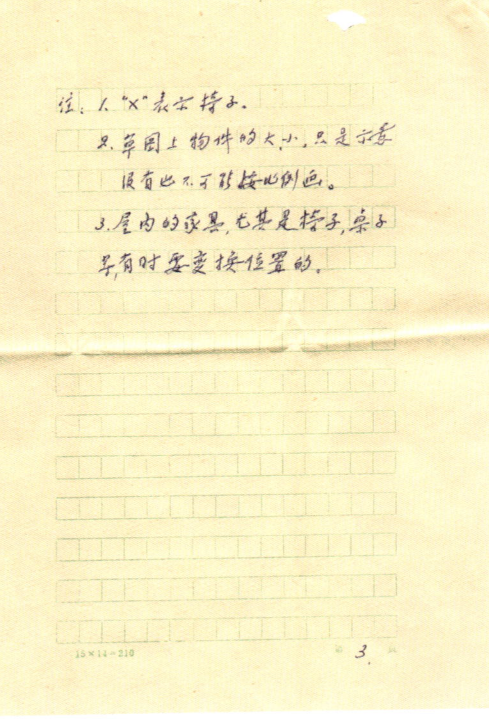
注：1."×"表示椅子。

2. 草图上物件的大小，只是示意，很有些不可能按比例画。

3. 屋内的家具，尤其是椅子，桌子等，有时要变换位置的。

15×14=210　第3页

○ 1986 年 10 月初，北京鲁迅博物馆重新布置“鲁迅故居”内部陈设，恢复了一度作为鲁迅藏书室的朱安住室。

○ 1984 年 12 月，北京鲁迅博物馆设法征集到鲁瑞用过的床。1986 年 10 月初，将其卧室布置成鲁迅在京居住期间的样貌。

○ 2006 年 5 月 25 日，国务院公布“北京鲁迅旧居”为全国重点文物保护单位。2006 年 6 月，北京市文物局立牌于“鲁迅故居”大门东侧墙上。（摄于 2024 年 5 月）

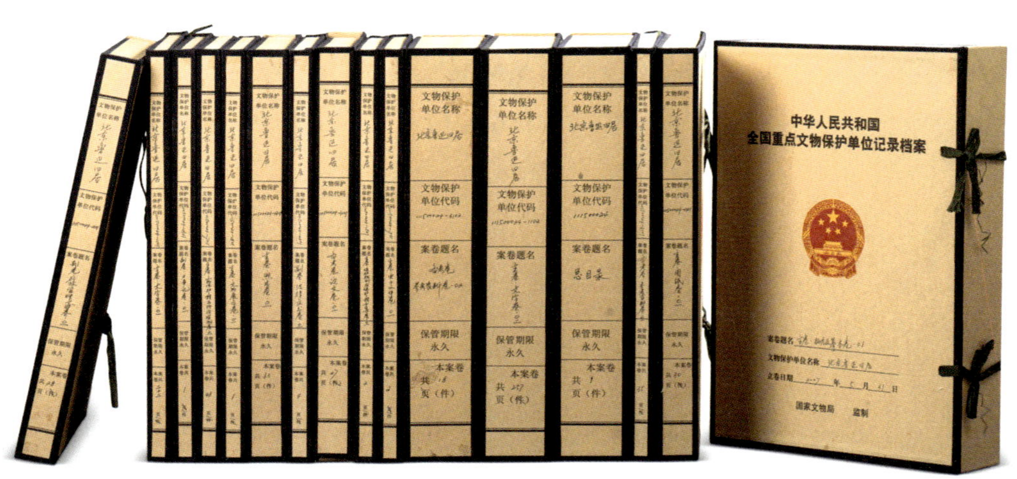

北京鲁迅旧居记录档案

纵 40 厘米，横 28.5 厘米，
厚 6.5 厘米

按照全国重点文物保护单位要求，北京鲁迅博物馆于 2007 年编制完成北京鲁迅旧居记录档案。

○ 2009 年 1 月 17 日，诺贝尔文学奖获得者、日本著名作家大江健三郎（1935—2023）参观“鲁迅故居”，泪洒竹林。

结语

西三条21号的周宅时光已如流水而逝，作为聚拢文艺青年的圣地，作为20世纪上半叶北京日常生活的个案标本，作为承载了重大历史事件及新文学精神的不可移动文物本体，它自身的生命力于鲁迅南下后依然欣欣向荣。经朱安女士的虔诚守候，许广平女士的锐意争取，一代又一代文物工作者的守护接力，西三条21号度过历史劫难，得以完好保存与维护。它历经世纪风霜，彰显民族本色，诉说人间至情，成为沟通传统与现代、民族与世界的重要桥梁。

“文艺青年的圣地”特展暨系列活动解读

2024年5月25日，位于北京西三条21号的鲁迅旧居（以下简称旧居）走过百年沧桑，北京鲁迅博物馆结合历史内涵与新时代精神提炼出“文艺青年的圣地”这一精神文化标识，积极策划了“纪念鲁迅迁居北京西三条21号100周年特展”系列活动，同时召开“鲁迅的西三条时代——人生、思想与文艺的重启”学术研讨会。特展以鲁迅为主人公，围绕“居”展开，分为“迁居西三条”“安居述天下”“离居足行吟”“遗居人宛在”四部分，通过展示百件文物、回望百位文艺青年，从不同视角，展现此间文学小院的世纪风雨；通过研讨鲁迅文艺思想，设置“鲁迅来信”打卡墙等丰富多彩的社教活动，同构中国新文学的集体记忆。

一、挖掘价值：提炼精神文化标识

目前全国共有六家鲁迅纪念设施，均是鲁迅曾经工作和生活过的地方，如何给北京鲁迅旧居一个清晰的定位？这是此次特展首先要考虑的问题。

为什么将西三条21号称为“文艺青年的圣地”，而不是绍兴鲁迅故里、上海大陆新村、广州白云楼？也不是北京的绍兴会馆、八道湾11号？这当然不只是一个地理空间辨识的问题，也不只是对不同时期鲁迅文学贡献评价的问题，而是将鲁迅作为“民族魂”的精神本体置于百年中国现当代史的经纬中进行观照与考量，自然而然标绘出的思想坐标。

正如展览前言所述，1924年5月至1926年8月，在北京西三条居住的两年又三个月，鲁迅经历了人生的重大转折。这既是个体生命刻骨铭心的现实遭逢，也是影响了中国现代文学未来走向的新文化事件，其意义不可小视。安居于此时空中的鲁迅平均三四天就有一篇作品产出，很多成为历久弥新的经典文本，同时他还整理古籍、编辑刊物、翻译、为文学青年校改文稿，这样的生产力也不是一般作家力所能及。由于周氏兄弟失和，鲁迅于 1923 年 8 月 2 日搬离八道湾 11 号，8 月 3 日第一部小说集《呐喊》便出版。从大家庭里被逐出，一方面是亲情决裂，另一方面也是鲁迅这个名字在新文坛上的迅速崛起。作为个体的鲁迅迎来了文学生命的西三条时代。这一过程是从营造现实中的地理空间与想象中的文学空间同步进行的。作为文学概念的周氏兄弟从此解体，而一个荷戟横站、举起了投枪的精神界之战士——鲁迅，横空出世。

在八道湾时，还没有多少人知道，那个住在门房里像是看守门人的先生便是《狂人日记》的作者鲁迅。文化声望和社会影响力持续累积的必然结果就是，自迁居西三条 21 号开始，鲁迅同文艺青年零距离接触、面对面交流，通过创办刊物，组建社团，引领示范，展望理想中新青年的到来。为此，我们根据鲁迅日记记载的先后顺序整理出名列西三条访客的文艺青年列表。观众可以看到，有中国新文学史上第一部诗集《蕙的风》的作者汪静之；有《昨日之歌》的诗人冯至；有鲁迅弟子、北方左联核心人物台静农；也有台湾文学发难期的总先锋张我军；还有后来的左翼文坛领袖冯雪峰。百位文艺青年，远远不是表格所能够涵盖的，还有很多并没有出现在鲁迅日记而印证于回忆录中乃至没有留下可见证据的人，比如当年最小的一位、协助成立未名社的 17 岁青少年王冶秋。这些可爱的青年们让鲁迅走出绝望，发现自我，“常想给别人出一点力”，“拼命地做，不吃饭，不睡觉，吃了药校对，作文”[1]。通过成立社团、编刊出书，西三条 21 号呈现一派生机勃勃的新文学生态。这表明，文学性的交往活动并非只发生在学院、公园、咖啡馆，还可以是宅院之内。这成为“文艺青年的圣地”的重要表征。

正因为有北京西三条时代对于文艺战士的锻造和现实斗争经验，才会有上海时期更多左翼青年的追随与聚拢，也才会有鲁迅逝世后革命圣地延安以鲁迅命名的鲁迅艺术文学院对于文艺干部培养的制度化。鲁迅去世直至新中国成立前后，也正是因为当年的文艺青年许广平、王冶秋等采取机智的策略，西三条 21 号才得以有效保护，成为中国近现代名人故（旧）居保护的典范，而王冶秋也成为第二任国家文物局局长。作为中国文博行业的开拓者之一，即便不以辉煌的文学成就论，周树人的旧居得到保护也是理所当然，然而，如果不是当年这些聚集在鲁迅周围的文艺青年后来成长为文化界的中坚力量，这样的“理所当然”就不一

[1] 鲁迅：《261028 致许广平》，《鲁迅全集》第 11 卷，人民文学出版社，2005 年，第 590 页。

定能够逃过历史劫难付诸实施了。“文艺青年的圣地”这一文化标识完全经得起溯源，体现了新时代22字文物工作要求之“挖掘价值”的深入性。

此次特展共展出文物原件100件，其中一级文物21件，包括鲁迅深夜写作时离不开的“金不换”毛笔、玻璃煤油灯、“大同十一年”砖砚、喝茶盖碗、烟灰缸等遗物；鲁迅在工作室“老虎尾巴”留下的书信、文稿等手迹和著译初版本；鲁迅收藏的青年来稿、社团印章、书籍封面、女师大风潮档案；西三条房屋做法清单、家用账（帐）；许广平、朱安等人关于保护鲁迅遗物的往来信件、朱安将房产赠予周海婴的契约，等等。

再全面的展览也会因未能流传至今的文物的缺席而留有空白之处，这既是历史的应有之义，也是艺术有意味的形式，为此，需要培训针对特展的专业性讲解。如何突破名人轶事式的传统讲述风格，让讲解既有温度又有深度？利用好学术刊物阵地，广泛征集同题学术研讨会论文，成为策展之始的综合考虑，也是凝聚学界力量、吸引多层面观众的必然选择。这使得特展策划能够及时跟进学界最新研究动向，汲取相关成果，将视野延展至更为广阔的历史时空，从而由超越性的批评维度出发，驾驭史实与人物，从容调动新文学场域的价值和文学史意义，并以深入浅出的方式既精准又生动地传递给观众，启迪观众，而对鲁迅思想及其文学经典的新时代重释也在这样一个贯通的过程中找到了突破口。

不仅如此，特展与附近的北京鲁迅旧居以及鲁迅生平陈列构成呼应，观众可以带着不同的视角，交替参观，恰似穿梭于历史的互文。特展补充了旧居所承载的独特精神与丰富细节，可视为对旧居的阐释与解读，而旧居的实物遗存则支撑了特展的历史叙事。来到陈列厅，观众则可以将西三条时代的鲁迅放置在更为广阔绵长的历史脉络中，步入更加层叠丰富的历史景深。如前所述，北京鲁迅旧居是中国近现代名人故居保护史上独特的个案，对此，“遗居人宛在”部分给予了详尽展示。

实践证明，这样的互通展示结构加深了观众对于步入西三条时期的鲁迅的理解，由小红书上的留言可以看出，很多观众不但专门参观了“文艺青年的圣地”特展，还细细浏览了鲁迅生平陈列及北京鲁迅旧居遗存，有的观众驻足旧居小院沉浸式体验后，再度回到特展展厅，带着历史的温度，重新观摩一件件文物，深入体察鲁迅的文艺初心，再次细细品味中国新文学如日方升期的蓬勃生机与鲁迅拓荒引领的理想执着。

特展专门设计了印章、纪念门票及“鲁迅来信”打卡墙，供观众朋友们打卡留念。观众可以通过扫描身份证，免费领取印有自己姓名和参观日期的纪念门票，保留与鲁迅旧居百年双向奔赴的专属记忆。免费领取纪念门票吸引了各年龄段的观众朋友们，特别是老人群体，因为在先生看来，后世的我们都是“可爱的青年”。

“鲁迅来信”打卡墙的设计极为考究，寄信人地址为“西四宫门口西三条 21 号周宅”，是为当年主人的真实地址，邮编 100034 为目前的实地邮编。收信人邮编 202405 则以当下年月指代鲁迅迁居至此 100 周年。信件选自鲁迅居此期间给青年赵其文的复信。“××兄：你说‘青年的热情大部分还在’，这使我高兴。”“我希望你向前进取，不要记着这些小事情。”[1] 这些热情的勉励之语，充分体现了鲁迅对于青年的

[1] 鲁迅：《250408 致赵其文》，《鲁迅全集》第 11 卷，人民文学出版社，2005 年，第 472 页。

扶植、关爱和鼓励。邮戳选用鲁迅在“老虎尾巴”写下的《学界的三魂》中提到的“民魂”二字。邮票设计则是带有“文艺青年的圣地”字样的鲁迅故居图案印章。在打卡墙前，观众站在仿佛是“信封”被剪下的正方形镂空处拍照，将自身融入历史景深，也温暖地融入先生的精神结构之中。

2024年是习近平总书记《在文艺工作座谈会上的讲话》发表十周年，讲话曾六次提到鲁迅先生，涉及鲁迅改造国人精神世界的文艺观、心系人民大众的创作观、率先介绍国外进步文学的翻译实践，以及激浊扬清的文艺批评观，而这些思想观念及文化实践在鲁迅的西三条时代均有标志性事件与文学经典的明证。“你们所多的是生力，遇见深林，可以辟成平地的，遇见旷野，可以栽种树木的，遇见沙漠，可以开掘井泉的。”（《导师》）“惟有民魂是值得宝贵的，惟有他发扬起来，中国才有真进步。”（《学界的三魂》）这些讲话所引用的鲁迅名言，便诞生于“老虎尾巴”工作室。因而，特展也是以文物叙史的方式重温习近平总书记《在文艺工作座谈会上的讲话》精神。鲁迅迁居一百年后，终于提炼出“文艺青年的圣地”这一彰显鲁迅精神的文化标识，具有十分重要的新时代意义。

二、有效利用：与北京鲁迅旧居本体互为镜像

有了清晰的定位，提炼出新时代鲁迅精神的文化标识，如何遴选文物藏品，用展品结构、视觉逻辑、展陈语言来深化主题，以物叙事，以

物证史，讲好鲁迅精神，讲好中国新文学史上重要的空间场域，讲好名人故居保护史上的精彩一笔，是对策展更为深入细致的考量。

展览主题墙海报选择的是邬继德创作于1975年的黑白木刻《长夜有明灯》，也是我馆的标志性艺术藏品。这是为数不多的以西三条21号周宅大门为场景表现鲁迅精神的艺术品。鲁迅手捧煤油灯，站在台阶上，带着和蔼的笑容，送别文艺青年。房檐上还结着长长的冰凌，表明当时寒凝大地的自然环境和社会环境。在让人感到冷酷的时代氛围中，文艺青年们的眼睛里却投射出希冀的光芒，左边男青年的手臂夹着《莽原》周刊，右边女青年手里拿着小说集《呐喊》，表明他们都是应鲁迅文学的召唤而来。鲁迅先生的笑容令人如沐春风，胸口处的灯光特别明亮，成为照亮漫漫长夜的光源，也照亮了有志青年的心灵。

（一）迁居西三条

展览的第一部分“迁居西三条”，主要展现鲁迅如何拥有了自己的现实空间。观众首先期待的一定是这一时期真实的鲁迅形象，恰好，搬来西三条一年之后，鲁迅应约为《阿Q正传》的俄译本出版拍摄了作者像，留下了中年鲁迅最具横眉冷对气质的一帧照片。它出现在第一单元的首要位置，给刚刚展开参观动线的观众以鲜明的印象。带着固有的知识储备和个人理解，也带着许多未知，观者被代入主人公百年前的生活流。

买房搬家是每个家庭都会亲历的现实经验，从交定金到登记、过户、交税、包工包料装修，整个过程往往留下一堆材料——房屋平面图、账单、收据、房契，一百年前的鲁迅更是不例外。一一展示百年前的这一置业流程，一下子就拉近了同样作为生活者的观众与大文豪之间的距离。

鲁迅有记日记的好习惯，在所有留下来的手稿中，日记也是保留最完整的，除了1922年的丢失之外。从1923年10月30日到1924年9月9日，鲁迅认真记下了从看房到交房契、补税手续一套流程共15次记录。同时还记下了向教育部同僚齐寿山、同乡宋紫佩、终生挚友许寿裳全部借款1100元。为此，这段时间他的写作也几乎停顿。展墙上通过列表与日记图片的相互对照，西三条21号新业主周树人的角色转变步骤在观众脑海中逐渐明晰。

现存北京市档案馆的两份《京都房屋转移报告表》在展墙上放大展示，第一份是1923年11月2日鲁迅作为承典买人登记的房屋转移报告表，12月22日获批，查鲁迅这一天的日记，对应了往市政公所验契的记录。当时登记的新业主周树人的居住地址还是砖塔胡同61号，说明他还不是西三条21号的户主，后面附的就是当时所定下的七间房屋的格局图。下方展柜中的文物叙述更具说服力。1923年10月30日，鲁迅看好西三条21号后，当时议价800元，院落的原始平面图留存至今，可以看出当时只有前后两排共七间屋子。鲁迅交了十元订金后很兴奋，第二天晚上就在砖塔胡同61号连绘图纸三枚，重新设计了房屋布局，使之成为合拢来的小四合院，并且凸出去一间。这一组平面图生动地体现了鲁迅的设计感。

新房构想设计妥当不久，鲁迅就与瓦匠李德海签订了合约，李德海给出了详尽的《做法清单》，也就是改建装修方案，工料合计1020元，比房子的实际价格高出如许。为此，鲁迅专门建立了一个支钱折，分批次向李德海支付钱款，日期、数额一目了然。各种购料收据也妥善保管至今。

经过半年多的改造翻建，1924年5月，西三条21号院终于完工，25日这天晚上，应该是疲倦之极的鲁迅在日记中写下："星期 晴 晨移居西三条胡同新屋"。对应展墙上第二份文书，即1924年6月经鲁迅设计改建后的房屋转移报告表，可见登记的新业主——"周树人教育部科长佥事"居住地址就是西三条21号了，也就是说，鲁迅正式成为这里的户主，附后的平面图，就是他亲手设计改建后的十一间半房屋的布局图。

由于搬来后已经错过了种植物的最佳时机，接近一年后，即1925年4月5日的民国植树节，鲁迅开始购置花木，美化庭院。除了院内原有的两株枣树，鲁迅又约云松阁花工在前院种下紫、白丁香各两棵，后院种下三棵青杨，还有花椒、黄刺玫、榆叶梅各两棵，碧桃一棵。这些美丽的植物，让他感觉到向死而生的力量。它们分别以傲然独立的姿态、鲜艳明丽的色彩出现在鲁迅创作的散文诗《秋夜》《一觉》当中。

迁居西三条后，鲁迅终于有了"自己的房"，此前，他是没有自己独立的工作室的。这就是著名的"老虎尾巴"，书面语是"绿林书屋"。鲁迅还把它叫作"我的灰棚"。这个不足九平方米的四方小书斋是现实空间与文学空间的链接点，成为"文艺青年的圣地"的核心标识和永恒的精神象征。当年曾经拜访过西三条的女文艺青年吴曙天便发表过鲁迅在此居住期间唯一的一篇访问记。通过提取文摘，循着吴曙天的视线向《呐喊》作者简朴的书房望去，观众会发现，卧床"是用两只板凳和木板搭成的"[1]，这个经典描述最初就来自造访"老虎尾巴"的文艺青年的观察。原来这不是传说，不是突出鲁迅朴素精神的再建构，而的的确确是历史本真、先生本色，通过这样的文摘突出呈现，观众对鲁迅的敬

[1] 曙天女士：《断片的回忆——访鲁迅先生》，《京报副刊》第30号，1925年1月8日出版。

佩之情油然而生。

“老虎尾巴”里的标志物是藤椅、书桌、玻璃煤油灯、“金不换”毛笔、“大同十一年”砖砚、烟灰缸、东壁上悬挂着的藤野先生的照片，还有也曾悬挂的俄国作家安特来夫的照片。这些在旧居虽有复原场景，但是文物原件不可能在没有严格保护措施的环境下长期裸裎。特展则可以灵活处理，让沉睡在库房里的国家一级文物短期亮相。

精神苦闷的鲁迅在自己的灰棚焚膏继晷、夜以继日地写作，批阅校订青年们的文稿，翻译外国文学作品，每晚陪伴着他的就是曾经出现在《秋夜》里的玻璃煤油灯。近距离观摩这盏煤油灯，观众会不由自主地想到曾经“乱撞”扑火的小飞虫投身光明的可爱之举，心里也会像当年的鲁迅一样，默默“敬奠”这些“苍翠精致的英雄”吧。鲁迅就这样在“自己的房”伴着孤灯，享受着独处，也享受着深入思考的乐趣，在与文艺青年们的书信往还、交谈互动中绽放思想的光芒。

三间南房会客室兼藏书室也是典型的中国新文学场域，这里有江南绍兴风格的活动书柜——垒起来是整齐的书柜，单独放下又是一个个书箱，搬运非常方便；还有专门存放新文学期刊和青年来稿的大玻璃书橱；博古架上曾经放置鲁迅在琉璃厂搜购的翟煞鬼造像石、通过同事齐寿山购得的君子砖。这个空间展示的鲁迅形象更加多维和全面。观众可以看到一个藏书家鲁迅、编辑家鲁迅、教授鲁迅，还有出版人鲁迅。南房东壁上挂着鲁迅非常欣赏的文艺青年陶元庆为他画的炭笔速写像。下面配以鲁迅给陶元庆的信稿，夸赞陶元庆“画得很好”，询问“应该如何悬挂才好”。细心的观众会发现这封信的落款日期是 1926 年 5 月 11 日，其时，鲁迅至少已经知道自己即将离开北京去往厦门，却对在客厅悬挂自己的画像如此上心，更加说明了西三条 21 号在其心目中的位置。此后，这幅画像一直挂在会客厅。

这部分还通过衣食住行、嗜好娱乐，展现了“战士的日常”。鲁迅曾经穿过的棉袍首次展出。它曾经带着先生的体温，温暖过很多漂泊无定的知识青年的心灵。一个有趣的灵魂必然有很深的嗜好，鲁迅便是这样一个活在人间的常人。他一生离不开两样东西，一个是烟，一个是书。鲁迅酷爱吸烟，失眠在他那里就是“起然烟卷觉新凉”。据许广平回忆，鲁迅在北京时常吸的是一种叫“红锡包”的烟。在写给许广平和章廷谦的信中，鲁迅也曾提到自己的吸烟量，大约每天三十到四十支。女工打扫房间时，只要看着“老虎尾巴”地板上的烟灰、烟尾的多少，就可以推断出先生一天在家的时候多呢，还是外出了。此次展出的国家一级文物——鲁迅曾经使用过的烟灰缸，对于当时的鲁迅来说是不够用的。

鲁迅喜欢饮酒，有威士忌、五加皮等烈酒，也有麦酒、白玫瑰酒等特色酒。鲁迅日记中关于醉的状态有很多种记录，“颇醉”“甚醉”“大醉”“尽酒一瓶”。如果说烟是鲁迅写作灵感的催化剂，那么酒就是他凝聚文艺青年的黏合剂，从某种程度上说，组建社团、办刊拉稿，和办家宴、吃酒席是同一件事情的两种说法。

鲁迅喜欢饮茶，展览展出了他使用过的采花盖碗。对应的展墙上是放大后的1925年10月家用账照片，鲁迅工整的小楷书写其上。由于常常夜间看书写作，冬季靠煤烧火炉取暖，更需长时间点好煤油灯，家用账显示，茶叶及照明用的石油均所费不菲。

毫无疑问，鲁迅是个书痴，从1924年开始，鲁迅的书账里可见大量外国书籍，他最常光顾的是东亚公司。这期间他特别关注日本俄罗斯文学研究专家昇曙梦，购买了昇曙梦编著的《新俄小丛书》全套七册（东京新潮社1924—1926），充分证明了鲁迅是最早关注和购读马克思主义文艺理论著作的先觉者之一。展柜里集中展示了这套丛书及《无产阶级文化论》《无产阶级艺术论》等书籍。

鲁迅曾经说过：“战士的日常生活，是并不全部可歌可泣的，然而又无不和可歌可泣之部相关联，这才是实际上的战士。”[1]真正的战士是把斗争和日常生活联系在一起的，战士的斗争就是其生活本身。

（二）安居述天下

第二部分“安居述天下”是整个展览的核心部分，展现的是鲁迅1924—1926年所取得的文学成就、文化业绩，这部分以一系列鲁迅著译初版本来呈现。

1925年10月17日至11月6日，在前后不到20天的时间里，鲁迅接连写下四篇小说：《孤独者》《伤逝》《弟兄》《离婚》，它们共同指向一个主题——家庭的破裂、亲情的决裂。这种密集创作的情况在鲁迅并不常见。可见兄弟失和对他的打击之深，也可见有了“自己的房”后，创作力的爆发。这些作品全部收入鲁迅的第二部小说集《彷徨》。《彷徨》初版本书封是陶元庆设计的，构图很先锋：橙红色的底图，其上是黑色块几何图案组成的画面。三个戴尖顶帽子的人坐在一处驿站，看着将要落下去的不是很圆的太阳，有两只脚离开地面，欲站不站，欲走不走，给人一种无地彷徨之感。

---

[1] 鲁迅：《且介亭杂文末编·“这也是生活”……》，《鲁迅全集》第6卷，人民文学出版社，2005年，第626页。

就在写作上述四篇小说的同时，鲁迅编订、出版了第一本杂感集《热风》，收录的41篇文本大部分是新文化运动勃兴时以《新青年》为阵地发表的随感录。这是鲁迅针对时弊、介入社会问题的短平快式的杂感写作；《热风》出版后一个来月，鲁迅搜罗命交华盖的1925年在各处发表过的杂感，编成第二本杂感集《华盖集》。“华盖写作”是鲁迅避开艺术之宫，站在沙漠上，看飞沙走石，走向论战的开始，也是看似不得已以文章介入现实中具体的人事纠葛，这属于西三条21号独有的一个杂文写作的转向。除了与“正人君子也者”之流作斗争的文字，鲁迅也有寄托个人精神哲学的23篇系列散文诗《野草》。这些作品最初一一编号，全部发表在《语丝》杂志上。1927年7月由北新书局初版。《野草》没有留下手稿，目前仅存鲁迅在上海时期录写的《我的失恋》第四段赠给日本友人的墨迹。《野草》封面由孙福熙设计，鲁迅题写书名。上述著作初版本今天也近100岁了。鲁迅设计的封面非常简洁，《热风》简直就是白皮书，不需要任何包装渲染，可见他对自己的文章多么自信！

除了创作，鲁迅还大量翻译，这段时期主要翻译的是日本厨川白村的文艺理论著作《苦闷的象征》和《出了象牙之塔》、匈牙利爱国诗人裴多菲的五首诗，还有荷兰作家望·蔼覃的长篇童话诗《小约翰》，以及日本白桦派作家有岛武郎的作品，如《生艺术的胎》等文艺书籍及各类文章30篇。鲁迅并关注日本作家武者小路实笃，了解新村思潮。这也是李大钊、毛泽东所关注过的。展墙上的外国作家像与鲁迅的改稿相得益彰。

西三条时代的鲁迅诞生了很多箴言，其中著名的有：“早就应该有一片崭新的文场，早就应该有几个凶猛的闯将！”“文艺是国民精神所发的火光，同时也是引导国民精神的前途的灯火。”展览在醒目位置用鲁迅字体标示出上述箴言，并采用灯片投影的方式加以强调。

如何开辟新的文场？组建文学社团，创办期刊，找寻生力军，在新文学领域发出新的声音。当时的文艺青年能够找到并得到鲁迅先生的支持，是他们觉得最幸福的一件事。很多文学期刊的创办人是鲁迅的学生、朋友，也是西三条21号的常客。鲁迅无私帮助这些文学青年，帮助他们校订、批阅、改稿，并且自己亲自写稿，发表在他们创办的刊物上，支持他们的文艺理想。

观众在这一组展品群里可以看到“挖掘自己的魂灵”的锐气的《浅草》；“中国的最坚韧，最诚实，挣扎得最久的团体”沉钟社刊物《沉钟》；左联五烈士之一胡也频在北京编辑的《民众文艺周刊》；被鲁迅称赞在批评方面“很勇”的《猛进》周刊；鲁迅与张凤举按月轮流执编的《国民新报副刊》，等等。

鲁迅不但是编辑，还是出版人，是中国新文学出版事业的先行者。特展除了展示其扶植和编辑的期刊，还展示了他如何大力支持创办新文艺书局。特别是，北大新潮社社员、文艺青年李小峰创办的北新书局。西三条时期鲁迅的创作与翻译大部分交给北新书局出版，如杂文集《华盖集》《华盖集续编》、第二部小说集《彷徨》、译著《苦闷的象征》，还有第一部小说集《呐喊》的第3版，便是1924年5月刚刚搬来西三条时由新潮社《文艺丛书》转来北新书局《乌合丛书》出版发行的。鲁迅还为北新书局校阅书稿、编辑丛书，在封面设计、装帧排版、纸张印刷等具体编辑环节予以悉心指导。《乌合丛书》便收入了鲁迅欣赏和扶植的文学新人的创作。

展览接下来重点突出了两位文艺青年，均为北京大学俄文系毕业学生、中共早期党员。一是任国桢（1898—1931）。1925年上半年，鲁迅与任国桢往来书信频繁。当时任国桢正在翻译《苏俄的文艺论战》（褚沙克等人的论文三篇）准备出版，向鲁迅请教。4月12日，鲁迅为之做前记，特别提到用马克思主义研究文艺的《蒲力汗诺夫与艺术问题》一篇。5月22日晚，任国桢曾到西三条拜访鲁迅。五卅惨案发生后，受中共北方区委员会派遣，任国桢到东北地区工作。8月，《苏俄的文艺论战》作为《未名丛刊》之一种由北新书局印行。查鲁迅日记，9月18日，访李小峰取书10本，分送许钦文、胡成才、宋紫佩、王希礼等，10月又专程去李小峰寓所购买4本。实际上，还有一个重要的受赠人没有记到9月18日的日记里，在2010年周海婴捐赠北京鲁迅博物馆的鲁迅题赠许广平的初版本中，才得见扉页写有“送给害马 迅 九.一八”的《苏俄的文艺论战》。这应该是鲁迅赠送给许广平的第一本书，从昵称来看，可以确定至早在1925年9月二人已经确定恋爱关系。

另一位是胡敦（1901—1943），即胡成才，他翻译的苏联诗人勃洛克的长诗《十二个》，也是由鲁迅校订译稿的。这说明，鲁迅在居住西三条时期便与共产党人密切交往，并深度涉猎马克思主义文艺理论，并积极购藏、阅研与翻译苏联进步文学。

众所周知，鲁迅在日本创办《新生》杂志失败了，“文艺梦”破碎。没有想到的是，20年后命交华盖的1925年，却成为其成功创办社团编辑刊物的转折年。4月下旬，鲁迅发起成立莽原社，并开始编辑《莽原》周刊。特展展示了两枚莽原社印章，和刊有《春末闲谈》（署名“冥昭”）的《莽原》周刊第1期。《莽原》周刊是鲁迅第一次主编的文学批评期刊，由《京报副刊》附出，刊头采用了八岁孩子写的刊名，取其稚拙之气。鲁迅充满热情地拟写广告，刊登在《京报》中缝广告栏，宣告杂志定位——“率性而言，凭心立论，忠于现世，望彼将来”，但不久他便体会到了做编辑的不易，给许广平写信时谈到来稿“多是小说与诗，评论很少”。二人此时通信的大部分内容是在讨论如何编刊、用稿，乃至画版，既属于师生之间的请教与答复，也是编辑与青年作者的互动。这部分还展出了部分作者来稿，其中有张闻天给《莽原》的投稿《谈“赤化”》。展览还展示了莽原社主要成员高长虹、向培良，以及他们后来创办的《狂飙》周刊。

除了批评阵地莽原社，鲁迅还于1925年夏与韦素园、台静农、李霁野、韦丛芜、曹靖华等人发起成立了文学翻译社团未名社，积极出版社员译作。未名社的启动资金为600元，青年学生社员每人出资50元，其余均由鲁迅筹措，出版的第一本书为鲁迅翻译的厨川白村的《出了象牙之塔》；第二种是李霁野翻译的安特来夫的《往星中》（1926年5月出版）；第三种为韦丛芜由英文转译的陀思妥夫斯基的《穷人》；第四种为韦素园翻译的果戈理的《外套》等。鲁迅还亲自参编、校阅、修改未名社的《未名丛刊》，请人设计封面。1926年1月，《莽原》改为半月刊，也由未名社出版，并有了封面。鲁迅《朝花夕拾》中的全部文章及收入《故事新编》的小说《奔月》《眉间尺》均发表在《莽原》半月刊。

通过以上著译版本、期刊的罗列，观众会发现在彼时不断延展生长着的新文场，几乎每个月都有一两本鲁迅先生付出心血的书籍面世，还不算自己写作发表的文章，以及到大学讲授的文学课。这不禁让人慨叹先生工作量之惊人，新文学导师的地位不证自明。作为时代风气的先倡者、引路人，鲁迅的文学活动始终交织、共振于众多文学社团的发展、流变之中，既有精诚合作，也有激烈论战，更有深度的介入和不遗余力的扶持。正是在社团这一现代的社会组织方式中，由个人从事的文学翻译和创作活动获得了公共性、生产性和革命性，也是在社团开辟的崭新的文场中，新一代青年得以砥砺思想、切磋技艺、鼓吹舆论，并将新文学的势能推及政治、思想、社会、日常生活等各个领域。

整理典籍是鲁迅一直都没有中辍的文化工作，搬来西三条第一个月他便开始第八次校勘《嵇康集》，终成草定本，同时将大力搜集的古砖拓片编成《俟堂专文杂集》。作为中国小说著史第一人，鲁迅在大学讲堂率先开讲中国小说史，授课讲义以《中国小说史略》为名分上下册出版后，又于1925年9月合为一册由北新书局再版，封面由鲁迅题字。

西三条时期，鲁迅唯一一次出远门是1924年7月应陕西省教育厅及西北大学之邀，赴西安作暑期讲学，讲题为《中国小说的历史的变迁》。这个讲稿和《中国小说史略》内容一致，行文完全不一样，特别有趣而有深意。鲁迅去西安本来想写长篇小说《杨贵妃》，但去了之后发现西安已不是"唐朝的天空"。小说没有写成，但创作意图可以在后来的《故事新编》里去体会，是一种新的叙述调性。

西三条时代的鲁迅全面介入学院教育，在八所大学兼课，其中使其直接参与到斗争实践之中的是北京女子师范大学。时任校长杨荫榆曾于1924年9月24日到访西三条，为鲁迅送来聘书。由于杨荫榆推行保守的教育方法，引起师生们的不满，掀起众所周知的"女师大风潮"。鲁迅全力支持进步学生，愤而辞职，后代拟《呈教育部文》、起草并联名发表《对于北京女子师范大学风潮宣言》、加入校务维持委员会，与保守势力展开实际斗争。在女师大被停办解散后，他还到宗帽胡同新校址为解散的学生义务授课，终于促成了女师大复校。为此，教育总长章士钊呈请段祺瑞执政府，以鲁迅参与女师大事，免去其教育部佥事职务，1925年8月14日免职令正式发布，鲁迅抄写了呈文，抄件保存至今。面对免职，鲁迅从容应对，继续支持女师大学生，撰文批评章士钊，并赴平政院对违法免职一事提起诉讼。12月，章士钊辞去教育总长，易培基接任。1926年1月16日，易培基签发恢复鲁迅在教育部职务的命令。平政院裁决鲁迅免职处分违法。3月31日，国务总理贾德耀令教育总长取消对鲁迅的处分，训令抄件鲁迅也保存至今。上述历史事件由一件件文书串联起来，在展览动线中次第登场，共同建构了生活者鲁迅、文学者鲁迅之外的斗士鲁迅形象。

在这一过程中，鲁迅撰写多篇杂文批判"正人君子也者"对于封建专制势力的袒护，以文学批评的方式积累与反思"韧性的战斗"经验。他与"现代评论派"分别以《语丝》和《现代评论》为阵地，展开了长达一年有余的公开论战，催生了《华盖集》《华盖集续编》当中的精彩杂文，形成了"嬉笑怒骂、婉而多讽"的文风和"砭痼弊常取类型"的写作手法。这种具体的实战经验和文学表达，绝非意气用事、私怨纠结，而是在光明与黑暗、进步与保守的搏斗中总结教训、汲取经验，思考着更加宏大的现代中国转型和文化建设问题，淬炼了毫不妥协、斗争到底的精神。

除了女师大风潮，鲁迅在西三条时期所历经的重大历史事件还有"三一八"惨案。1926年3月18日，段祺瑞执政府卫队开枪屠杀参加反帝示威的徒手群众，酿成死伤二百余人，激起鲁迅的愤怒，他写下《"死地”》《记念刘和珍君》等文章，抗议段祺瑞执政府的暴行，并一直保存着《三一八北京惨案特刊》。当时，段祺瑞执政府列了一个反对者名单，密令通缉，周树人名列其上。而“现代评论派”颠倒是非，激起了公愤，在以鲁迅为代表的“语丝”派的严厉批评下理屈词穷，不得不公开道歉。正是在与“现代评论派”的论战中，拒绝成为“思想界之权威者”的鲁迅，赢得了更多青年的尊重，启发了自我启蒙精神，这一思想交锋无论是对鲁迅本人还是对于现代中国知识界，都具有深远影响和重大意义。

西三条时代的鲁迅很重要的一个书写活动是爱情书写。西三条 21 号也是《两地书》的酝酿与诞生地。如何展现这段无论是个人生命史还是中国新文学史都堪称独步的爱情经历，策展遵循的是历史的自然逻辑。毫无疑问，许广平是百位文艺青年中“独特的这一个”。

1922 年考入北京女子高等师范学校国文系、1923 年秋开始选修中国小说史课程的许广平，在鲁迅的西三条时代与之通信 40 余封。展览特别挑选最具有代表性的 4 封。1925 年 3 月 11 日首信必选，许广平自称“就教的一个小学生”，向先生倾吐女师大风潮前后的困惑和苦闷，请求明白的指引。鲁迅收信当天即给许广平回信，两人开始书信往来，催生了以“韧性的战斗”为旨归的“刺丛里姑且走走”“壕堑战”“瞎捣乱”等等鲁迅式实战经验。许广平的大胆主动，与其说是新文化爱情观的驱使，毋宁说是对于要做“人之子”的光明追求，正如其在信中所言，“小鬼”“广平少爷”“小姐”之类的称呼，“总不如一撇一捺这一个字来得正当”。1925 年 4 月 12 日，许广平与同学首次探访西三条 21 号，4 月 16 日致信鲁迅描述“老虎尾巴”景象。两人还以出题答题的方式，共同书写这间灰棚，妙语连珠，充满了新文学语言的机智与趣味。

许广平被学校当局称为“害群之马”，鲁迅后来便以“害马”称呼许广平。同年 6 月 25 日端午节，鲁迅邀请许广平、许羡苏等人在西三条 21 号过节，鲁迅醉后“案小鬼之头”。7 月，鲁迅与许广平情感加深，许广平在信中对鲁迅称呼由“鲁迅师”变成“嫩棣棣”，自称“愚兄”。8 月，许广平在西三条 21 号南房会客室西间小屋暂住避难，双方感情进一步升温。9 月，鲁迅将自己写有前记的任国桢的《苏俄的文艺论战》赠送给许广平，却没有记在日记里，扉页题赠使用了昵称，“送给害马 迅 九．一八”。10 月，鲁迅写下平生唯一一篇以爱情为主题的小说《伤逝》，许广平则以平林的笔名创作《同行者》《风子是我的爱》，并发表在鲁迅主编的《国民新报副刊》乙刊。展览展示了许广平上述两篇小说的钢笔手稿，既可视之为鲁迅培养的文艺青年的文学成果，也可视为创作主体的爱情密码。《伤逝》的核心主题是，一个战士如果被时时槌着衣角，是无法去开辟新的生路的，应该携手同行。《同行者》恰好就表达了携手同行后的状态。这一组文本放在一起对读，可见鲁、许二人对于现代爱情观的思考，字里行间也显示了陷溺爱情中人的种种矛盾与挣扎。

北京女子师范大学开设有家政课、女工课，许广平亲手为鲁迅绣枕套，上有“安睡”“卧游”字样。一方面表达了对于鲁迅的爱意与关心，另一方面也是展示了才情之外的才艺。1926 年 3 月 6 日鲁迅日记记载：“夜为害马剪去鬃毛。”6 月，许广平从女师大毕业，准备回广州任教。8 月 13 日，许广平与同学邀请鲁迅、徐炳昶、许寿裳等师长举办谢师宴，并以程门立雪之豪情给鲁迅写请柬；8 月 15 日，鲁迅戏拟对方措辞格调回请许广平等三名学生次日到西三条寓所一叙。鲁迅写得更为幽默，特别是“泪下四条”一句，令人莞尔。多年后许广平凭记忆写出当年谢师宴的请柬稿，而鲁迅戏拟请柬则保留至今，从圆润流畅的书法笔迹看，书写者心情大好。这可能也是先生一生最开心的时刻。

1926 年 7 月底，鲁迅正式接受厦门大学国文系的聘请，8 月 26 日，与许广平一同乘火车南下，一众友朋前来送行，鲁迅郑重记在日记中。以展览主人公的日记结束这一部分是最有力的句点。

（三）离居足行吟

第三部分“离居足行吟”表现的是，1926 年鲁迅南下后直到 1947 年西三条最后的主人朱安女士去世近 20 年的不凡岁月。尽管此期间在西三条生活的主人是鲁母与朱安，然而策展的重点必须仍然落在鲁迅身上。“离居”突出的是鲁迅不在场的在场，而“足行吟”，指的则是鲁迅两次回北平探亲并展开著名的“北平五讲”，这是鲁迅从彷徨进向左翼之后的返场，是真正呼应展览主题的部分，自此，西三条 21 号才正式定格为“文艺青年的圣地”。

所谓不在场的在场，首先体现在这期间西三条的经济来源，仍然是鲁迅在北新书局的版税及教育部、北大等单位的欠薪，还有鲁迅由上海寄来的家用；其次，鲁迅委托在京就读的绍兴女生许羡苏帮助料理母亲鲁瑞和朱安夫人的生活。鲁瑞很喜欢在北京的家乡姑娘们，1929 年春曾留下珍贵合影。特别是许羡苏 1926 年夏至 1930 年春直接住在“老虎尾巴”内，负责记录西三条寓所家用账，管理鲁迅的藏书、拓片。

如果说，以上展示是对鲁迅的侧面烘托、间接描写的话，第三单元还主要通过书信直接呈现离开后的鲁迅对西三条 21 号的深切挂念，特别是为人父之后，更加感念单亲母亲的不易。左联五烈士牺牲后，社会上谣传鲁迅被捕，1931 年 7 月鲁迅特意于上海拍摄全家福照片，寄给母亲，以解母忧。鲁迅对自己的藏书记忆犹新，需要什么资料时，立即给许羡苏去信，许羡苏也会很迅捷地找到后寄去。鲁迅去世前一周还写信告知学生宋紫佩《农书》在客厅大玻璃书橱中，请其找到并寄到上海。

与西三条别后归来的两度重逢是第三部分表现的重点，这就是 1929 年春与 1932 年秋鲁迅的两次北平探亲，也成就了《两地书》中少有的浓情蜜意，特别是对于"老虎尾巴"的记忆书写平添相思之味——"那间灰棚，一切如旧，而略增其萧瑟，深夜独坐，时觉过于森森然。"[1]"我独自坐在靠壁的桌前，这旁边，先前是小刺猬常常坐着的，而她此刻却在上海。""北平似一切如旧，西三条亦一切如旧，我仍坐在靠壁之桌前，而止一人，于百静中，自然不能不念及乖姑及小乖姑。"[2]

1932 年 11 月的第二次归来，鲁迅先后在北京大学、北平师范大学等五所大学展开"北平五讲"，这是鲁迅生平史与精神史上独特的一页。此时的鲁迅已是中国左翼作家联盟的盟主，而北方左联虽然盟员众多，却缺乏足够的吸引力与凝聚力。鲁迅在平期间，两次会见北平左翼团体代表，陪同鲁迅讲演及与左翼团体会面的是台静农，11 月 22 日，"同往北京大学第二院演讲四十分钟，次往辅仁大学演讲四十分钟"。应师大文艺研究社邀请，鲁迅到北平师范大学大操场进行第四场演讲即《再论"第三种人"》，当时被青年们簇拥着站在北师大操场中央一张桌子上的鲁迅被现场观众拍摄下来，留下了迄今为止唯一的演讲图像记录，正是"登高一呼，应者云集"。《世界日报》记者将演讲现场比喻成北京"南城的天坛圜丘"，《实报》称鲁迅为新文艺巨头，足可想见，当年讲演规模之浩大，听众之踊跃。鲁迅的到来及演讲无疑大力推动了北方左翼文学的发展。北平的青年人一听到先生从上海到了北平，兴高采烈，"欢快得血液都沸腾起来了。到处都在谈论他"，"甚至感觉到当时整个严寒风沙的北平，都立刻变得光明暖和起来了"[3]。从跨越世纪仍然激情涌动的当年文字中，不难想见，鲁迅出现在青年们中间给冬天的北平带来了怎样的热力与希望。展线至此，文艺青年们的导师形象呼之欲出，西三条 21 号之为"文艺青年的圣地"的内涵直入人心。

第三部分的重要转折自然是 1936 年 10 月 19 日鲁迅在上海逝世。

[1] 鲁迅：《290523 致许广平》，《鲁迅全集》第 11 卷，人民文学出版社，2005 年，第 171 页。
[2] 鲁迅：《321113 致许广平》，《鲁迅全集》第 12 卷，人民文学出版社，2005 年，第 338 页。
[3] 陆万美：《追记鲁迅先生"北平五讲"前后》，《隽永的忆念》，云南人民出版社，1981 年，第 32—33 页。

巨星陨落，先生已经成为人间不在场，而非仅西三条不在场。然而鲁迅精神早已弥漫天地间，西三条21号南屋成为祭奠灵堂，当年鲁迅南下前才挂上的陶元庆为其画的速写像此时成了遗像。

鲁迅去世后，鲁瑞、朱安的生活来源，主要是许广平由上海寄来的鲁迅著作版税，以及之前的积蓄。鲁迅生前友好，曾经扶植过的文艺青年不遗余力地设法帮忙。特别是当年的未名社成员李霁野，自1937年11月起便积极筹款送往西三条，后来受许广平委托，按需每月给西三条送上生活费。展览展出了1939年1月至1942年5月李霁野送款清单。

1942年春，由于时局动荡，许广平与西三条寓所断了联系，不能按时寄上生活费。1943年4月22日鲁瑞去世后，朱安贫困至极，后来不得已打算出售鲁迅藏书，许广平及鲁迅友人听闻此事积极劝阻。展览分别展出了许广平、周建人、日本友人内山完造劝阻朱安卖书的信函，以及朱安说明生活困苦的复信。1944年10月中旬，唐弢在宋紫佩陪同下，由上海赶到西三条21号拜访朱安，成功消除了朱安对许广平的误解，打消其出售鲁迅藏书的念头。

1947年3月，病重的朱安签署契约，将西三条21号房产及书籍用具等赠予鲁迅与许广平之子周海婴（周渊）。6月29日，西三条最后一位主人朱安在寓去世。当天居住在此的鲁迅姨表兄阮和孙之子阮绍先给许广平发去电报。

（四）遗居人宛在

如果说展览前三部分表现的是北京鲁迅旧居的前世，那么最后一部分表现的则是其今生。从1925年4月12日第一次踏进西三条21号，到1946年10月回到阔别已久的新文学圣地，20年倏忽而过，“小鬼”许广平已年近半百，先生也已去世10年。许广平用两周时间清点和整理了鲁迅藏书，并委托鲁迅学生王冶秋保护西三条寓所。当年西三条21号访者中最小的文艺青年王冶秋此时便与《大公报》记者徐盈联系，将西三条寓所列为军队征用民房，使其免遭破坏。后来又以周海婴的名义向地方法院提出申诉，法院裁决将其查封，非继承人不能启封。

1949年1月北平解放，王冶秋任职军管会文物部，派人查看和接管了西三条21号。后来王冶秋代表文物局致信毛泽东主席，请其为北京鲁迅旧居题名。毛泽东批示“请郭老题”，郭沫若欣然同意，题为“鲁迅故居”。王冶秋曾讲，保护北京鲁迅旧居共走了三步，头一步是利用战区司令部的封条，第二步利用北平高等法院的封条，第三步，新中国成立后，党和政府打开了封条。[1]

1949 年 10 月 1 日，许广平将旧居按鲁迅生前原样进行布置，并于 10 月 19 日开放，接纳观众参观一天。诗人臧克家正是在这一天参观之后，写下著名诗篇《有的人》。

1950 年 2 月 25 日，许广平与周海婴将旧居及寓内所有鲁迅遗物捐献给国家。文化部为此颁发了奖状。5 月，文化部文物局派人清点旧居及鲁迅遗物，后在保持原状的原则下，对其进行了较为彻底的修缮。1950 年 10 月 19 日，旧居正式对外开放，当天参观者近千人。11 月，保存在上海鲁迅旧居的藏书 2691 种分装 41 箱运往北京，交北京鲁迅旧居保存。1955 年 5 月 22 日，周恩来总理参观“鲁迅故居”，评价故居虽小，但“价值不小”。

1954 年 1 月，文化部决定依托“鲁迅故居”筹建博物馆。9 月，北京鲁迅纪念馆筹备处正式成立。当时故居每年 10 月 19 日起开放两周，平时个人及团体凭介绍信参观。1956 年 9 月，博物馆筹建工作基本完成，文化部文物管理局确定馆名为鲁迅博物馆，10 月 19 日正式开馆，自此故居常年开放。1958 年 7 月，更名为北京鲁迅博物馆。

如今，站在“鲁迅故居”大门前，可见门楣的右上角，有一个蓝底白字的门牌，上面的字迹是“□四区 西三条 21”。“四区”前有个缺角，留下空字，这便是“文革”中被人用榔头砸掉的“内”字。所幸，在文物工作者的坚持下，故居没有遭到进一步破坏。1967 年春，北京鲁迅博物馆被迫闭馆，“鲁迅故居”直到 1974 年 9 月 24 日才重新对外开放。1979 年 8 月 21 日，“鲁迅故居”被公布为“北京市重点文物保护单位”。1981 年 7 月，北京市文物事业管理局立牌于“鲁迅故居”大门东墙。同年，北京鲁迅博物馆进行大规模扩建，将博物馆大门南移，“鲁迅故居”被括入院内。1986 年 4 月 15 日，北京市文物事业管理局批准恢复“老虎尾巴”，要求“切实注意按原貌恢复”。20 年后，也是在 5 月 25 日鲁迅迁居西三条的纪念日，国务院公布“北京鲁迅旧居”为全国重点文物保护单位。

经过一代代文物工作者的守护接力，历经世纪风霜、彰显民族本色的西三条 21 号，成为沟通传统与现代、民族与世界的重要桥梁。多年来，参观北京鲁迅旧居的国际友人不胜枚举。2009 年，诺贝尔文学

[1] 参见肖波：《王冶秋与鲁迅遗产的传承》，《鲁迅研究月刊》2021 年第 1 期。

奖获得者大江健三郎前来参观，合影的时候忽然找不见他了。工作人员发现原来他躲在一边偷偷哭泣。他说很小的时候妈妈就教给他鲁迅的作品，他一生推崇鲁迅，从中获得精神力量，来中国访问，终于近距离看到精神导师的手稿，心情十分激动。

西三条21号成为中国新文学的记忆之场，“老虎尾巴”书桌上的煤油灯成为中国新文学的光源。“文艺青年的圣地”特展与不可移动文物本体北京鲁迅旧居互为镜像，相互阐发，将历史研究的实证性、文艺批评的穿透性与对鲁迅永恒的崇敬与热爱深深地结合在了一起。

北京鲁迅博物馆副馆长 夏晓静